Peter Klammer

AUF FREMDEN HÖFEN

Damit es nicht verlorengeht...

26

Herausgegeben von Michael Mitterauer
und Peter Paul Kloß

Peter Klammer

AUF FREMDEN HÖFEN

Anstiftkinder, Dienstboten und
Einleger im Gebirge

BÖHLAU VERLAG WIEN · KÖLN · WEIMAR

Gedruckt mit Unterstützung durch
den Fonds zur Förderung der wissenschaftlichen Forschung

Die Deutsche Bibliothek – CIP-Einheitsaufnahme

Klammer, Peter:
Auf fremden Höfen: Anstiftkinder, Dienstboten und Einleger
im Gebirge / Peter Klammer. – Wien; Köln; Weimar: Böhlau, 1992
(Damit es nicht verlorengeht . . .; 26)
ISBN 3-205-98017-4
NE: GT

ISBN 3-205-98017-4
Das Werk ist urheberrechtlich geschützt.
Die dadurch begründeten Rechte, insbesondere die der Übersetzung,
des Nachdruckes, der Entnahme von Abbildungen, der Funksendung,
der Wiedergabe auf photomechanischem oder ähnlichem Wege und
der Speicherung in Datenverarbeitungsanlagen,
bleiben, auch bei nur auszugsweiser Verwertung, vorbehalten.

© 1992 by Böhlau Verlag Gesellschaft m.b.H. und Co. KG.,
Wien · Köln · Weimar

Satz: KLOSSSATZ, 2565 Neuhaus/Triesting
Druck: Wiener Verlag, Himberg

Inhaltsverzeichnis

Vorwort der Reihenherausgeber	7
Einleitung	15
1. Gesindedienst	25
Josef Hönegger: „Da mußte ich Knecht werden"	38
2. Dienstgeber	55
Andreas Santner: „Standesunterschiede" . .	65
3. Späte Heirat und Ehelosigkeit	75
Anna Hutegger: „Auf den Daumen heiraten"	84
4. Ledige Mütter und Ziehkinder	89
Anna Lassachhofer: „So wurde ich ausgestiftet!"	96
5. Gefühlsleben	103
Maria Holzer: „Gut, daß die Zeit vorbei ist!"	112
6. Kirche und Religion	119
Frieda Santner: „Das war damals einfach so!"	135
7. Armut und Hunger	145
Aloisia Gruber: „Wir haben ja solche Not gelitten!"	156
8. Von der Kost und vom gerechten Lohn . . .	163
Maria Fuchs: „Kochschmalz gestohlen hab' ich oft!"	172
9. Einleger und Armenversorgung	185
Kaspar Bauer: „Nichts haben ist ein geringes Leben!"	202

10. Heimatrecht und Gefolgschaftsdienst	211
Susanne Jäger: „Du ißt mein Brot, du singst mein Lied!"	223
11. Krankheiten	231
Josepha Scherntaner: „Krank sein darf man nicht!"	244
12. März 1938	249
Luise Santner: „Als das Frühjahr kam"	259
Nachwort	267
Anmerkungen	269
Quellen	277
Literatur (Auswahl)	280
Kurzbiographien	281
Glossar	282
Bildnachweis	289

Vorwort der Reihenherausgeber*

Die Reihe „Damit es nicht verlorengeht..." ist seit ihren Anfängen vor nunmehr fast zehn Jahren darum bemüht, neue Formen der Verbindung von Wissenschaft und Bildungsarbeit zu entwickeln. Eine Sendereihe im „Familienmagazin" des Österreichischen Rundfunks stand am Anfang. Alte Menschen lasen aus ihren Lebenserinnerungen vor und sprachen darüber mit alltagshistorisch interessierten Wissenschaftlern. Am Schluß der Sendungen wurde aufgerufen, zu den behandelten Themen aus dem eigenen Erleben zu schreiben oder schon vorhandene Zeugnisse einer solchen „populären Autobiographik" einzusenden. Auf der Basis solcher Aufrufe entstand die „Dokumentation lebensgeschichtlicher Aufzeichnungen am Institut für Wirtschafts- und Sozialgeschichte der Universität Wien". Die hier gesammelten Quellen sind für die Geschichtswissenschaft von hohem Wert, vermitteln sie doch Einblicke in Lebenswelten der Vergangenheit, für die wir sonst kaum Informationen besitzen. Aber auch andere Wissenschaften interessieren sich zunehmend für solche Zeugnisse der „populären Autobiographik" – etwa die Soziologie, die Volkskunde, die Sprachwissenschaft. In der Reihe „Damit es nicht verlorengeht..." werden ausgewählte Texte aus der „Dokumentation lebensgeschichtlicher Aufzeichnungen" oder in ähnlicher Weise zustande gekommene Manuskripte ediert. Insbesondere bei thematisch orientierten Sammelbänden wird dabei auch über eine quellenkritische Einleitung hinaus in geraffter Form ein wissenschaftlicher Kommentar zu den behandelten Themen zu geben versucht. Der wesentliche

---

* Die Anmerkungen befinden sich gesammelt für das ganze Werk am Ende des Buches, ab Seite 269.

Bildungswert der Veröffentlichungen liegt aber sicher in den Informationen, die die Autoren der Autobiographien vermitteln, beziehungsweise in der Auseinandersetzung mit dem eigenen Leben, zu dem das Lesen von Lebensgeschichten anderer stets Anregungen gibt.

Peter Klammers „Auf fremden Höfen", „Anstiftkinder, Dienstboten und Einleger im Gebirge" nimmt in formaler Hinsicht innerhalb der Reihe „Damit es nicht verlorengeht..." eine Sonderstellung ein. Nicht von den Autoren selbst niedergeschriebene autobiographische Zeugnisse stellen hier die Quellenbasis dar, sondern lebensgeschichtliche Interviews, die vom Bearbeiter transkribiert wurden. Darüber hinaus hat dieser eine Fülle anderer Quellengattungen in seine Untersuchung einbezogen. Edition lebensgeschichtlicher Texte und fachlicher Kommentar sind im vorgelegten Band in etwa gleichgewichtig verteilt. Diese formale Struktur hat ihre Ursache in der Entstehung des Bandes. Er ist aus einem lebensgeschichtlichen Erzählkreis hervorgegangen, den Peter Klammer durch Jahre in Mariapfarr im Lungau geleitet hat. Auch die spezifische Form der Bildungsarbeit, wie sie in solchen lebensgeschichtlichen Erzählkreisen geleistet wird, steht seit den Anfängen der Reihe „Damit es nicht verlorengeht..." mit dieser in enger Verbindung.

Im Sommersemester 1982 wurde von Lehrenden und Studenten des Instituts für Wirtschafts- und Sozialgeschichte der Universität Wien an der Volkshochschule Ottakring ein Oral-History-Seminar unter dem Titel „Ich kam vom Land in die Stadt" abgehalten. In Gruppengesprächen erzählten hier ältere Menschen aus dem Einzugsbereich der Volkshochschule über die Lebensverhältnisse auf dem Land in der Zeit ihrer Kindheit. Über das Seminar hinaus blieb die Gruppe beisammen. Es entwickelte sich ein lebensgeschichtlicher Erzählkreis, bei dem bald auch das lebensgeschichtliche Schreiben hinzukam. Die Kombination von sozialhistorischer Forschung und Bildungsarbeit, die hier praktiziert wurde, führte zur

Entwicklung des „Modell Ottakring" – einer spezifischen Methode der Erwachsenenbildung, die inzwischen viel Nachahmung gefunden hat.[1] Der Anstoß zur Verbindung mit lebensgeschichtlichem Schreiben ging von einem besonders beeindruckenden Manuskript aus, der Lebensgeschichte von Maria Gremel, die als Teilnehmerin durch viele Jahre am Ottakringer Gesprächskreis mitgewirkt hat. Auf dieses Manuskript war im Zusammenhang mit dem Seminar „Ich kam vom Land in die Stadt" von einem Institutsabsolventen aufmerksam gemacht worden. Es bildete die Grundlage für die erste Sendung im „Familienmagazin". 1983 wurde es unter dem Titel „Mit neun Jahren im Dienst. Mein Leben im Stübl und am Bauernhof 1900–1930" als Band 1 der Reihe „Damit es nicht verlorengeht..." veröffentlicht.

Der Gesprächskreis in Mariapfarr im Lungau entstand im Rahmen des „Medienverbundprogramms Alltagsgeschichte". Dieses österreichweit durchgeführte Bildungsprogramm in Kombination von Rundfunksendungen und Veranstaltungen an Volkshochschulen basierte einerseits auf den Erfahrungen in der Sendereihe des „Familienmagazins", andererseits auf den im „Modell Ottakring" erarbeiteten Methoden der Erwachsenenbildung. Unter der fachlichen Beratung von Norbert Ortmayr von der Universität Salzburg entstanden im Bundesland Salzburg im Rahmen dieses Medienverbundprogramms eine Reihe besonders aktiver Gesprächskreise. Im publizierten Schlußbericht über deren Arbeit schreibt dieser über das gemeinsame Anliegen:[2]

„Unser Grundgedanke am Beginn war: Wenn alte Menschen sich gemeinsam erinnern und diese Erinnerungsprozesse wissenschaftlich gesteuert werden, so werden dadurch Lernprozesse möglich. Die eigenen lebensgeschichtlichen Erfahrungen werden durch den Vergleich mit Lebensgeschichten von Menschen aus gleichen beziehungsweise anderen sozialen Milieus in einem größeren Zusammenhang gesehen, das Schicksal wird als gesellschaftlich bedingt erkennbar. Mit dieser Erwartung gingen wir 1987 – wir, das sind Christina Nöbauer, Christiane Bahr, Barbara Waß, Peter Klammer und Norbert Ortmayr – an die Arbeit. In Kuchl, Mariapfarr, Maishofen, Salzburg-Itzling und Salzburg-Stadt haben wir an den Volkshochschulen Gesprächskreise eingerichtet. Durchschnittlich zehn bis dreißig ältere Personen nahmen an jedem Gesprächskreis teil. Zwei bis drei Jahre lang wurde an den oben erwähnten Orten die Vergangenheit noch einmal zurückgeholt. Männer und Frauen, Bauern, Hausfrauen und Lehrer trafen sich in vierzehntägigem Abstand und setzten sich mit der eigenen sowie der Geschichte anderer auseinander. Schulen, Altersheime, ein Heimatmuseum sowie eine Gemeindebücherei wurden zu Orten der Begegnung älterer Menschen. Hier wurde gemeinsam erinnert, gelacht und geweint, gestritten und verziehen. Es wurde im wahrsten Sinne des Wortes Trauerarbeit geleistet. Im Sich-Erinnern konnten die Menschen noch einmal Abschied nehmen von real Verlorenem. Und für viele bedeutete dies die Heilung alter Wunden, ein Offenwerden für neue Entwicklungen, das Entdecken neuer Lebenspotentiale. Wir Kursleiter lernten dabei, welch enormes Potential an historischer Erfahrung unsere Alten darstellen, ein Potential, das jedoch weitgehend brachliegt, von der Gesellschaft nicht genutzt wird. Wichtig wäre es, daß dieses Potential von der Gesellschaft genutzt wird, zum Beispiel, indem alte Menschen verstärkt als sozialhistorische Zeitzeugen in unseren Schulen eingesetzt werden. Dieser zweite Schritt ist in unserem Projekt nur mehr in Ansätzen gelungen."

Die Realisierung des gemeinsamen Anliegens der Projektgruppe schildert der Leiter des Gesprächskreises in Mariapfarr, der Lehrer Peter Klammer, im Abschlußbericht in einer Weise, die die Gruppenatmosphäre eindrucksvoll nachempfinden läßt:[3]

„Mir steht noch genau das erste Gruppentreffen im Herbst 1987 vor Augen: vor mir zehn Personen zwischen sechzig und neunzig Jahren – der Älteste: Herr Josef Hönegger, Geburtsjahr 1896. Ehrlich gesagt, ich war etwas unsicher, ob die geplante Gesprächsrunde und ich den Erwartungen dieser Personen entsprechen würden. Ältere Leute sind sehr kritisch. Wenn man ihren Erwartungen nicht entspricht, dann kommen sie kein zweites Mal, denn sie haben es nicht notwendig, sich langweilen zu lassen. Doch schließlich haben wir dreißig Gesprächsrunden gemeinsam verbracht – mehr als zwanzig Personen fanden Gefallen daran –, und gerade der älteste Teilnehmer fehlte kein einziges Mal. Die ersten Gruppentreffen fanden in der Schule in Mariapfarr statt. ‚Daß ich in meinem Alter die Schule auch noch einmal von innen sehe, das hätte ich nicht mehr gedacht!' meinte ein Teilnehmer. Später wechselten wir in das nahegelegene Altersheim. War die Schule von den meisten Teilnehmern noch überhaupt nie betreten worden, so war auch das Altersheim für manche etwas Neues. Sowohl in die Schule wie auch in das Altersheim kommt man ja gewöhnlich nur, wenn man darin zu tun hat. Einige der Teilnehmer aus dem Altersheim waren froh, das Haus nicht mehr verlassen zu müssen, weil ihnen das Gehen zum Teil sehr schwerfiel.

Wer waren die Gesprächsteilnehmer? Fast alle waren früher selbst jahrzehntelang Knechte oder Mägde gewesen, einige kamen aus dem Bauernstand. Die Dienstbotenarbeit war keinem Teilnehmer fremd. Aus dieser gemeinsamen Erfahrung entwickelten sich Gespräche und Diskussionen, die sich umso fruchtbarer und anregender gestalteten, je genauere und gezieltere Fragen gestellt wurden. Ein altes Bild, das Erinnerungen wachrief, ein Auszug aus einem Protokoll oder aus einer Chronik erleichterten den Einstieg, dann kam der große historische Erfahrungsschatz der Alten zutage. Und ihr Erinnerungsvermögen war immer wieder erstaunlich. Besonders ergiebig und einem Interview vorzuziehen war das Gruppengespräch dann, wenn sensible und intime Themenbereiche angesprochen wurden. Einzelne mutige Gesprächsteilnehmer erleichterten dann durch ihr Beispiel, daß auch zurückhaltendere Personen – und zwar in diesen besonderen Fällen in der Regel die Mehrheit – erzählten, was sonst kaum jemandem anvertraut wurde und wozu sonst ja auch jede Gelegenheit fehlte."

In diesem Bericht ist alles Wesentliche darüber zusammengefaßt, wie die hier veröffentlichten lebensgeschichtlichen Texte zustande kamen. Der Bericht läßt aber auch anschaulich nachvollziehen, wie im Projekt Wissenschaft und Bildungsarbeit miteinander verbunden wurden. Der Leiter des Gesprächskreises hatte aus eigener Forschungsarbeit in lokalen Archiven schriftliche Quellen zur Verfügung, die er – genauso wie die von ihm gesammelten alten Photographien – als Einstieg verwendete, um Gespräche über Lebensverhältnisse früherer Zeiten zu animieren. Die auf dieser Grundlage entstandenen lebensgeschichtlichen Berichte konnte er nun seinerseits als Quelle benützen, die ihm bei der Interpretation des archivalischen Quellenmaterials weiterhalf. In dieser Wechselwirkung ist der vorgelegte Band entstanden – ein eindrucksvolles Beispiel, wie nicht nur Forschung die Bildungsarbeit, sondern umgekehrt auch Bildungsarbeit die Forschung anregen und befruchten kann.

Die Verbindung von Wissenschaft und Bildungsarbeit führt beim vorgelegten Band jedoch in weiterreichende Zusammenhänge. Es war eine Arbeitsgruppe, die das Projekt der Salzburger Volkshochschule trug. Zu ihr gehörte auch Barbara Waß, die Lesern der Reihe „Damit es nicht verlorengeht..." aus früheren Bänden bekannt sein wird. Angeregt durch Sendungen im „Familienmagazin", hatte sie mit lebensgeschichtlichem Schreiben begonnen. Zwei ihrer Beiträge wurden in Sammelbänden veröffentlicht.[4] Darüber hinaus begann sie selbst auf der Basis lebensgeschichtlicher Interviews weiterzuforschen. In den Bänden „Mein Vater, Holzknecht und Bergbauer" und „Für sie gab es immer nur die Alm" erschloß sie so historische

Arbeitswelten der bergbäuerlichen Gesellschaft.[5] In der Salzburger Projektgruppe hat sie ihre Erfahrungen aus diesen Studien in den von ihr geleiteten Gesprächskreis wie auch in die Gruppenarbeit eingebracht.[6] Die Verbindung zur Universität Salzburg stellte in der Gruppe Norbert Ortmayr her. Seit mehr als einem Jahrzehnt beschäftigte er sich mit Lebens- und Arbeitsverhältnissen im ländlichen Raum in früherer Zeit, insbesondere mit dem Gesindewesen. Eine Zusammenfassung seiner wissenschaftlichen Arbeit zu diesem Thema hat er im Nachwort zu dem von ihm bearbeiteten Band „Knechte" vorgelegt, der im Vorjahr als Band 19 der Reihe erschien. Auch Norbert Ortmayr war seit seiner Teilnahme an jenem Seminar an der Volkshochschule Ottakring zum Thema „Ich kam vom Land in die Stadt" immer wieder um eine Verbindung von Wissenschaft und Bildungsarbeit bemüht.

Die beiden von Norbert Ortmayr und Peter Klammer bearbeiteten Bände stehen nicht nur durch dieses gemeinsame Anliegen im Zusammenhang, sondern auch inhaltlich sowie in der Gestaltungsform. Beiden geht es um die Lebensschicksale von Dienstboten, beide verbinden lebensgeschichtliche Selbstzeugnisse mit fachlichem Kommentar. Trotz dieser vielfachen Übereinstimmungen sind die Produkte sehr unterschiedlich und ergänzen einander komplementär. Auf der einen Seite steht der überregional vergleichende Überblick mit drei Autobiographien als exemplarischen Geschichten, auf der anderen die aus lebensgeschichtlichen Interviews in Verbindung mit archivalischen Quellen herausgearbeitete Regionalstudie. Gerade diese Verbindung, die in den beiden Bänden auf unterschiedlicher Ebene geleistet wird, erscheint für die weitere Arbeit mit lebensgeschichtlichen Zeugnissen von großer Bedeutung – sowohl für die Forschung als auch für die auf Forschungsergebnissen basierende Bildungsarbeit, die ihrerseits wiederum interessantes neues Quellenmaterial hervorbringen kann. Der hier vorgelegte Band ist dafür ein besonders überzeugendes Beispiel.

Die Aktivitäten mit lebensgeschichtlichen Arbeiten in wissenschaftlicher Forschung und Bildungsarbeit haben sich im letzten Jahrzehnt weit verzweigt. Die Reihe „Damit es nicht verlorengeht..." markiert nur eine der vielen Entwicklungslinien, die von diesen Neuansätzen der frühen achtziger Jahre ausgegangen sind. Sie stützt sich primär auf die in der „Dokumentation lebensgeschichtlicher Aufzeichnungen am Institut für Wirtschafts- und Sozialgeschichte der Universität Wien" gesammelten Materialien. Es ist für ihre Herausgeber schön und befriedigend, wenn sie gelegentlich mit einer anderen der vielen Entwicklungslinien zusammengeführt werden kann, wie es bei diesem von Peter Klammer aufgrund der Salzburger Volkshochschulaktivitäten eingebrachten Band der Fall ist. Auf der Ebene der Veröffentlichung wird das nicht der Regelfall sein können. Auf der Ebene der Sammlung lebensgeschichtlicher Texte wäre es jedoch sicher wünschenswert, wenn solche aus gemeinsamen Anfängen entwickelten Aktivitäten weiterhin untereinander vernetzt werden könnten. Wie die Bände der Reihe für den Einsatz in der Bildungsarbeit konzipiert sind, so könnte die ihr zugrunde liegende Dokumentation durch aus der Bildungsarbeit entstandene Texte bereichert werden. Der vorgelegte Band soll in diesem Verständnis einerseits als Anregung verstanden werden, das Modell des lebensgeschichtlichen Ansatzes in der Bildungsarbeit aufzugreifen und weiterzuentwickeln, andererseits auch als Einladung, lebensgeschichtliche Aufzeichnungen der „Dokumentation" zur Verfügung zu stellen. Die Herausgeber werden sich bemühen, durch die von ihnen edierten Bände den Austausch zwischen Wissenschaft und Bildungsinstitutionen lebendig zu erhalten und die Ergebnisse der Zusammenarbeit einer möglichst breiten Öffentlichkeit zu vermitteln.

Michael Mitterauer
Peter Paul Kloß

Einleitung

1902 gab es in Österreich die heute kaum mehr vorstellbar hohe Zahl von fast 400.000 Dienstboten. Dieser riesigen Schar von Knechten und Mägden, deren Zahl 1930 noch immer fast 300.000 betrug, wurde seit jeher wenig Beachtung geschenkt.[1] Beinahe schien diese einst so große Gruppe, die sich aus den ländlichen Unterschichten und zum Teil auch aus der Bauernschaft rekrutierte, der Geschichtslosigkeit anheimzufallen. Eine Ursache dafür lag in der Besonderheit des Gesindedienstes selbst. Dieser erlaubte es den Dienstboten – im Gegensatz zu den Lohnarbeitern – nämlich nie, eine eigenständige Rolle zu spielen.

Während Lohnarbeiter nur während der Arbeitszeit der Autorität des Arbeitgebers unterworfen waren, standen die Dienstboten durch ihre Zugehörigkeit zum bäuerlichen Haushalt unter einer umfassenden Kontrolle. Diese Kontrolle betraf nicht nur ihre Arbeitszeit, die nicht nach Stunden gemessen wurde, sondern ging weit darüber hinaus. Sie betraf ihr ganzes Dasein.

Mit dem Dienstantritt erhielten die Dienstboten eine neue Identität, die sich verstärkte, je länger sie auf einem Dienstplatz verblieben. Sogar der Name richtete sich dann nach der Hauszugehörigkeit. Dem Dienstherrn stand nicht nur das Recht zu, in allen Fragen der Arbeit von den Dienstboten absoluten Gehorsam zu verlangen, sondern auch im Haus mußten ihm Respekt und Unterordnung erwiesen werden. Dafür stand ihm sogar bis in die zwanziger Jahre das Züchtigungsrecht zu. Auch in Fragen der Religion konnte der Dienstherr ein gewichtiges Wort mitreden.

Dem gegenüber standen die Rechte der Dienstboten: Sie hatten Anspruch auf Kost, Kleidung, Unterkunft, Schutz und Lohn. Hielt sich eine Seite nicht an ihre Verpflichtungen, dann war das Zusammenleben im Haus gestört. Konnte der Konflikt nicht beigelegt werden, dann wurde entweder der Dienstbote vom Bauern verjagt, oder der Dienstbote verließ vorzeitig den Dienstplatz.

Diese alte Ordnung wurde seit der Mitte des 19. Jahrhunderts spürbar gestört. Immer häufiger kam es vor, daß die gegenseitigen Verpflichtungen zwischen Dienstherrn und Dienstboten nicht erfüllt wurden. Dienstbotenstreitigkeiten nahmen zu.[2] Während die Dienstboten über schlechte Verpflegung, schlechte Behandlung und geringen Lohn klagten, ging es den Bauern besonders um die Bewahrung ihrer Autorität.

In den folgenden Jahrzehnten wurde durch wiederholte direkte und indirekte Eingriffe die bis dahin gültige Ordnung allmählich verändert. Zu den direkten Eingriffen zählten vor allem die Erlassung von Dienstbotenordnungen, dann die Errichtung von Dienstbotenkrankenkassen und schließlich die Landarbeiterordnungen der zwanziger Jahre. Zu den indirekten Eingriffen, von denen zwar nicht nur die Dienstboten betroffen waren, die sich aber ganz besonders auf deren Leben auswirkten, zählten die Gesetze über die Heimatverhältnisse, die Armengesetze und der Ehekonsens.

Der Umstand, daß die Anwendung all dieser Gesetze seit den Gemeindeordnungen aus der Mitte des 19. Jahrhunderts in den ländlichen Gemeinden durchwegs in der Hand von Bauern lag, stärkte deren Stellung ungemein. In den Gemeindeausschüssen wurde nun entschieden, wenn Dienstbotenstreitigkeiten vorgebracht wurden oder wenn sich die Frage stellte, was mit einem alten, arbeitsunfähigen Dienstboten zu geschehen hatte.

Dieser Zustand, der die Dienstboten in einem Untertänigkeitsverhältnis bewahrte, blieb im wesentlichen bis zum Ende der dreißiger Jahre bestehen, besonders in jenen Regionen, in denen bäuerliche Lebensformen vorherrschten und wo ein Ausweichen auf Lohnarbeit nicht möglich war.

Eine solche Region war der Salzburger Lungau, wo im Jahre 1934 noch drei Viertel der Bewohner in der Landwirtschaft tätig waren, läßt man die drei Marktorte unberücksichtigt, in denen sich die wenigen Gewerbe- und Handwerksbetriebe befanden.[3] 1902 wurden in diesem Bezirk bei knapp 13.000 Einwohnern 2.328 Knechte und Mägde gezählt, die bei 662 Bauern in Dienst standen.[4] Im Verhältnis zur Einwohnerzahl war dies nicht nur die höchste Dienstbotenzahl aller Salzburger Bezirke, sondern auch eine der höchsten Österreichs. Beinahe jeder dritte Erwachsene war ein Knecht oder eine Magd.

In dieser Region hatte die Verschärfung der Lebensverhältnisse, wie sie vielerorts im alpinen Bereich im Verlauf des 19. Jahrhunderts festzustellen war, zu besonders extremen Erscheinungsformen geführt. Ihren Höhepunkt erreichten diese extremen Erscheinungsformen um die Jahrhundertwende und in den nachfolgenden Jahrzehnten. So stieg das Heiratsalter bei Männern auf über fünfunddreißig Jahre und bei Frauen auf über dreißig Jahre an, und der Anteil der Ledigen wurde immer größer. Dienstboten und andere bedürftige Personen standen praktisch unter einem Heiratsverbot. Dieses Heiratsverbot blieb auch dann noch aufrecht, als der Ehekonsens längst abgeschafft war, weil der moralische Druck der Umwelt unverändert anhielt.

Späte Heirat und hoher Ledigenanteil führten zu einer ständig steigenden Zahl von ledigen Kindern. Ihre Zahl war in den dreißiger Jahren in einigen Gemeinden beinahe gleich hoch wie jene der ehelichen. Die ledigen Dienstbotenkinder wurden meist an einem „Kostplatz" angestiftet. Jedes vierte Kind war schließlich ein angestiftetes Ziehkind.[5]

Gemessen am vorhandenen Ackerland, das nicht einmal fünf Prozent betrug, war der Bezirk eine ärmliche Region.[6] Davon waren nicht nur der Großteil der Bauern selbst betroffen, sondern ganz besonders die ländlichen Unterschichten, die kaum existieren konnten. Armut und

Hunger waren deren ständige Begleiter. Häufig waren es besonders kinderreiche Familien, die froh waren, wenn ein Kind in Dienst ging, damit ein Esser weniger zu ernähren war. Durch Verwandtschaften und Patenschaften waren diese Familien häufig mit Bauern verbunden, so daß sich der erste Dienstplatz eines Kindes oftmals beim Tauf- und Firmgöd fand. Vor allem im Winter, wenn keine Arbeit zu bekommen war, war manche Taglöhner-, Holzknecht- oder Handwerkerfamilie auf die Hilfe der Bauern angewiesen. Oft mußten die Kinder die Rolle des Bittstellers einnehmen und um Lebensmittel wie Brot, Schmalz oder Kraut betteln.

Die Existenzfähigkeit einiger Talschaften war so eingeschränkt, daß sie sich beinahe vollständig von ihrer Umwelt abschlossen. Heiraten mit Auswärtigen wurden kaum geduldet und der Zuzug von Fremden verhindert. Die rigide Anwendung der Heimatgesetze führte dazu, daß Knechte und Mägde noch vor Ablauf einer bestimmten Frist nicht mehr in Dienst gestellt wurden, um sie in einer Gemeinde nicht heimatberechtigt werden zu lassen. Dabei spielte vor allem die Angst der Gemeinden mit, im Alter für die arbeitsunfähigen, familienlosen Dienstboten sorgen zu müssen.

Die Art und Weise der Altersversorgung der Dienstboten zählte zu den bedrückendsten Kapiteln der alpinen Sozialgeschichte. Jene Knechte und Mägde nämlich, die im Alter keinen Bauern fanden, bei dem sie bleiben konnten, endeten als Einleger und wurden rechtlos. Ihre letzten Lebensjahre verbrachten sie, häufig heruntergekommen und verwahrlost, bei vielen verschiedenen „Quartierträgern".

Die „Quartierträger" einer Gemeinde, die ihnen nach der Größe ihres Besitzes eine bestimmte Anzahl von Tagen Unterkunft und Ernährung gewähren mußten, betrachteten sie oftmals als lästige lebende Steuer, die sie bald wieder loswerden wollten. Auf ihrem Rundgang, der ihnen genau vorgeschrieben war, versuchten die Einleger daher, jenen Plätzen auszuweichen, wo sie besonders schlecht und hartherzig behandelt worden waren.

Armenhäuser, in denen die Insassen Unterkunft und Verpflegung fanden, gab es um die Jahrhundertwende nur in den Märkten Tamsweg und Mauterndorf. In kleineren Gemeinden wurden alte Keuschen, ehemalige Badstuben oder das Gemeindehaus zu diesem Zweck verwendet. Dort blieben die Gemeindearmen meist sich selbst überlassen. Ins Armenhaus oder in die Einlage zu kommen, bedeutete für ehemalige Dienstboten, der Verachtung aller ausgesetzt zu sein.

Die Kirche konnte seit der Mitte des 19. Jahrhunderts ihre Herrschaft über die ländliche Bevölkerung verstärken. Die Bauern wandten sich seit 1848 wieder verstärkt der Kirche zu, denn kirchliche Autorität unterstützte auch ihre eigene Autorität. Davon zeugen viele Kapellenbauten, die in der Nähe von Bauernhäusern errichtet wurden. Auch in kleineren Ortschaften wurden eigene Pfarreien eingerichtet, und die Zahl der Priester erreichte ihren höchsten Stand. Zahlreiche katholische Vereine, Bünde und Bruderschaften entstanden, in denen ein großer Teil der Bevölkerung organisiert wurde. Erst in den dreißiger Jahren ging durch politisch motivierte Kirchenaustritte die religiöse Geschlossenheit zuerst in den Märkten, später auch in kleineren Gemeinden allmählich verloren.

Seit der Einführung des allgemeinen Wahlrechts im Jahr 1919 erhielten bei allen Wahlen die Christlichsozialen mit Abstand die meisten Stimmen. Ihr Stimmenanteil vergrößerte sich in den zwanziger Jahren sogar. Gemeindevorsteher waren mit Ausnahme der drei Märkte beinahe ausschließlich Bauern, die alle Einrichtungen der Gemeinde wie den Gemeindeausschuß, den Ortsschulrat oder den Krankenrat kontrollierten. Die Dienstboten wählten gleich wie ihre Dienstgeber. Wer im gemeinsamen Haushalt lebte, zu Gehorsam, Ehrerbietung und Unterordnung verpflichtet war, hatte auch politische Gefolgschaftsdienste zu leisten. Einige Dutzend Sozialdemokraten gab es nur in den Märkten, wo es Lohnarbeit gab, knapp über hundert waren es in Ramingstein, dem einzigen Standort einer größeren Fabrik. Bei der letzten Nationalratswahl der Ersten Republik im November 1930 blieben die Sozialdemokraten in sechs Gemeinden ohne eine einzige Stimme; in elf der fünfundzwanzig Gemeinden erhielten sie weniger als zehn Stimmen.[7]

Die Krise der dreißiger Jahre traf die ländliche Bevölkerung schwer. Kaum eine Gemeinde konnte ihren Versorgungspflichten nachkommen. Das bekamen besonders die angestifteten ledigen Kinder, die Gemeindearmen und die Einleger zu spüren. Die Armen- und Heimatgesetze wurden nun am strengsten ausgelegt. Die Spannungen zwischen den Gemeinden und innerhalb der Gemeindeinsassen nahmen zu. Ansuchen um Armenunterstützung häuften sich. Während die Einnahmen der Gemeinden durch Rückstände in der Umlagezahlung zurückgingen, stieg der Anteil der Armenausgaben ständig und verbrauchte in vielen Gemeinden den Großteil der verfügbaren Gemeindegelder. Trotzdem traten immer häufiger Klagen auf, daß die Gemeinden ihrer Versorgungspflicht nicht nachkämen.

Die Auflösung der alten Ordnung wurde schließlich dort offensichtlich, wo kleine bäuerliche Gemeinden ihre Selbständigkeit verloren und mit Nachbargemeinden zusammengelegt wurden. Unter der Oberfläche vollzog sich ein Wandel, dessen Ausmaß in den März- und Apriltagen des Achtunddreißigerjahres sichtbar wurde: Es gab keinen Salzburger Bezirk, in dem das Abstimmungsergebnis so eindeutig zugunsten der Nationalsozialisten ausfiel.

Das Jahr 1938 erwies sich als Endpunkt der bis dahin gültigen alten Ordnung. Mit dem „Anschluß" und mit dem Krieg kam es zu grundlegenden Veränderungen in der bäuerlichen Lebensweise und im Dienstbotendasein.

Um die Geschichte der Knechte und Mägde und der ländlichen Unterschichten zu rekonstruieren und ihre Lebensverhältnisse zwischen 1900 und 1938 in dieser Region darzustellen, wurden unterschiedliche Quellen und Verfahrensweisen angewendet. Neben Dienstbotenbüchern, Einlegerbücheln, Schul- und Gendarmeriechroniken und vereinzelt vorhandenem Aktenmaterial der politischen Behörden erwiesen sich die Gemeindeausschußprotokolle des Bezirks als wichtigste und ergiebigste schriftliche Quelle. Sie wurden deshalb, soweit verfügbar, von allen Gemeinden bearbeitet, auch von jenen, die in den dreißiger Jahren ihre Selbständigkeit verloren und mit anderen Gemeinden zusammengelegt wurden.

Die Protokolle, meist von Bauern, Pfarrern oder Lehrern verfaßt, geben Einblicke in die sozialen und wirtschaftlichen Verhältnisse einer Gemeinde. Sie zeigen nicht nur, wer die Entscheidungsträger waren – wer also in einer Gemeinde das Sagen hatte –, sondern sie offenbaren zum Teil auch, wie diese Entscheidungen zustande kamen. Im Vergleich weisen die Protokolle darauf hin, welche Ereignisse über eine Gemeinde hinaus besonders bedeutsam waren.

Kaum einen Niederschlag fanden in den Protokollen die Veränderungen, denen der Staat durch die Wandlung von Monarchie zu Republik und Demokratie unterworfen war. In den ländlichen Gemeinden blieb fast alles beim alten. Insofern ist es gerechtfertigt, die Zeit zwischen 1900 und 1938 ohne den Einschnitt des Jahres 1918 als eine Einheit zu betrachten.

Die typischen Probleme, mit denen sich die Gemeinden in jenen Jahrzehnten immer wieder zu befassen hatten, waren Armenangelegenheiten, die Versorgung der Anstiftkinder und der Einleger, Heimatrechts- und Dienstbotenstreitigkeiten.

Jene Konflikte zwischen Dienstherren und Dienstboten, die nicht gelöst werden konnten, wurden dem Gemeindeausschuß zur Entscheidung vorgelegt. Manchmal bildeten solche Dienstbotenstreitigkeiten den einzigen Tagesordnungspunkt, mit dem sich die Gemeindevertreter auseinanderzusetzen hatten. Der Großteil aller Streitigkeiten wurde natürlich nicht vor dem Gemeindeausschuß ausgetragen, bedeutete doch eine öffentliche Verhandlung nicht nur eine Schädigung des Rufs der Dienstboten, sondern auch des Dienstherrn. Aus der Häufigkeit des Auftretens solcher Dienstbotenstreitigkeiten in den Gemeindeprotokollen lassen sich aber Rückschlüsse auf die Zeitverhältnisse ziehen.

Neben den schriftlichen Quellen soll mit Hilfe der „Mündlichen Geschichte" versucht werden, die Lebensverhältnisse zu rekonstruieren. Damit kommen die eigentlich Betroffenen – ehemalige Knechte und Mägde – selbst zu Wort. Damit kommt es auch zu einem Perspektivenwechsel: Während die schriftlichen Quellen, insbesondere die Gemeindeprotokolle, Zeugnisse der Gemeindeobrigkeit darstellen, sollen die Erzählungen der Dienstboten ihre Lebenswelt und ihre Erfahrungen widerspiegeln.

Vorerst galt es jedoch, Bedenken zu zerstreuen: Viele ehemalige Dienstboten sind der Meinung, daß ihr Leben als Knecht oder Magd für andere ohne Interesse sei, oder sie haben Befürchtungen, nicht verstanden zu werden, und deshalb dem Zuhörer unglaubwürdig zu erscheinen. Was sie denn erzählen sollen, war deshalb anfangs meist ihre erste Frage.

Um diesen und anderen Schwierigkeiten auszuweichen, wurde nicht die in der „Mündlichen Geschichte" meist übliche Methode der direkten Befragung angewendet, sondern der Gesprächskreis vorgezogen. Länger als zwei Jahre hatte dieser schließlich Bestand. Zu den Gesprächsteilnehmern, vorwiegend ehemaligen Knechten und Mägden, kamen noch andere hinzu, denen das Dienstbotenleben aber nicht unbekannt war.

Gemeinsames Erinnern hat den Vorteil, daß sich die Erzähler gegenseitig stimulieren, sei es durch Neugier, Einfühlungsvermögen oder einfach durch den Umstand, an längst Vergessenes oder Verdrängtes wieder erinnert zu werden. Manchmal gingen die Gespräche ungeahnte

Wege, manchmal waren sie besonders angeregt und ergiebig, etwa dann, wenn durch Photos, Dokumente oder Eintragungen in alte Gemeindeprotokolle eine unmittelbare Verbindung mit dem Vergangenen hergestellt werden konnte.

Aber nicht alles, was erzählt wurde, konnte wiedergegeben werden. „Mündliche Geschichte" ist mehr als nur eine Methode zur Erforschung des Alltags und der Lebensweise – sie schafft auch zwischenmenschliche Verbindungen und Vertrauensverhältnisse.

Schließlich wurden die auf viele Gesprächsrunden verteilten Beiträge herausgelöst und zu individuellen Lebensgeschichten zusammengefügt. In ihrem Zusammenhang erst ergeben die geschilderten Erlebnisse, Einschätzungen, Erfahrungen und Fakten jene Lebensbilder, die zeigen, daß die ehemaligen Knechte und Mägde noch Zeugen einer Zeit waren, die es nicht mehr gibt.

Gesindedienst

Bauersleute mit Gesinde. Gemeinde Steindorf um 1910. – Mit dem Dienstantritt begaben sich die Dienstboten in eine festgefügte Hierarchie. Die zu verrichtenden Arbeiten waren unter ihnen genau aufgeteilt. – Die wenigen Photographien aus jener Zeit zeigen Bauersleute und Gesinde meist in ihrem Festtagsgewand. Dieses seltene Foto zeigt die Bewohner in ihrer Arbeitskleidung.

„Da mußte ich Knecht werden!" lautete das Los vieler Kinder von Keuschlern und Armen. Aber auch Bauernkinder mußten in Dienst gehen, wenn sie den Hof nicht erbten oder wenn sie zu Hause nicht mehr gebraucht wurden. Oft war es die Not im elterlichen Haus, die einen möglichst frühen Dienstantritt erzwang.

Die Arbeit war den jungen Dienstboten nicht mehr fremd. Kinderarbeit war in der ländlichen Gesellschaft eine Selbstverständlichkeit. Die Arbeit stärkte die Stellung des Kindes in der Hausgemeinschaft und bereitete es auf seine spätere Rolle vor.

Der Schule wurde wenig Aufmerksamkeit geschenkt, denn die Schule hatte für die Zukunft eines Dienstboten wenig oder überhaupt keine Bedeutung. Von einer achtjährigen Schulpflicht konnte keine Rede sein. Meist waren die Kinder in der siebenten und achten Klasse im Sommerhalbjahr vom Schulunterricht ganz befreit, und im Winterhalbjahr mußten sie die Schule wöchentlich nur an einem Tag besuchen. Bis in die dreißiger Jahre änderte sich an diesen Verhältnissen wenig.

Am 11. März 1934 fand in der kleinen Gemeinde Zankwarn, unweit von Mariapfarr, eine Gemeindeausschußsitzung statt. Zankwarn war bis 1938 eine eigenständige Gemeinde mit dreihundertfünfzig Einwohnern. Einziger Gegenstand der Beratung war die Forderung nach Beibehaltung der Schulbesuchserleichterung.

Die Unterfertigten beschließen einstimmig, die Schulbesuchserleichterung vom Jahre 1928 aufrechtzuerhalten, wonach folgende Begünstigungen vorgesehen sind:
im 7. Schuljahr: schulfrei vom 1. April bis 31. Oktober
im 8. Schuljahr: schulfrei vom 16. März bis 28. Feber

Begründung:
Die hiesige Gemeinde ist eine rein ländliche Gemeinde, da die Eltern auf die Arbeitsleistung der Kinder mit Sehnsucht warten,

da sie schon in diesem Alter in der Landwirtschaft gut verwendet werden können und erfahrungsgemäß, wer in der frühen Jugend die Arbeit lernt, später dann die tüchtigsten Arbeitskräfte werden.

Quelle: Gemeindeausschußprotokoll Zankwarn 1934.

Sogar zum „Roboten" wurden Kinder geschickt. Dabei wurden Wege ausgebessert oder Flußläufe gesichert. Diese Arbeiten geschahen im Interesse der Gemeinde. Die geleisteten Schichten konnten von der Gemeindesteuer abgerechnet werden.

Der Gemeindevorsteher fragt an, ob ein Schulknabe oder Schulkind beim Gemeinderoboten als ganz oder halb gerechnet wird.
   Wird einstimmig beschlossen, daß Schulkinder als halb gerechnet werden.

Quelle: Gemeindeausschußprotokoll Weißpriach 1910.

Die Arbeit bereits in der Kindheit zu lernen, war also die vordringlichste Aufgabe der Erziehung. So konnte sich dann der Übergang vom Kindsein zum Dienstbotensein fließend vollziehen. Andere Berufe standen meist überhaupt nicht zur Auswahl.

Der erste Dienstplatz war oft nicht weit vom elterlichen Haus entfernt. Er befand sich in der Nachbarschaft, bei Verwandten oder beim Tauf- und Firmpaten. Ihnen vertraute man den jungen Dienstboten am leichtesten an, denn man wußte um die Härte ihrer zukünftigen Arbeit.

Über die Herkunft der Dienstboten gibt die kleine Gemeinde Pichl Aufschluß. Auch Pichl war bis 1938 eine selbständige Gemeinde, die dann mit der Nachbargemeinde Mariapfarr zusammengelegt wurde.

Tabelle 1: Herkunft der Dienstboten der Gemeinde Pichl im Jahr 1906

Aus der Gemeinde	Pichl	13 Dienstboten
	Mauterndorf	8 Dienstboten
	Zankwarn	7 Dienstboten

St. Andrä	6 Dienstboten
Mariapfarr	6 Dienstboten
Weißpriach	4 Dienstboten
Unternberg	2 Dienstboten
St. Margarethen	2 Dienstboten
Sauerfeld	2 Dienstboten
Mörtelsdorf	2 Dienstboten
Göriach	2 Dienstboten
St. Michael	2 Dienstboten
Lasaberg	2 Dienstboten
Stadl/Steiermark	2 Dienstboten
Lessach	1 Dienstbote
Thomatal	1 Dienstbote
Seetal	1 Dienstbote
Ramingstein	1 Dienstbote
Spittal/Kärnten	1 Dienstbote
Völkermarkt/Kärnten	1 Dienstbote

Quelle: eigene Aufstellung nach: Meldebuch Pichl 1906 bis 1938.

Im Verlauf des Jahres 1906 arbeiteten 66 Dienstboten in Pichl, davon waren 35 Knechte und 31 Mägde. Ihre Dienstplätze waren bei zwölf Bauern. Der Großteil der Dienstboten rekrutierte sich aus der eigenen Gemeinde und aus den Nachbargemeinden. Nur vier Dienstboten wanderten aus Gemeinden außerhalb des Bezirks zu. Dienstboten kamen zwar in vielen Gemeinden herum, aber über den Bezirk nur selten hinaus. Die Bauern nahmen ja nur ihnen bekannte Knechte und Mägde auf. Fast achthundert Dienstboten waren in dieser kleinen Gemeinde zwischen 1906 und 1938 beschäftigt.[1]

Ein ähnliches Bild zeigt sich dreißig Jahre später in der Gemeinde Mariapfarr. Mariapfarr hatte 1937 knapp 800 Einwohner. Bei 32 Dienstgebern arbeiteten 112 Dienstboten – 45 Knechte und 67 Mägde. Sie stammten aus zwanzig verschiedenen Gemeinden. Auch hier kamen nur wenige Dienstboten aus Gemeinden außerhalb des Bezirks.

Tabelle 2: Herkunft der Dienstboten der Gemeinde Mariapfarr im Jahr 1937

Aus der Gemeinde	
Mariapfarr	20 Dienstboten
Tamsweg	20 Dienstboten
St. Andrä	9 Dienstboten
Zankwarn	8 Dienstboten
Göriach	8 Dienstboten
Mauterndorf	7 Dienstboten
Pichl	6 Dienstboten
Weißpriach	6 Dienstboten
Lessach	6 Dienstboten
Unternberg	6 Dienstboten
Ramingstein	5 Dienstboten
St. Michael	2 Dienstboten
Muhr	2 Dienstboten
Seetal	1 Dienstbote
Altenmarkt/Pongau	1 Dienstbote
Turrach/Steiermark	1 Dienstbote
St. Pantaleon/OÖ.	1 Dienstbote
Stadl/Steiermark	1 Dienstbote
Spittal/Kärnten	1 Dienstbote
Krakauschatten/Stmk.	1 Dienstbote

Quelle: eigene Aufstellung nach: Dienstboten-Meldebuch Mariapfarr 1937 bis 1940.

Mit dem Dienstantritt begaben sich die Dienstboten in eine festgefügte Hierarchie. Die zu verrichtenden Arbeiten waren unter den vorhandenen Dienstboten genau aufgeteilt. Je größer der Bauernhof war, desto genauer war diese Arbeitseinteilung durchgeführt.

Im Gegensatz zum Pinzgau, wo einzelne Bauern sogar mehr als zwanzig Dienstboten hatten, gab es im Lungau nur wenige Bauern, die mehr als zehn Dienstboten beschäftigten. Im Durchschnitt arbeiteten auf einem Hof zwischen drei und vier Dienstboten. Es gab aber auch viele kleinere Bauerngüter, wo nur eine Magd beschäftigt wurde.

Beim Getreidearbeiten. – Jede Dirn hatte ihren Mäher, hinter dem sie nacharbeiten mußte. Der Bub fertigte die Bänder zum Binden der Garben. Im Hintergrund die fertigen Dockn.

Tabelle 3: Anzahl der Dienstgeber und ihrer Dienstboten in der Gemeinde Mariapfarr im Sommer 1937

Dienstgeber		Dienstboten
1 Dienstgeber	mit	12 Dienstboten
1 Dienstgeber	mit	10 Dienstboten
3 Dienstgeber	mit	7 Dienstboten
1 Dienstgeber	mit	6 Dienstboten
2 Dienstgeber	mit	5 Dienstboten
2 Dienstgeber	mit	4 Dienstboten
3 Dienstgeber	mit	3 Dienstboten
4 Dienstgeber	mit	2 Dienstboten
15 Dienstgeber	mit	1 Dienstboten

Quelle: eigene Aufstellung nach: Dienstboten-Meldebuch Mariapfarr 1937 bis 1940.

Beschäftigte ein großer Bauer zehn Dienstboten, dann sah die Gesindehierarchie etwa folgendermaßen aus:

An erster Stelle der männlichen Dienstboten stand der „Moarknecht", einfach „Moar" genannt. Er war die rechte Hand des Bauern und kommandierte die Arbeiten. Dann kam der „Ochsenknecht". Ihm waren die Ochsen anvertraut, und er fuhr mit dem Ochsenfuhrwerk. Der „Roßknecht", kurz „Rosser" genannt, betreute die Pferde und fuhr mit dem Pferdefuhrwerk. Der „Oblarer" mußte im Sommer die Heufuder abladen. Der „Halter" hatte auf der Alm das Vieh zu hüten und mit der „Sennin" die Almwirtschaft zu führen.

Von den weiblichen Dienstboten stand die „Moardirn" an erster Stelle. Sie arbeitete, im Gegensatz zur „Kuchldirn", nicht im Haus, sondern war größtenteils außerhalb des Hauses in Feld und Wald beschäftigt. Die „Viehdirn" hatte die Fütterung des Viehs zu besorgen. Hausarbeiten verrichtete die „Hausdirn", die unter unmittelbarer Aufsicht der Bäuerin stand. Die „Sennin" hatte im Sommer eine Sonderstellung, weil sie diese Zeit ohne Aufsicht auf der Alm verbrachte. Im Winter hatte sie mit der Viehdirn gemeinsam die Stallarbeit zu verrichten.

Die Anzahl der Dienstboten schwankte ständig. Die Höhe des Dienstbotenstandes hing davon ab, wie viele familieneigene Arbeitskräfte zur Verfügung standen. Ein Dienstbote wurde eingespart, wenn ein Kind des Bauern in das entsprechende Alter kam, um einen Dienstboten zu ersetzen. Wer welche Arbeiten zu verrichten hatte, bestimmte das Alter und das Geschlecht der Dienstboten. Dabei unterschied man streng zwischen Männer- und Frauenarbeiten. Auf kleineren Höfen wurde darauf wenig Rücksicht genommen. Dort mußten die Mägde oftmals auch Männerarbeiten übernehmen.

Die Arbeitszeit der Dienstboten war lang. Die Knechte und Mägde arbeiteten zwölf bis sechzehn Stunden am Tag und kamen so auf achtzig bis hundert Stunden in der Woche. Gewisse Arbeiten wie Stallarbeiten mußten auch an Sonn- und Feiertagen verrichtet werden. Die Arbeitszeit war nicht durch eine tägliche Stundenzahl geregelt, sondern hing von der Jahreszeit und von der Notwendigkeit der zu verrichtenden Arbeiten ab. Im Sommer mußte mehr, länger und härter gearbeitet werden als im Winter.

Sogar die kirchlichen Feiertage waren dem Arbeitsrhythmus der Dienstboten angepaßt. Im Frühling und im Winter, wenn die wenigste Arbeit anfiel, gab es die meisten Feiertage. Im Sommer und im Herbst, wenn die Arbeit nicht aufhören wollte, die wenigsten.[2]

Ein Bauer, der die Bauernfeiertage nicht einhalten wollte oder der die Dienstboten immer wieder über die Zeit arbeiten ließ, kam ins Gerede. Er wurde als „Leuteschinder" verschrien und hatte es dann schwer, gute Knechte und Mägde zu bekommen.

Die Dienstboten standen aber nicht nur während der Arbeitszeit unter Kontrolle, sondern die Kontrolle war viel umfassender. Das gemeinsame Leben im Bauernhaus erforderte eine vollständige Unterordnung und Anpassung der Dienstboten. Der sonntägliche Kirchgang, das Gebet vor und nach jeder Mahlzeit, das Rosenkranzgebet im Advent und in der Fastenzeit waren selbstverständliche Pflichten jedes Hausbewohners.

Der Bauer teilte nicht nur die Arbeit ein, sondern er war auch der Schutzherr, der für seine Untergebenen verantwortlich war. Zu seinen Verpflichtungen zählte die Erhaltung von Friede und Ordnung im Haus und die Schlichtung von Streitfällen. Verstieß eine Seite gegen diese Ordnung, dann war der Friede im Haus gestört. Konnte die Streitigkeit nicht beigelegt werden, dann endete sie vor dem Gemeindeausschuß. Die in der Dienstbotenordnung angedrohten Strafen waren Geld- oder Arreststrafen oder sogar körperliche Züchtigungen.[3]

Dem Knecht Rupert Lassacher wird wegen Übertretung der Dienstbotenordnung nach § 32 (eigenmächtiges Verlassen des Dienstes vor Ablauf der Dienstzeit) eine Strafe von zehn Kronen, im Nichteinbringungsfalle vierundzwanzig Stunden Arrest zuerkannt, da vorgenannte Übertretung sich schon öfter bei diesem ereignete.

Quelle: Gemeindeausschußprotokoll Weißpriach 1910.

Wenn ein Dienstbote während des Jahres den Dienstplatz verließ, dann konnte es vorkommen, daß er auf den verlassenen Platz zurückkehren mußte, ob er wollte oder nicht. Das galt natürlich besonders in Zeiten, in denen Dienstbotenmangel herrschte.

Anna Prodinger, Keuschlerin in Sankt Margarethen, verlangt nach Maßgabe des § 30 der Dienstbotenordnung, daß ihre beim Mayr bedienstete Tochter Amalia aus diesem Dienste austreten soll, um angeblich der Mutter die Bewirtschaftung ihres Gütls zu besorgen.

Die Gemeindevorstehung hat aufgrund der eingehend gepflogenen Erhebungen erkannt, daß nicht die Gründe vorhanden sind, die vor Ablauf des Dienstjahres den Austritt der Amalia Prodinger rechtfertigen, daher dieselbe, die bereits seit 4. Mai bei ihrer Mutter ist, angewiesen wurde, den Dienst bei Leo Mayr wieder aufzunehmen und bis Lichtmeß fortzusetzen.

Nach eingehender Beratung und Erwägung aller diesen Fall betreffenden Umstände und in besonderer Rücksichtnahme auf die Dienstbotenverhältnisse im allgemeinen, stattet der Gemeindeausschuß nachfolgenden einstimmigen Beschluß:
Dem Rekurs wird keine Folge gegeben.

Besonders wird hervorgehoben, daß der Sohn der Anna Prodinger, welcher nun gestorben ist, eine mindererwerbsfähige Person von Zwerggestalt war, also nie in der Lage war, die Wirtschaft seiner Mutter zu führen oder auch nur die Mutter ausgiebig in der Wirtschaftsführung zu unterstützen. Anna Prodinger kann daher nicht mit Recht behaupten, daß sich ihre Verhältnisse seit Lichtmeß des Jahres so wesentlich geändert haben, um Anspruch auf Entlassung ihrer Tochter Amalia aus dem Dienst bei Leo Mayr nach § 30 der Dienstbotenordnung vom Jahre 1856 zu haben.

Gegen diese Entscheidung steht der Anna Prodinger der Rekurs an den Hohen Landesausschuß Salzburg binnen vierzehn Tagen offen.
Quelle: Gemeindeausschußprotokoll Mauterndorf 1905.

Während des Jahres wurde der Dienstplatz nur in Ausnahmefällen verlassen. Ein Dienstplatzwechsel während des Jahres, besonders im Sommer, bedeutete eine arge Störung des Arbeitsablaufes. Ein vorzeitiges Verlassen des Dienstplatzes war oft ein Racheakt seitens des Dienstboten, der den Bauern mit der Arbeit sitzenließ. Das brachte nicht nur den Dienstboten, sondern auch den Bauern ins Gerede. Die Schuld zugeschrieben zu bekommen, bedeutete für den Bauern, daß künftig keine guten Dienstboten mehr bei ihm eintraten. Für den Dienstboten bedeutete ein schlechter Ruf, keinen guten Dienstplatz mehr zu bekommen.

Dienstboten, die ihre Stelle wechseln wollten, taten dies zu Lichtmeß, wie es in der Dienstbotenordnung festgelegt war. Wurde dieser Zeitpunkt zu Beginn des Jahrhunderts noch fast lückenlos eingehalten, so zeigte sich in den folgenden Jahrzehnten, besonders in den dreißiger Jahren, doch eine stetig fortschreitende Auflösung dieser Ordnung. Von den 112 Dienstboten, die 1937 in der Gemeinde Mariapfarr bedienstet waren, wechselten 42 Dienstboten zu Lichtmeß ihren Platz, aber auch schon 23 während des Jahres.[4] Immer häufiger kam es vor, daß Dienstboten weniger als ein Jahr auf ihrem Dienstplatz verblieben oder behalten wurden.

Tabelle 4: Verbleibdauer der Dienstboten auf ihrem Dienstplatz in der Gemeinde Mariapfarr im Jahre 1937

kürzer als 1 Jahr	17 Dienstboten
1 Jahr	10 Dienstboten
2 Jahre	20 Dienstboten
3 Jahre	8 Dienstboten
4 Jahre	5 Dienstboten
6 Jahre	1 Dienstbote
7 Jahre	3 Dienstboten
8 Jahre	1 Dienstbote
9 Jahre	1 Dienstbote
10 Jahre	1 Dienstbote
länger als 10 Jahre	2 Dienstboten

Quelle: eigene Aufstellung nach: Dienstboten-Meldebuch Mariapfarr 1937 bis 1940.

In der Gegenüberstellung kommt die Veränderung deutlich zum Ausdruck.

Tabelle 5: Verbleibdauer der Dienstboten in der Gemeinde Pichl. – Vergleich zwischen 1906 und 1937

1906		1937	
kürzer als 1 Jahr	2	kürzer als 1 Jahr	14
1 Jahr	14	1 Jahr	8
2 Jahre	15	2 Jahre	7
3 Jahre	3	3 Jahre	7
4 Jahre	1	4 Jahre	3
5 Jahre	1	5 Jahre	1
6 bis 10 Jahre	2	6 bis 10 Jahre	2

Quelle: eigene Aufstellung nach: Meldebuch Pichl 1906 bis 1938.

Der Großteil der Dienstboten wechselte nach dem ersten oder zweiten Dienstjahr den Dienstplatz. Nur wenige Knechte oder Mägde blieben länger. Für einen Dienstplatzwechsel konnte es mehrere Gründe geben: Waren die Kinder des Bauern alt genug, um als Arbeitskräfte eingesetzt zu werden, so mußte ein Dienstbote gehen. Auch ein Aufstieg in der Gesindehierarchie war für einen Dienstboten manchmal nur über einen Dienstplatzwechsel möglich. Eine besonders wichtige Rolle für den Dienstplatzwechsel spielte die Kost. Sie war ja der eigentliche Hauptbestandteil des Lohns. Schlechte Kost wurde als Betrug angesehen. Auch das enge Zusammenleben, das zu einem Verlust der gegenseitigen Achtung führen konnte, war oftmals Ursache für einen Dienstplatzwechsel.

Tabelle 6: Das Alter der Dienstboten in der Gemeinde Mariapfarr im Jahre 1937

bis 20 Jahre	21 Dienstboten
21 bis 30 Jahre	38 Dienstboten
31 bis 40 Jahre	23 Dienstboten
41 bis 50 Jahre	16 Dienstboten
51 bis 60 Jahre	10 Dienstboten
älter als 60 Jahre	4 Dienstboten

Quelle: eigene Aufstellung nach: Dienstboten-Meldebuch Mariapfarr 1937 bis 1940.

Der Gesindedienst war für viele Knechte und Mägde eine Übergangszeit, die zwischen dem Verlassen des Elternhauses und der Heirat lag. Etwa die Hälfte der Dienstboten war jünger als dreißig Jahre. Viele Knechte und Mägde mußten aber oft erst jahrzehntelang in Dienst gehen, bevor sie heiraten konnten. Für nicht wenige blieb der Gesindedienst lebenslängliche Tätigkeit.

Josef Hönegger

„Da mußte ich Knecht werden"

Mein Vater stammte aus Lessach, er war ein Tromörtensohn. 1886 heiratete er, da war er siebenunddreißig Jahre alt. Die Mutter brachte als Heiratsgut schon eine ledige Tochter mit in die Ehe. In der Holzerkeusche in Weißpriach lebten sie dann. Das war eine kleine Keusche: Küche, Stube, Schlafzimmer und ein kleines Dachkammerl. Zwei Kühe hatten sie. Der Großvater mütterlicherseits lebte noch und kaufte einen Grund dazu. Dann konnten sie drei Kühe füttern. Abzahlen mußten den Grund erst die Eltern. Der Vater hat als Bauernsohn schon ein Erbgut erhalten, aber es war so, daß er es nur kleinweise kriegte, weil auch beim Tromörten viele Kinder waren.

Ich kann mich noch gut erinnern, da war ich sechs oder sieben Jahre alt, da kam der Vater nach Hause und sagte, daß die letzten Schulden bezahlt sind.

Wir waren dann sieben Kinder, fünf Bidl und zwei Tschaip. Das vierte Kind war ich, das jüngste starb mit neun Jahren.

Der Vater ging tagwerken und verdiente am Tag fünfzehn bis zwanzig Kreuzer. Das war nicht viel. Sonst gab es keine Verdienstmöglichkeit. Holzarbeit gab es nicht. Beim Dreschen von sechs Uhr morgens bis zum Abend erhielt er fünfzehn Kreuzer. Mehr nicht. Später ging er zum Schuster Teurer nach Mariapfarr tagwerken, da bekam er einige Kreuzer mehr, und wir bekamen auch manchmal Schuhe. Wir hatten ein karges Leben.

Beim Örglwirt in Mariapfarr hat der Vater gewöhnlich unsere Kälber verkauft. Wir hatten ja nur drei Kühe. Der Vater ist nur ins Vorhaus gegangen, nie in die Wirtsstube. Im Vorhaus hat ihm die Örgl-Mutter das Geld gegeben. Er hat sich kein Bier geleistet. Tabak mußte ich oft für seine Pfeife kaufen. Beim Gottlieb-Schane hat man ihn um vier Kreuzer erhalten. Da hat man einen Schippel dafür gekriegt. Neben der Friedhofsstiege hatte der Schane sein kleines Geschäft. Der hatte auch sonntags offen. Schnaps und Tabak und solche Sachen verkaufte er. Der Vater hat mir immer fünf Kreuzer mitgegeben. Und ich habe immer um vier Kreuzer Tabak gekauft, damit ich einen Kreuzer zurückbekomme!

Die Mutter hat uns lieber gehabt als der Vater. Wenn der Vater mit der Rute kam, dann sagte sie: „Nein, laß sie nur, die Buben sind schon brav!" Die Mutter nahm uns in Schutz. Der Vater war vielleicht gerechter, aber die Mutter hat sich um uns eingelegt.

Meine Eltern waren tief religiös. Mein Vater hat täglich den Rosenkranz gebetet. Jeden Sonntag mußten wir nach Mariapfarr in die Kirche gehen. Mein Vater stammte ja aus Lessach, dort waren sie alle tief religiös. Das hängt auch von der Umgebung ab. Er hat dort nichts anderes gesehen und hat es dann hier weitergepflanzt. Orte wie Göriach und Lessach waren immer religiös. In Weißpriach war es immer schon leichter. Gar so gern sind die Weißpriacher nie in die Kirche gegangen. Dafür war es einfach zu weit. Einer der Brüder des Vaters war nicht so religiös. Der hat sich mehr an den Branntwein gehalten und sich mehr unter den Holzknechten aufgehalten. Die kamen aus allen Himmelsrichtungen – der eine sagte dies und der andere das.

Die Krainer haben in Weißpriach Holz geschlagen. Im März kamen sie, und dann schlugen sie das Holz für den Forstärar. Beim Sandwirt in der Scheune stellten sie ihr Quartier auf. Samstags und sonntags lumpten sie, da wurde getrunken. Am Montag gingen sie wieder einzeln zur Arbeitsstelle, und am Dienstag begann die Arbeit wieder.

Beim Sandwirt hatten sie auch einen Musikkasten. Um ein paar Kreuzer hat der aufgespielt. Der Oberjäger Stürzl hatte ein Grammophon mit einem großen Trichter. Damals sagten wir: "Gehen wir ‚Graniphon' losn!"

Im Herbst, wenn es kalt wurde, hat man die Hühner in die Stube getan. Das war bei vielen Bauern so. Da war es schön warm, und da haben sie dann auch besser Eier gelegt. Da war unter der Ofenbank eine Steige, und dort wurden sie gefüttert.

Da war ein Bauernhaus in unserer Nähe, dort war man mit der Reinlichkeit nicht auf der Höhe. Da ist das Vieh im Stall herumgegangen, auch ins Haus hinein und in die Küche. Als die zwei alten Leute nicht mehr existieren konnten, wurde das Haus verkauft. Da mußte man dann einige Zeit scharren, damit man auf den Boden kam. Ich habe mich als Kind dort oft aufgehalten. Der Rader-Simon hat das Haus dann gekauft und ein Gasthaus eröffnet. Ich mußte sonntags oft nach Mariapfarr hinauslaufen und Salzwecken vom Thomal holen. Die aß man gern zum Bier.

Ich ging sechs Jahre in die Schule und zwei Jahre, da war ich schon Halter, einmal wöchentlich in die Donnerstagsschule. Meine Eltern haben von der Schule nicht viel gehalten. So war ich auf mich selbst angewiesen. Ich hatte beispielsweise einen Bruder, der konnte, als er aus der Schule trat, weder lesen noch schreiben. Es war aber auch so, daß der Lehrer Meller zweiundfünfzig Schüler hatte und nicht auf jeden schauen konnte.

Vor dem Schulgehen erhielt ich gewöhnlich in der Früh eine Schottsuppe und ein Koch. Wenn wir am Nachmittag voller Hunger heimkamen, erhielten wir gloabte Knödel. Die „Gerstengrate", wie wir sagten, schwammen auf der Suppe.

Immer hatten wir geflickte Hosen an. Da waren überall eine Menge Flecke angenäht. Ich bekam keine neue Hose – es war kein Geld vorhanden.

Holz tragen, Heu anziehen und solche Arbeiten mußte man verrichten, da wurde man nicht geschont. Das Schulaufgabemachen ist daher oft ausgeblieben. Wenn man in der Schule etwas konnte, war es recht, wenn man nichts konnte, dann mußte man sitzenbleiben. Wenn man sich später nicht selbst weiterbildete, ist man halt in allem hintengeblieben.

In die Schule bin ich ganz gern gegangen. Anderthalb Jahre mußte ich von Weißpriach nach Mariapfarr gehen. Nachdem man 1904 auch in Weißpriach eine Schule gebaut hat, ging ich dort. Wir waren froh, als wir eine eigene Schule hatten. Im Winter sind oft dreißig bis vierzig Fuhrwerke von Mariapfarr ins Weißpriachtal gefahren. Die führten Holz, Heu, Stroh und Streu hinaus. Die Kinder auf dem Schulweg mußten ausweichen, sonst wurden wir auf die Seite gestoßen. „Saunigl, paßt halt auf, daß euch nichts passiert!" hat es geheißen. Da standen wir dann bis zu den Knien im Schnee und kamen ganz erfroren nach Mariapfarr. Die Schüler vom Krankler oder vom Rader brauchten ja länger als zwei Stunden, bis sie in die Schule kamen. Und wenn sie nach der Schule heimkamen, dann war es bereits finster. Bis Weihnachten dauerte dieses Fuhrwerken, dann hörte es allmählich auf.

Italiener haben unsere Schule errichtet. Bei uns hat es damals noch wenige Maurer gegeben. Unsrige Leute haben nur mitgeholfen. Im Frühjahr hat man mit dem Bau begonnen, und im Oktober war er fertig. Da stellte man Eisenöfen auf und warf Kohle hinein, damit die Mauern austrockneten.

Mein älterer Bruder hat gewöhnlich die Mittagsjause gehabt. Wir hatten nur ein kleines Brotstück mit. Ich als Erstklassler hatte früher aus und wartete vor der Schultür auf ihn. Dann stürmte er über die Stiege mit seinen Freunden herunter – und weg waren sie. Ich hatte nichts. Da hab' ich mich dann an die Augustin-Kinder gehalten. Die kamen von einem größeren Bauern und haben übriges Brot gehabt und mir welches gegeben. Die älteste Schwester, die Mirl, war beim Pfarrer in Mariapfarr Dirn und hat mir auch manchmal Brot zugesteckt: „daß der Bub nicht ganz derhungert!"

Oft mußte ich für den Lehrer Meller Bier holen beim Sandwirt. Auch die Post habe ich von Weißpriach nach Mariapfarr und zurück befördert. Beim Örglwirt in Mariapfarr war das Postamt. Der Briefträger Weinmesser ist ja nur einmal in der Woche von Mariapfarr nach Weißpriach gekommen.

Einmal kam der Schulinspektor Pölt. Er stellte eine Frage, aber niemand wußte die Antwort. „Ah", sagte der Lehrer Meller, „der Hönegger wird es wissen!" Der Lehrer Meller stellte sich hinter den Schulinspektor und sagte ein. Die Antwort hieß: haben, sein und werden. Aber auch später konnten sich die Schüler diese Antwort nicht merken. Da rief der Meller: „Merkt euch das endlich einmal. Haben, sein und werden – Dummköpf ihr auf Erden!"

Der Kooperator Scharteiner war ein ganz scharfer. Aber ein Gschusl! Wenn man nicht alles konnte, dann hat er einen beim Schopf gepackt und in die Höhe gehoben. Einmal hat er eine Messe gehalten. Ich war gerade in der Kirche. Da ist er der Länge nach in die Sakristei hineingefallen. Und wir Kinder haben gelacht!

Im Religionsunterricht war nicht erlaubt, Fragen zu stellen. Was einem gesagt wurde, das war so. So ist es einem vorgekommen. Meine Schulhefte habe ich alle aufbewahrt. Die habe ich, als ich später Halter war, alle vollgeschrieben. So habe ich mich ein bißchen weitergebildet, sonst hätte ich alles vergessen. Bücher hatte ich nicht. Manchmal hat es einen Kalender gegeben. Im Universalkalender waren allerhand Geschichten, zum Beispiel Reimmichl-Geschichten, die haben mich interessiert. Mancher Bauer hatte vielleicht ein Landwirtschaftsblatt. Sonst gab es nichts zu lesen.

Nach dem sechsten Schuljahr mußte ich wandern. Da wurde ich Halter beim Lenzlbauer in Tschara. Damals war ich elf Jahre alt. Im Winter fuhr ich hinunter nach Weißpriach in die „Donnerstagsschule". Damals hatte ich bereits Ahornschi. Im Frühjahr fuhren wir auf die Alm.

Im Oktober, je nachdem, wie früh der Schnee kam, kehrten wir wieder heim. Ich hatte als Halter auf das Vieh zu schauen, dann mußte ich Gleckert bringen. Wenn man gute Kräuter brachte, dann wurde man von der Sennin gelobt, hatte man nicht viel, dann wurde man geschimpft. Einmal erhielt ich von der Bäuerin sogar einen Hut, weil ich so fleißig war.

Auf der Alm hat man sich freier gefühlt, weil man ohne Aufsicht war. Da war man selbst der Herrgott. Daheim wurde ja alles angeschafft. Waren mehrere Halter, dann hat es sogar eine Rangordnung gegeben. Da gab es den „Haltermoar", den „Kühmoar", den „Hüttlputz" und einen „Torwartl". Jeder hatte seine bestimmte Aufgabe.

Wenn während des Sommers auf der Alm ein Unglück passierte, dann hat man beim Almabtrieb im Herbst keine Kränze aufgesetzt. Am „Hohen Frauentag" war der Beichttag für die Sennin, und am „Kleinen Frauentag" mußten die Halter zur Beichte gehen.

Im Winter fuhren wir auch auf die Alm, um den Mist zu holen. Der Viehmist war im Sommer gesammelt und in Behälter gepreßt worden. Fünfzig bis sechzig solcher gefrorener Miststöcke wurden im Winter heimgeführt. Das war hochwertiger Mist, weil kein Stroh dabei war. Kunstdünger hat es damals ja bei uns noch nicht gegeben.

Drei Jahre war ich beim Lenzler Halter, dann kam ich zum Hiasler in Fanning. Die Hiaslin war meine Taufgota. Ich wäre gern Schlosser geworden. Aber damals mußte man für die Lehre zahlen. Der Vater hat so wenig verdient, daß kein Geld vorhanden war. So mußte ich nach dem Haltersein halt Knecht werden. Ich mußte es hinnehmen. Gepaßt hat es mir nicht. Es hat nichts genutzt.

Es gab damals nicht viele Berufe zur Auswahl: Schlosser, Schuster, Schneider, Wagner. Der Baumeister Santner in Tamsweg hatte fast nur Italiener als Maurer. Die Einheimischen waren nur die Hilfsarbeiter. Gelernte Maurer gab es fast nicht. Bei uns hat es lange gedauert, bis sich die Leute zu solchen Berufen entschlossen haben. Alle waren Bauernknechte, und Arbeit hatten sie wohl. Erst in den zwanziger Jahren hat sich das langsam geändert.

Als Knecht beim Hiasler hab' ich fünfundzwanzig Kronen Jahreslohn erhalten, aber dafür kein Gewand und keine Schuhe. Das mußte ich selbst besorgen. So blieb vom Jahreslohn nicht viel übrig. Den Rest legte ich in die Kasse. Aus der Kasse hätte ich mir niemals Geld zu nehmen getraut.

Beim Hiasler hätte ich sogar die Tochter heiraten sollen. Aber ich war ja noch so jung. Der Hiasler hat getrunken. In der Früh hat er nie Suppe gegessen, sondern immer Rumtee getrunken. Und da hat man zu meinem Vater gesagt: „Paß auf dein Bua auf, sonst lernt er das Saufen!" So hab ich 1913 wieder den Platz gewechselt. An einem Sonntag nach der Kirche hab' ich den Lenzler getroffen, und da hat er zu mir gesagt: „Du kommst wieder zu mir. Der Vater hat es mir geheißen. Ich hol' dann deinen Kasten!"

Der Vater hatte mich nicht gefragt. Der Bauer hat dem Vater schöngetan, hat ihm einen Schnaps bezahlt. So ging das. Ich hätte lieber Taglöhner sein wollen, da verdiente man mehr. Damals war ich siebzehn Jahre alt. Der Vater war wortkarg. Widerspruch duldete er nicht. Da mußte man sich fügen.

So wurde ich Knecht beim Lenzlerbauer. Sonntags mußten wir um fünf Uhr aufstehen, dann bekamen wir eine Schottsuppe. Anschließend mußten wir zur Kirche gehen. Hätten wir das nicht getan, dann wären wir vom Dienst gejagt worden. So streng war man! Nach der Sechs-Uhr-Messe gingen wir gewöhnlich zum Jacklwirt, dort tranken wir einen Schnaps. Um acht gingen wir dann das zweitemal zur Messe.

Fast jeden Abend wurde der Rosenkranz gebetet. Die Weiber haben anschließend gesponnen, und ich mußte Heiligenlegenden vorlesen. Das war kurz vor dem Krieg. Aber die letzte Zeit, die ich dort Knecht war, haben manche beim Beten nicht mehr mitgetan und sind weggegangen. Der Bauer hat mindestens eine Stunde gebraucht, bis er mit dem Rosenkranz fertig war. Er hat so langsam gebetet und die Wörter hinausgezogen. Aber ich hätte nicht weggehen können. Da waren seine Söhne und Töchter, da mußte ich auch mittun. Gefreut hat es mich nicht!

Zu Lichtmeß 1915 hab' ich dann wieder den Dienstplatz gewechselt. Ich kam zum Moser nach Weißpriach. Da sind manche zum Beten gar nicht mehr hergekommen. Die haben sich wohl gedacht, die beten ja für mich auch einen Teil. Und der Bauer hat dann zu mir gesagt, daß es reicht, wenn ich am Sonntag nur einmal zur Messe gehe.

Jeder Dienstbote hat ein Wanderbüchl gehabt. Darin stand, welche Arbeit man gemacht hat und ob man mit ihm zufrieden war. Da wurde auch hineingeschrieben „gut" oder „sehr gut" – wie in der Schule. Auch „unzufrieden" ist vorgekommen. Manchmal hat man gar nichts hineingeschrieben, dann wußte man auch, daß man mit ihm unzufrieden war. Manche Bauern waren dann empfindlich, andere wieder haben gesagt: „Ja, der ist ja nie zufrieden!"

Beim Auszahlen zu Lichtmeß wurde man einzeln zum Bauern gerufen. Da bekam man Bier und Speck. Gewand und Schuhe erhielt man sowieso. Manche Bauern erzeugten das Leder für die Schuhe selbst. Manchmal ist das gelungen, oft auch nicht. Da wurde die Haut nur halb gegerbt. Diese Schuhe waren dann ganz besonders „bockhoarnat". Viele hatten deswegen schlechte Füße.

Bis nach dem ersten Krieg erfolgte die Auszahlung jährlich, erst dann wurde das monatlich gemacht. Wenn beim Auszahlen die Bauersleute nicht ganz schuftig waren, dann ging es einem gut. Speck kriegte man, auch Schnaps. Und nebenbei wurde man gefragt: „Wirst uns wohl bleiben?" Gewöhnlich wußte man schon, ob man bleibt oder nicht. Aber manchmal haben die Bauersleute diese Frage hinausgezogen, damit sie den Knecht etwas billiger erhielten, wenn er noch keinen Platz zu Lichtmeß hatte. Das war auch häufig der Fall. Da sind dann oft Leute dagestanden ohne Dienstplatz. Der Mener-Kaspar war ohne Dienstplatz. Der ist deswegen ganz aus dem Häusl gekommen. Dann ist er ins Wasser, in die Taurach, gegangen. Manche Bauern haben ganz im geheimen einen Knecht oder eine Dirn angestellt. So sind manche Dienstboten dann am Lichtmeßtag vor dem Nichts gestanden.

Manchmal wurden die Dienstboten beim Essen „ausgeschorlt". Es kam wenig auf den Tisch, und die Bauersleute haben hinterher noch gegessen. Da hat es dann geheißen: „Das ist kein guter Platz, da wird man ausgeschorlt!" Ein richtig gutes Essen gab es ja nur alle heiligen Zeiten: Weihnachten, Neujahr, Ostern, zu Pfingsten und zur Kirchweih im Oktober. An den Bauernfeiertagen brauchte man zwar nicht zu arbeiten – wenn das Vieh versorgt war, dann hatte man frei –, aber das Essen war deswegen nicht besser.

Mein Bruder war auch Knecht bei einem Bauern. Dort war auf drei Jahre im voraus alles vorhanden: Speck, Fleisch, Schmalz, Getreide. In den „Troadkästen" ist ja nicht nur Getreide aufbewahrt worden, sondern auch Speck und andere Lebensmittel. Oben waren zwei Fenster, da hat es durchgezogen und war kalt. Drinnen hat man Bretterfallen aufgestellt, damit die Mäuse nicht dazukommen. Fangeisen hat es damals bei jedem Haus gegeben. Die hat der Schmied aus alten Sensenrücken gemacht. Ich habe viele Scher und Mäus gefangen.

In jedem Bauernhaus gab es eine „Krautsoin" im Keller. Das war ein großer Behälter, aus Lärchenpfosten zusammengezimmert. Im Herbst wurde das geschnittene Kraut hinuntergeworfen. Einige Beeren und Salz kamen dazu. Einer war unten und mußte das Kraut treten, der mußte neue Schuhe anhaben. Dann wurde das Ganze mit Steinen und einer Presse eingeschwert. Dieses Kraut hat jahrelang gehalten. Wenn man Kraut holte, dann mußte man direkt ein Messer nehmen zum Herausschneiden.

Der Behälter für den Käse hieß „Kaschga". Auf der Unterseite waren Löcher. Da kam der Topfen hinein und wurde niedergepreßt und einige Zeit stehengelassen. Dann wurde der Käse herausgestürzt. Manche haben ihn dann zur Selch gestellt, wo es geraucht hat. Dort ist er auch schön braun geworden, und es kamen längere Zeit keine Würmer dazu.

Manche Bauern haben Brühgerste angebaut. Davon erhielt man gutes Bier. An Stellen, die nicht so reifheikel waren, hat man die Gerste angebaut, damit das Getreide ausreifen konnte. Diese Gerste wurde beim Verkauf auch besser bezahlt. Ich kann mich noch erinnern, als der Rest zu mir sagte: „Heuer ist der Woaz wunderbar. Drei oder vier Tage muß ich ihn noch stehen lassen, hoffentlich kommt kein Reif!" Und dann kam der Reif, und die Brittn rann heraus. Alles war kaputt und konnte nur mehr verfüttert werden.

Den Ersten Weltkrieg habe ich vom 10. Mai 1915 bis zum November 1918 an der italienischen Front mitgemacht. Es regnete, als wir an die Front kamen. Die Schützengräben waren kaum einen Meter tief und voll Wasser. Keine Baracke, nichts. In den ersten Tagen waren alle aufgeregt und haben zu schießen begonnen ohne Grund. Das Furchtbare war, wenn der „Katzinger" mit Granaten herüberschoß. Da stürzten die Steine und Felsbrocken herunter, und viele wurden getötet und verwundet.

1917 war ich am Monte Cimone bei einer Propagandapatrouille. Wir hatten große Luftballons, die mit Gas gefüllt waren und an die Flugschriften gehängt wurden. Bei günstiger Windrichtung haben wir die Ballons abgelassen.

1918 war ich in Trafoi im Ortlergebiet. Da sagte der Leutnant zu mir: „Hönegger, wenn du heimkommen willst, dann halte dich an mich!" Die Italiener waren schon am Ortler und wir im Tal in Trafoi. Darauf habe ich Kameraden aufgefordert, mitzugehen. Aber manche gingen in die Magazine, dort gab es Zigaretten, Rum und Schnaps. So sind manche dort verblieben.

Insgesamt waren wir sechzig Mann, als wir weggingen. Nach Hause kamen achtzehn, alle anderen kamen in Gefangenschaft.

Ich kann mich noch gut erinnern, als wir in Bischofshofen auf einem offenen Waggon, der mit Krautköpfen beladen war, saßen. Jeder hatte einen Krautkopf zwischen den Füßen und aß die Plotschen. Dann gingen wir über den Tauern. In Untertauern erhielten wir einen Kaffee. In Tweng, beim Postmeister, gab es sogar Bier. Ausgeschaut hat es gut, aber es war fast nicht zu trinken. Daran kann ich mich noch gut erinnern.

Nach dem Krieg war ich wieder beim Moser in Weißpriach Knecht. Aber es hat lang gedauert, bis ich mich wieder eingewöhnt hab. Mir war langweilig, viel zu langweilig! Jahrelang waren so viele Menschen um mich herum, jetzt ein Knecht, eine Dirn und ich.

Einmal, zu Lichtmeß, hat der Bauer zu mir gesagt: „Da, nimm von mir den Rock und geh hinaus zum Thomalwirt!" Ich bin wohl gegangen, aber ich hab' nicht das Richtige gefunden. Man war entfremdet. Wenn man das alles gesehen hat, war man abgestumpft.

Ich wußte eine Jugendfreundin. Sie war die Tochter des Bauern, wo ich vor dem Krieg in Dienst war. Die hat mir gefallen. Ich wollte ihr einen Brief schreiben, habe es aber längere Zeit nicht getan. Als ich endlich schrieb, hat sie zurückgeschrieben, daß sie schon vergeben ist und wann sie heiraten wird. Ich weiß nicht, ich wär viel lieber wieder eingerückt. Mich hat zu Hause nichts mehr gefreut.

Für viele, die zurückkamen, war es gar nicht einfach. Da gab es auch Bauern, die sagten: „Ja, ja, jetzt sind sie zurückgekommen. Die müssen ja froh sein, wenn sie einen Platz haben. Wozu sollen wir ihnen Geld auch noch geben?"

Im Mai 1919 hab ich mit dem Bauern Holz gearbeitet. Wir haben miteinander einen Baum durchgeschnitten. Es hat ein wenig geregnet. Einmal habe ich kurz hinaufgeschaut und dabei gesehen, wie ein Stein herunterkollerte.

Ich schrie, aber schon traf er den Moser. Wir haben ihn dann, auf Graß liegend, über die Steine heruntergezogen. Dann führten wir ihn auf einem Wagen hinaus. Schlimm war es, als wir zum Moserkreuz kamen. Dort standen die Leute zusammen und haben geweint. Das war ein Anblick. Der Moser war ein gutmütiger Mensch und erst zweiundvierzig Jahre alt gewesen.

Später hab ich zum Thomala-Hans, dem Maler, gesagt, er soll dort ein Kreuz mit einem Bild aufstellen. Er hat das wirklich gemacht. Heute steht dort noch das Taferl und auch der Stein, den ich von oben heruntergetragen habe.

Damals war der Pfarrer Posch in Mariapfarr. Die Moserin ist öfter zu ihm gegangen. Da hat der Pfarrer zu ihr gesagt: „Und, was werden sich die Nebenstehenden dabei gedacht haben?" Daran denke ich noch oft. Ich habe gleich gewußt, was er damit meinte. Ich war damals nicht mehr recht fürs Beten. Nur manchmal mußte man in die Kirche gehen. Wenn man das gesehen hat, wie die Menschen hingeschlachtet wurden – mir nichts, dir nichts –, dann vergißt man alles. Man denkt sich, die ganze Religion ist nur für die Geistlichkeit.

Vor dem Krieg bin ich höchstens nach Tamsweg gekommen, öfter nach Mariapfarr und manchmal nach Mauterndorf. Wenn man etwas Besonderes kaufen wollte, das es in Mariapfarr nicht zu kaufen gab, dann mußte man nach Tamsweg. Wenn ich den Krieg wegrechne, dann ging meine weiteste Reise im Leben nach Salzburg. Ich hatte nie einen Ausweis. Ich habe mir nie einen Paß ausstellen lassen, ich hätte ihn ja nicht gebraucht. Zu Hause hatte ich meine Arbeit. Im Krieg haben wir von den Dolomiten zum Meer hinübergeschaut. Aber dort war ich nie. Ich habe wenig gesehen. Zu Hause hatte ich die Arbeit, so hat es für andere Sachen keine Zeit gegeben. Lesen konnte man ja auch nur höchstens sonntags. Werktags stand man um vier oder fünf Uhr auf und arbeitete bis acht oder neun am Abend. Da war man dann froh, wenn man ins Nest gehen konnte.

Nach dem Krieg haben wir manchmal beim Thomalwirt getanzt. Der Stern-Michl spielte das Harmonium. „Ah", sagte er, „tanzt nur, ihr habt ja kein Geld, ich spiel' umsonst!" Er spielte, die Augen hatte er zu, und er spielte und spielte. Manche haben vor dem Tanzen in der Tenne mit einem Schab geübt. Und wenn sie dann glaubten, ihre Tanzkünste könnten ausreichen, dann getrauten sie sich auch zu tanzen.

Wenn eine steilere Wiese gemäht wurde, dann war es manchmal zum Butterwoign. Beim Wiesenmähen hat es manchmal ein bißchen Schnaps gegeben. Da wurden die Sense und die Gabel weggelegt, und dann war es zum Butterwoign. Manchmal haben dazu auch die Frauen aufgefordert. Und dann ging es hinunter über die Wiese zu den Stauden, und dort ist man eine Zeitlang liegengeblieben. Das hat man oft gemacht. Wenn der Bauer nicht um die Wege war, dann war es zum Butterwoign.

Die Weiberleut haben den Männern die Hosen geflickt, dafür haben die Männer die Schuhe genagelt oder das Leder zusammengenäht, wo es nötig war. So hat man sich gegenseitig ausgeholfen.

Manchmal ist es aber auch furchtbar gschamig zugegangen. Da hat mir meine Mutter oft eine Geschichte erzählt: Da waren in Althofen zwei Dirn, eine davon hat später geheiratet. „Wie geht es dir jetzt?" hat die eine Dirn gefragt. „Weißt du, wie es mir in der Brautnacht ergangen ist? Er hat nichts gesagt. Er hat sich ins Bett gelegt, und ich bin halt am Sessel sitzen geblieben bis in die Früh!"

Zum Doktor ist man erst gegangen, wenn es kurz vor dem Sterben war – und da nicht einmal. Man hat sich davor gefürchtet. Die anderen Leute haben gesagt: „Um Gottes willen, der geht zum Doktor, was tut er denn dort?" Für die Dienstboten war die Dienstbotenkrankenkasse zuständig, aber zum Doktor sollte man trotzdem nicht gehen.

Einmal habe ich mir in das Knie gehackt. Sieben Wochen lag ich im Bett. Der Krankenkassenobmann sagte zu mir: „Die Kerle, sonntags kommen sie daher, den Gamsbart auf, und am Montag gehen sie wieder zum Doktor!" Darauf erwiderte ich: „Mir scheint, bei euch ist es so, daß man erst zum Doktor gehen soll, wenn man todkrank ist, und sogar da tritt einem der Obmann noch auf die Darm, damit man nicht gehen kann!"

Bis 1924 blieb ich beim Moser Knecht, aber schon 1921 hatte ich zu Hause übernommen. Nun war ich Sägearbeiter und betrieb nebenbei zu Hause die Landwirtschaft. 1927 habe ich dann geheiratet, da war ich einunddreißig Jahre alt.

Vor dem Heiraten ist man ganz heimlich mit der Liebe umgegangen. Erst später, wenn es zum Heiraten kam, dann hat man es zuerst der Mutter anvertraut. Dem Vater ja nicht, denn der konnte nein sagen. Die Mutter hat immer leichter ja gesagt. Manche wären gerne beisammen gewesen, aber man hat sie nicht gelassen. Das war oft der Fall.

Weil wir drei Jahre nach dem Heiraten noch keine Kinder hatten, da hat die Nachbarbäuerin gesagt: „Da kommt nichts mehr!" Als dann doch noch eins kam, sagte sie: „Wenn einmal am Sparherd eine Glut ist, dann hat es geraten!"

Viele Frauen hatten nach der Entbindung Angst, wenn sie zur Beichte gingen, ob sie auch losgesprochen werden. Im Beichtstuhl war es sehr streng. Zu mir hat manche Frau gesagt: „So eine Angst hab' ich gehabt, ob er mich wohl lospricht!" Einige Geistliche waren besonders streng.

In Weißpriach lebten auch ganz arme Leute. Wenn sie starben, dann wurden sie in eine Truhe gelegt, und man führte sie hinaus nach Althofen zum Begräbnis. Da gab es kein Aufsehen.

Der Gori-Sepp war ein Einleger. Früher war er Knecht gewesen. Eines Morgens erschien er nicht zum Suppenessen. Er hatte sich in der Nacht selbst ein Messer hineingerannt. Neben ihm lag eine Schnapsflasche. Darauf wurden der Pfarrer und der Doktor gerufen. Der Maderspacher und der Pinggera kamen herein. Der Doktor fragte den Pfarrer: „Was machen wir mit ihm? Lassen wir ihn sterben, oder soll ich ihn wieder zum Leben erwecken? Ich könnte ihm schon eine Spritze geben, damit er wieder wird!" Darauf sagte ich: „Lassen wir ihn sterben. Er tut es doch wieder. Was meinen Sie, Herr Pfarrer?" „Lassen wir ihn sterben!" sagte der. Und so haben wir ihn sterben lassen. Das Messer nahm die Weberin, später gab sie es mir. Und ich habe es heute noch.

Die zwei Krapfl-Mannla, die Toni-Lisei, der Toni-Sepp und der Ammerer-Sepp sind mir noch gut in Erinnerung. Die Krapfl-Mannla waren klein, der Toni-Hans hatte nur einen Fuß, und der Ammerer-Sepp war ein großer Lotter. Das waren Einleger in Weißpriach, arme Leute, die daheim keine Bleibe hatten. Sie waren ihr Lebtag Dienstboten gewesen. Im Alter konnten sie nicht mehr arbeiten, da kamen sie in die Einlage. Zuständig für die Einleger war die Gemeinde.

Wenn sie nicht mehr arbeiten konnten und Einleger wurden, dann hat man die Leute abgeschoben in jene Gemeinde, woher sie kamen. Die Gemeinde konnte sie nicht unterstützen, die hatte selbst kein Geld. Viele Bittschriften sind gekommen, bewilligt wurde fast nichts. Es waren zu viele Bittsteller.

Wenn ein großer Bauer gestorben ist, dann war nach dem Begräbnis eine „Zehrung". Da stellte man auf den Altar einen Brotlaib und Bier. So wußten die Kirchgänger, daß die Zehrung für alle war. Wenn auf dem Altar nichts stand, dann konnten nur jene zur Zehrung gehen, die geheißen waren. Bei der Zehrung gab es nur Brot und Bier. Der Mesner hatte auch das Recht, sich Bier und ein paar Stückl Brot im Gasthaus zu holen. Da kann ich mich noch gut an den Fellacher-Korbin erinnern, wenn er mit seinem Krügl gekommen ist, um sein Bier und Brot.

Da hat es in Weißpriach ein Weiberleut gegeben, die hat die fünf Wundmale Christi gespielt. Alle haben daran geglaubt – ich nicht. Das machte man mir zum Vorwurf, daß ich ein ungläubiger Mensch bin. Die Bauern haben sie zum Viehsegnen geholt. Alle waren ganz verrückt. „Das ist ein Schwindel!" habe ich gesagt. „Nein, ausgeschlossen", hat es geheißen. Später ist es aufgekommen, daß alles nur ein Schwindel war.

Bis 1933 arbeitete ich am Sägewerk. Dann machte ich verschiedene Arbeiten – einmal da, einmal dort. Eine Zeitlang war ich auch Kassier der Vaterländischen Front. Im März 1938 mußte ich die Kassa bei der NSDAP abliefern. In der Kassa war ein Schilling und fünfzig Groschen. Der Ortsgruppenleiter sagte zu mir: „Hans, viel Geld!" Ich sagte: „Ein Schilling und fünfzig Groschen. Wir haben nicht mehr!"

Im Schulhaus war auch die Gemeinde untergebracht. Im selben Jahr wurde der Dachboden ausgeräumt und alle Akten, die vorhanden waren, vernichtet. Packweise wurden sie aus dem Fenster geworfen und vor dem Haus verbrannt. Ich war in der Nähe und habe gesagt: „Schade um die Akten!" Jahrgangsweise waren sie gebündelt, seit dem Jahr 1904. So hat es der Meller gemacht, unser Lehrer und Gemeindeschreiber.

Eines Tages sagte der Ortsgruppenleiter zu mir, daß ich Gemeindesekretär werden sollte. Ich fuhr eine Woche nach Hintermoos. Dort hatten wir in einer großen Scheune unsere Schulung. Dann war ich Gemeindesekretär. Ich sollte Parteimitglied werden, aber das habe ich abgelehnt. Dann ließ man mich in Ruhe.

Dienstgeber

Der Gemeindeausschuß von Thomatal 1906. Alle acht Mitglieder des Gemeindeausschusses waren Bauern. Ausschließlich der Besitz zählte und berechtigte zur vollen politischen Teilhabemöglichkeit.

Die Anzahl der Dienstboten, die ein Bauer aufnahm, war von seinem Viehstand abhängig. Eine bäuerliche Faustregel berechnete pro zehn Stück Vieh einen Knecht und eine Magd. Ein großer Bauer mit vierzig Stück Vieh beschäftigte demnach etwa vier Knechte und ebensoviel Mägde. Zumindest um die Jahrhundertwende stimmte diese Regel noch, aber im Laufe der Jahre wurden immer häufiger Dienstboten eingespart und durch familieneigene Arbeitskräfte ersetzt.

Die Höhe des Viehstandes war von der Besitzgröße und von der Ertragslage abhängig. Die Grenze zwischen vollbäuerlich und unterbäuerlich lag bei einer Besitzgröße zwischen fünf und zehn Hektar. Jene Besitzer, die weniger Grund besaßen, wurden als „Keuschler" oder „Geuschler" bezeichnet. Etwa vierzig Prozent aller Grundbesitzer waren Keuschler. Die kleinsten von ihnen konnten wegen ihres geringen Landbesitzes kaum eine Kuh füttern, die größeren besaßen zwei bis drei Kühe und Kälber. Aber auch das reichte kaum aus, um eine große Familie zu ernähren. Viele Keuschler verdingten sich deshalb als Taglöhner oder Holzarbeiter, andere übten zusätzlich ein Handwerk aus.

Tabelle 7: Besitzgröße, Viehstand und Waldbesitz im Bezirk Tamsweg 1930

Besitzgröße	Zahl der Besitzer	Viehstand im Durchschnitt		Hektar Wald im Durchschnitt
		Pferde	Rinder	
unter 2 ha	164	–	1	–
2 bis 10 ha	423	–	4	1
10 bis 20 ha	243	–	8	4
20 bis 100 ha	430	1	15	10
über 100 ha	174	2	24	104

Quelle: eigene Berechnung nach: Landwirtschaftliche Betriebszählung vom 14. Juni 1930, Wien 1932.

Sechzig Prozent der Besitzer waren die eigentlichen Bauern, aber auch die Größe ihrer Besitzungen war sehr unterschiedlich. Jene 174 Besitzer, die über mehr als 100 Hektar verfügten, besaßen vor allem umfangreiche Waldungen und Almgebiete. Dazu gehörten auch der Staatsbesitz und einige Großgrundbesitzungen, die aber, da der Wald den größten Teil ihrer Gesamtfläche einnahm, mit dem eigentlichen Landwirtschaftsbetrieb nur in losem Zusammenhang standen.

In keinem Salzburger Bezirk war das Ackerland so knapp wie im Lungau. Nicht einmal fünf Prozent der Fläche konnte ackerwirtschaftlich genutzt werden.[1] Der Ackerbau diente daher fast ausschließlich der Eigenversorgung der Bauern. Hauptsächlich wurde Gerste angebaut, dann folgten Roggen und Hafer und mit Abstand Weizen.

Durch sommerliche Nachtfröste kam es immer wieder zu Ernteeinbußen. Bis zur Jahrhundertwende hatte man sich dagegen durch das „Reifheizen" zu schützen versucht. In heiteren Sommernächten waren vorbereitete Reiffeuer abgebrannt worden, deren Rauch die Kulturen schützen sollte. In den zwanziger Jahren versuchte die Bezirkshauptmannschaft erfolglos, diesen abgekommenen Brauch wieder zu beleben.[2]

Der Anbau von Erdäpfeln, Bohnen und Kraut war bedeutend und spielte eine wichtigere Rolle als in anderen Bezirken.[3] Auch Flachs wurde in den dreißiger Jahren noch häufig angebaut. Flachs wurde zur Erzeugung von Leinen benötigt, das von den Leinwebern hergestellt wurde. In anderen Gegenden war der Anbau von Flachs und dessen Weiterverarbeitung zu dieser Zeit häufig schon aufgegeben worden.[4]

Die Viehzucht war aber der eigentliche Haupterwerbszweig der Bauern, der Geld ins Haus brachte, um die Steuern, Umlagen, Zinsen und die Dienstboten zu bezahlen. Die Grenzen der Viehzucht wurden durch die vorhandene Futtermenge bestimmt, und die reichte oft nicht aus, um das Vieh über den Winter durchzufüttern. So mußte es entweder teilweise vorzeitig im Herbst verkauft werden, oder es wurde mit großen Gewichtsverlusten durch den Winter „durchgehindelt". Schuld daran war, daß zwei Drittel aller Wiesen nur einmal pro Jahr gemäht werden konnten und nur ein Drittel mehrmähdig war. In keinem anderen Bezirk des Landes gab es dieses Mißverhältnis.[5]

Um die vorhandene Futtermenge zu vergrößern, wurden deshalb auch alle verfügbaren Almanger und Bergmähder abgemäht. Wegen des geringen Wachstums konnte das nicht jährlich, sondern nur in einem zwei- oder gar nur in einem dreijährigen Rhythmus geschehen. Sogar das Stroh wurde verfüttert und nicht als Streu verwendet. Dafür wurde die Streu dem Wald entnommen. Tagelang, bei großen Bauern sogar wochenlang, waren die Dienstboten damit beschäftigt, große Streuhaufen anzulegen. Den Bäumen wurden vor dem Fällen die Äste abgeschlagen, die dann zu feiner Streu zerhackt wurden. Nur durch einen hohen Dienstbotenstand waren diese arbeitsaufwendigen Tätigkeiten möglich.

Im argen lag die Düngung. Der vorhandene Mist reichte kaum zur ausreichenden Düngung der Ackerflächen. Manche Bauern verwendeten dazu sogar den sorgsam gesammelten Almmist. Der wurde im Sommer zu Stöcken gepreßt und im Winter in gefrorenem Zustand zu Tal geführt. Die Wiesen konnten wegen des Mistmangels kaum gedüngt werden.

Neben der Viehwirtschaft spielte noch der Waldbesitz eine wichtige Rolle, besonders für jene Bauern, die über große Waldungen verfügten. Für viele Bauern stellte der Waldbesitz eine Art eiserne Reserve dar, die nur in Ausnahmsfällen angegriffen wurde. Der Holzverkauf war vom Holzpreis abhängig, und der war besonders in den dreißiger Jahren sehr niedrig. Im übrigen wurde mit dem Holz gespart, auch mit dem Brennholz. Sogar die Beistellung des Schulholzes bereitete immer wiederkehrende Schwierigkeiten.[6]

Der Einsatz von Landmaschinen blieb begrenzt. Einerseits fehlte vielen Bauern das erforderliche Geld zum Ankauf teurer Maschinen, andererseits ließen sich nur wenige Maschinen einsetzen, denn viele Bauernhöfe waren in den dreißiger Jahren noch ohne Strom.

Als im Herbst 1921 das Ökonomiegebäude des Pfarrers von Mariapfarr abbrannte, der den größten landwirtschaftlichen Besitz der Gemeinde bewirtschaftete, wurden auch sämtliche zu diesem Zeitpunkt vorhandenen Maschinen vernichtet: eine Dreschmaschine, eine Häckselmaschine, eine Getreideputzmühle und eine Futterschneidemaschine.[7] Aber nur die wenigsten Bauern besaßen solche Maschinen. Im Vergleich mit anderen Bezirken waren im Lungau am wenigsten in Verwendung.[8]

Die Dreschmaschine brachte von allen Arbeitsmaschinen die größte Arbeitsersparnis. Der Flegeldrusch, der sich früher über Monate hingezogen hatte, konnte nun innerhalb kurzer Zeit durchgeführt werden. Besonders der Gesindemangel während des Krieges hatte dazu geführt, daß auch in abgelegenen Tälern eine bescheidene Technisierung der Landwirtschaft erfolgte.

Im Herbst 1916 wurde zum erstenmal in der Gemeinde Lessach mit zwei Benzinmotoren das Getreide gedroschen. Infolge Arbeitermangel eine große Wohltat für die Besitzer.
Quelle: Schulchronik der Volksschule Lessach 1916.

Zu Beginn der dreißiger Jahre wurde noch jede dritte Kuh auch als Zugtier verwendet. In anderen Bezirken hatten bereits großteils Pferde die Zugochsen abgelöst.[9] Der geringe Pferdebestand war auch eine Folge des Futtermangels, der es nur den größeren Bauern gestattete, Pferde zu halten. Aus demselben Grund bereitete auch die Stierhaltung große Schwierigkeiten.

Beschwerde der Besitzer (Geuschler) von Lamm, daß sie für ihre Kühe und Kälbinnen im Sommer weitum keinen Sprungstier haben.

Ist an den Landeskulturrat eine Eingabe zu richten, daß in der Katastralgemeinde Lamm für mindestens siebzig Stück Kühe und Kälbinnen kein Stier ist und die Geuschler infolgedessen großen Schaden erleiden. Möge daher eine entsprechende Subvention beziehungsweise Striererhaltungsprämie zuerkannt werden.

Quelle: Gemeindeausschußprotokoll Zederhaus 1934.

Beim Umbauen. Zu Beginn der dreißiger Jahre wurde noch jede dritte Kuh auch als Zugtier verwendet. In anderen Bezirken hatten bereits großteils Pferde die Zugochsen abgelöst.

In den zwanziger Jahren wurde verstärkt versucht, die Erträge der Landwirtschaft zu steigern. Um dieses Ziel zu erreichen, wurde die Errichtung von ländlichen Fortbildungsschulen beschlossen. Die Bauernsöhne sollten mit neuen Methoden und Erkenntnissen der Landwirtschaft vertraut gemacht werden. Aber die landwirtschaftlichen Fortbildungsschulen wurden von vielen Bauern wenig geschätzt, wie überhaupt die Schule von ihnen meist ablehnend behandelt wurde. 1923 wurde auch in der Landgemeinde Sankt Michael eine derartige Fortbildungsschule eingerichtet.

Am ersten Winterkurs beteiligten sich fünfzehn Schüler der Jahrgänge 1906 bis 1909. Das Versuchsfeld wird von Herrn Alfred

Pritz in Höf beigestellt. Letztgenannter ist ein sehr fortschrittlich gesinnter, tüchtiger Landwirt, der die Fortbildungsschule eifrig fördert. Dagegen finden sich unter der bäuerlichen Bevölkerung der Gemeinde auch zahlreiche Rückschrittler, welche der Schule entgegenarbeiten, einfach aus dem Grunde, daß sie ihnen angeblich die Arbeitskräfte und Verdienst entziehe.

Quelle: Chronik der Volksschule Oberweißburg 1923.

Zwei Jahre später mußte die Schule infolge andauernden schlechten Schulbesuchs und Interesselosigkeit geschlossen werden.

Das gleiche Schicksal hatten auch Fortbildungsschulen in anderen Gemeinden des Bezirks.[10]

Nur ganz wenige große Bauern hatten Geld dafür übrig, einen Sohn über den Winter in die seit 1908 bestehende Landes-Landwirtschaftsschule in Oberalm zu schicken. Am ersten Winterkurs nahmen dort drei Wirtssöhne aus dem Lungau teil.[11] Bei vielen Bauern hieß es nur: „Kannst wandern, dann lernst auch allerhand!"

Neben ihrer Rolle als Arbeitgeber der Dienstboten übten die Bauern auch in der Gemeinde ihre Autorität aus. In fast allen Gemeinden des Bezirks, mit Ausnahme der Marktorte, waren ausschließlich Bauern Gemeindevorsteher. Auch die Mitglieder der Gemeindeausschüsse waren Bauern, von wenigen Ausnahmen abgesehen. Sogar der Pfarrer, sonst zwar an der Spitze der dörflichen Hierarchie stehend, erreichte einen Platz im Gemeindeausschuß nur, wenn er auch Grundbesitzer und Bauer war wie in den Gemeinden Mariapfarr oder Tamsweg. Ausschließlich der Besitz zählte und berechtigte zur vollen politischen Teilhabemöglichkeit. Daran änderte auch das Jahr 1918 nichts. War zu Zeiten der Monarchie von vornherein der größte Teil der Bevölkerung vom Wahlrecht ausgeschlossen gewesen, so gab es auch nach dem Krieg und nach der Einführung des allgemeinen Wahlrechts Ende 1918 keine großen Neuerungen. Die Zusammensetzung der örtlichen Körperschaften wie Gemeindeausschuß oder Ortsschulrat blieb allerorts unverändert. Bei Wahlen zum Gemeindeausschuß blieben die Bauern weiterhin unter sich.

Tabelle 8: Wahlen zum Gemeindeausschuß in Weißpriach

Jahr	Wähler	Männer	Frauen
1909	32	32	–
1925	46	37	9
1928	44	36	8

Quelle: Gemeindeausschußprotokolle Weißpriach.

In mehreren Gemeinden existierte während der ersten Jahre der Republik nur die Christlichsoziale Partei. Sie wurde von der überwiegenden Mehrheit der Bauern gewählt. Ein kleinerer Teil der Bauern wählte großdeutsch oder den Landbund.

Nachdem in der Gemeinde Lessach nur eine Partei bekannt ist, nämlich die Christlichsoziale, und in der Gemeindevertretung auch nur eine Partei vertreten ist, so werden auch von dieser die vier Vertrauensmänner (für die Geschworenenlisten) aufgestellt.

Quelle: Gemeindeausschußprotokoll Lessach 1920.

Nur in den vier größten der fünfundzwanzig Gemeinden des Bezirks, nämlich in Ramingstein, Tamsweg, Mauterndorf und Sankt Michael, waren seit 1919 auch Sozialdemokraten im Gemeindeausschuß vertreten. In der Gemeinde Mauterndorf setzten sich deren Vertreter – ein Maurerpolier und ein Postadjunkt – wiederholt als einzige für die Belange von Dienstboten ein, wenn Dienstbotenstreitigkeiten vor den Gemeindeausschuß gebracht wurden.[12] Aber den Sozialdemokraten wurde es nicht leicht gemacht, in den Landgemeinden Fuß zu fassen. Für sie war es sogar in den Marktorten schwierig, Wirtsstuben zu finden, wo sie Versammlungen abhalten konnten.[13]

Wenn die Bauern auch in den Ausschüssen der meisten Gemeinden unter sich waren, so traten trotzdem immer wieder Meinungsverschiedenheiten auf. Wortführer waren meist die größeren Bauern, die kleineren Besitzer hatten sich zurückzuhalten. Ihr Wort hatte nicht das gleiche Gewicht. Wenn die Gemeindekasse nicht stimmte, dann wurde der Gemeindevorsteher dafür zur Verantwortung gezogen und mußte gehen. Es kam auch vor, daß sich Bauern weigerten, das Amt des Gemeindevorstehers anzunehmen. Sie zogen es vor, Strafgeld zu bezahlen, wie es in der Gemeindeordnung vorgesehen war.[14] War aber erst eine Amtsperiode überstanden, dann folgten meist noch mehrere nach. Widerspruch wurde dann kaum mehr geduldet. Was der Gemeindevorsteher sagte, das hatte zu gelten.

In den dreißiger Jahren begann sich die festgefügte Ordnung der bäuerlichen Welt allmählich aufzulösen. Die Bauern traf vor allem der Verfall der Vieh- und Holzpreise schwer und entzog ihnen die wichtigsten Einnahmsquellen.

Das endgültige Ende der alten Bauernherrschaft kam 1938. Die Gemeindevorsteher und mit ihnen viele Mitglieder der Gemeindeausschüsse mußten abtreten und neuen Leuten Platz machen. Mit der selbständigen Herrschaft der Bauern in der Gemeinde und auch am Hof war es vorbei.

Andreas Santner

„Standesunterschiede"

Ich wurde 1917 in Unternberg beim Schilcher geboren. Zum Schilcher gehörte eine große Landwirtschaft mit ungefähr fünfzig Stück Vieh und zwei Almen, ein Wirtshaus und ein Sägewerk.

Wir waren ein ganzer Schippel Kinder. Der Vater hatte einen ledigen Buben und noch siebzehn eheliche Kinder von drei Müttern. Ich stamme aus der ersten Ehe und war das achte Kind. Meine Mutter war eine Krämertochter aus Unternberg. 1918, da war ich erst ein Jahr alt, da ist sie im Herbst an der Grippe gestorben und mit ihr das neunte Kind. Fünf Kinder aus dieser Ehe sind noch im Kindesalter gestorben.

Der Vater hat dann wieder geheiratet. Die zweite Mutter war aus Sankt Margarethen. Der Vater wird sich gedacht haben: „Die könnte passen!" Früher mußte es ja nicht unbedingt die Liebe sein. Passen mußte es! Aus der zweiten Ehe kamen sechs Kinder. Vier davon sind gestorben. Im Frühjahr 1928 ist auch die zweite Mutter gestorben.

Im Spätherbst desselben Jahres hat dann der Vater wieder geheiratet. Die dritte Mutter war eine Schwabenbauerntochter aus Sankt Margarethen und zwanzig Jahre jünger als der Vater. Ohne Mutter wäre es nicht gegangen. Aus der dritten Ehe kamen nochmals zwei Kinder. Als das letzte Kind geboren wurde, da war der Vater schon achtundfünfzig Jahre alt.

Mein Taufpate war der Spiegel in Sankt Michael, auch ein großer Bauer. Der Vater hat seinerzeit bei ihm Metzgerei gelernt. Auch ein Wirtshaus war beim Spiegel dabei.

Die Spiegelin war dann die Taufpatin von allen Kindern aus der ersten Ehe.

Am Ostermontag wurden wir immer zum Weihgehen eingeladen. Da haben wir zu Hause eingespannt, und der älteste Bruder durfte kutschieren. Meist waren wir dann acht bis zehn Patenkinder.

Die Mutter hat für die Betreuung der Kinder nicht Zeit gehabt. Gewöhnlich war es um fünf Uhr früh zum Einspannen, so mußte die Mutter um vier aufstehen, um Suppe und Koch zu machen. Unsere Lock war die Großmutter, die Mutter des Vaters. Die hat auch bei uns Kindern geschlafen und auf uns geschaut. Wenn wir etwas angestellt haben, dann hat es die Rute gegeben. Da haben wir halt geschaut, daß wir der Mutter oder dem Vater ausgewichen sind. Wenn man einmal im Bett lag, dann war es mit dem Rutengeben vorbei. Die Rute war am Kasten neben dem Herrgottswinkel und leicht zu erreichen. Meistens hat das die Mutter gemacht, der Vater weniger.

Der Vater war zu uns Kindern gut, aber eine Arbeit hat er immer gewußt. Ohne Arbeit waren wir kaum. Wenn wir um zwei von der Schule heimkamen, dann mußten wir meist Bänder machen. Die brauchte man zum Zusammenbinden der Getreidegarben. Da hat man viele gebraucht. Oder wir mußten Holztragen oder Mistscheiben. Was man als Bub halt tun konnte. Geschenkt hat uns der Vater nichts.

Sechs Jahre ging ich in die Volksschule. In unserem Haus wohnte auch immer ein Lehrer. Gleich neben dem Saal war das Lehrerzimmer. Als ich in die dritte Klasse ging, wohnte dort der Lehrer Klotz. Der war aus Südtirol, ein großer Mann mit einem Bart. Den haben wir Kinder gefürchtet. Mit unserem Lehrer haben wir ja ein bißchen Schindluder getrieben, einfach nicht gefolgt. Vormittags hatten wir von acht bis elf Schule und nachmittags von zwölf bis zwei. Manchmal sind wir in der Mittagspause nicht zum Essen heimgegangen. Da sind wir zum Weber

Tumpf gegangen und sind mit der Plätten gefahren, oder wir haben wo Steine abgelassen. Alles, was Gott verboten hat, haben wir angestellt.

Vor dem Unterricht war immer um sieben Uhr eine Messe, um acht begann dann die Schule. Manchmal mußten wir zur Beichte gehen, wenn es dem Pfarrer Neumann recht war. Acht Jahre lang war ich Ministrant und mit mir sieben meiner Brüder. Der Pfarrer Neumann war auch Gemeindeschreiber, und ein kleines Sachl hat er auch gehabt – drei Kühe.

Einmal brachte uns jemand Post, daß die Pinzga, eine Kuh auf unserer Alm in Bundschuh, krank war. Ich war damals zehn Jahre alt. Man gab mir zwei Laib Brot in den Buckelsack und schickte mich los. In der Müllneralm kam mir mein Bruder entgegen und sagte: „Kannst gleich wieder umdrehen und dem Vater sagen, daß die Kuh am Goda an Binggl hat so groß wie ein Kinderkopf!" Jetzt bin ich wieder heimgegangen und hab die Geschichte dem Vater erzählt. Ihn hat man oft geholt, wenn Tiere krank waren. „Da weiß ich auch nicht recht", hat er gesagt, „geh hinüber zum Hiasinger in Fern!" Jetzt bin ich über den Mitterberg zum Hiasinger in Fern gegangen. Und als ich oben war in Fern, sagte man: „Der Vota ist unten beim Fitsch!" Jetzt bin ich hinunter zum Fitsch, und dort sagte der Hiasinger: „Da wär halt recht den Binggl mit kuhwarmer Milch abwaschen und mit ‚Schtopioöl' schmieren!" Jetzt bin ich nach Tamsweg zur Apotheke ohne Geld in der Tasche. Aber der Vater hat halbjährlich die Schulden bezahlt. Dann bin ich wieder in die Alm. Um fünf Uhr früh bin ich los, und um elf Uhr nachts bin ich angekommen.

Mit zwölf Jahren bin ich aus der Schule ausgestanden. Dann ging ich noch zwei Jahre in die „Pfinstagsschule", aber nur mehr im Winter. Der Pfinstag war dann der schönste Tag, da brauchten wir nicht zu arbeiten.

Im Winter haben wir das Heu aus der Alm geführt. Mit dem Heuführen wurde immer ziemlich früh begonnen, wenn es erst einmal viel geschneit hat, dann war es nicht mehr möglich, das Heu aus der Feldseite herauszukriegen. So begannen wir damit meist Anfang Dezember, und das dauerte dann ein bis zwei Wochen. Wir haben immer achtzig oder neunzig Fuhren Heu herausgeführt. Ein Zug umfaßte immer sechs bis acht Fuhren. Am Sonntag sind wir um fünf weggefahren, am Montag um sieben, am Dienstag um neun. Dann war ein Tag Ruhetag, und dann sind wir wieder um fünf gefahren. Das haben alle so gemacht. Jene, die nicht so weit zu fahren hatten, sind später gefahren. So gab es beim Herausfahren dann kein Gegenfuhrwerk. Den Buckelsack mit der Jause gaben wir beim Hineinfahren zum Bundschuhwirt. Dort hingen neben dem Ofen schon zwanzig bis dreißig Buckelsäcke. Wenn man die mitgenommen hätte, dann wäre die ganze Jause gefroren.

Wir hatten viele Dienstboten: einen Moar, einen Ablader, einen Rosser und noch zwei Knechte und zwei Halter; dann eine Moardirn, eine Viehdirn und zwei Hausdirn. Die Arbeiter, die am Sägewerk des Vaters gearbeitet haben, wurden auch bei uns verpflegt. Das waren auch vier oder fünf Leute.

Die Dienstboten aßen am „Deastleittisch", einem großen, runden Tisch. Da saßen meist zehn bis vierzehn Leute. Solange wir Kinder waren, aßen wir separat an einem Tisch in der Küche. Auch der Vater hat dort allein gegessen. Mit zwölf, dreizehn Jahren saßen wir dann auch am Dienstbotentisch. Da haben wir auch schon mitgearbeitet. Da war man dann wer. Vor den Mahlzeiten hat der Moar vorgebetet, und wir haben nachgebetet.

Zu den Festtagen hat es ein Bratl in einer großen Pfanne gegeben. Da war auch das Bratlschießen üblich. Wenn die Moardirn um die Bratlpfanne ging, dann ging der Moar oder der Ablader hinaus vor das Haus. Der Böller war schon geladen. Wenn dann die Moardirn das Bratl brachte, wurde der Böller abgeschossen. Das war der Bratlschuß. Nach einem solchen Festtagessen war es zum

Geltsgottsagen. Das hat der Moar für die übrigen Dienstboten gemacht.

Die Dienstboten haben meist zu Lichtmeß gewechselt. Aber wenn es einem nicht gepaßt hat, dann ist er auch während des Jahres gegangen. Und wenn einer dem Vater nicht gepaßt hat, dann hat er ihn im Herbst beim Leihkauf nicht mehr gefragt. Dann hat sich derjenige ausgekannt: „Aha, do mog ich gehn!" Zu den anderen hat er gesagt: „Bleibst eh nächstes Jahr wieder!"

Vis-à-vis vom Gastzimmer war das sogenannte Extrazimmer. Dort haben am Lichtmeßtag die Dienstboten mit dem Vater die Giebigkeiten und den Lohn ausgemacht – „austragen" hat das geheißen. Jeder ging einzeln zu ihm hinein. Die anderen Dienstboten sind währenddessen im Gastzimmer gesessen und haben ein Bier gekriegt. Der Großteil der Dienstboten hat damals noch den Hauptteil des Lohns zu Lichtmeß gekriegt. Wenn sie während des Jahres Geld brauchten, dann sind sie halt zum Vater gekommen. Die Endabrechnung für das Jahr wurde aber am Lichtmeßtag nach dem Essen gemacht.

Die Männerleutkammer und die Weiberleutkammer waren im ersten Stock nebeneinander. In der Weiberleutkammer standen vier, fünf Betten, in der Männerleutkammer acht, neun. Von der Männerleutkammer führte eine Rinne hinaus. Draußen stand ein „Frenta", und dort wurde die „Woak" gesammelt. Die verwendete man zum Schafebaden und zum Wäschewaschen. Im Herbst, wenn die Schafe von der Alm kamen, wurden sie in der Woak gebadet. Das war Urin mit Wasser verdünnt. Davon wurde die Wolle geschmeidig – „glimpfn". Später wurde eine neue Männerleutkammer gebaut über dem Stall, aber auch da gab es kein Klo.

Das „Hausbrotessen" war sehr verpönt, und wenn, dann haben die Dienstboten ganz heimlich umgetan. Oft war die Weiberleutkammer doppelt besetzt. Da sind halt die Knecht heimlich ins Haus gekommen. Durchs Haus sind sie nie gegangen. Sie schliefen ja im ersten Stock.

Aber eine Leiter hat man bald gefunden. Im Grunde hat das jeder gewußt. Das paßte zwar nicht zur Religion, aber es war so! Sonst hatten sie auch wenige Gelegenheiten, daß sie zusammenkamen. Es haft oft nicht einmal gestört, wenn mehrere in der Kammer schliefen. Die anderen haben nichts gehört – oder wollten nichts hören.

Wenn dann eine Dirn ein Kind kriegte, dann hatte sie es nicht gut. Wohin? Kaum eine Dirn hat ihr Kind beim Bauern gekriegt. So mußte sie um einen Platz zum Entbinden und später um einen Platz fürs Kind schauen. Sie war ein paar Tage beim Kind, dann ging es wieder zur Arbeit. Vom Feld weg sind sie manchmal zum Entbinden gegangen. Auch bei uns ist es vorgekommen, daß eine Dirn ein Kind kriegte. Einmal sogar im Haus. Geschont wurden die Frauen wegen der Schwangerschaft nicht. Sie mußten genauso weiterarbeiten.

Einmal war es den ganzen Tag zum Troadaufheben. Der Mäher hat es ja leichter gehabt, aber den ganzen Tag hinunterbücken und das Troad aufheben, das war schwer! So wird es wohl zu einer Frühgeburt gekommen sein. Nachher wurde immer geredet: „Von wem sie das hat?" Eines Tages hat man es halt erfragt. Irgendeine Aufklärung hat es für uns Kinder nie gegeben. Wir haben halt gehorcht, wenn am Wirtshaustisch davon gesprochen wurde.

Manchmal hat es Auseinandersetzungen gegeben, etwa wenn der Moar eine Arbeit schaffte und einem Knecht schmeckte sie nicht. Der Moar mußte fleißig sein. Wenn der Vater einige Tage beim Sägewerk beschäftigt war, dann ist alles gleich weitergelaufen. An den Krapfl-Schurl, den Reitbauern-Hartl oder den Kalb-Emil kann ich mich noch erinnern. Das war ein guter Moar. Aber der Vater hat nur gute Leute genommen, von denen jeder hätte Moar sein können. Wenn einer am Montag nicht zum Arbeiten zu gebrauchen war, dann hat sich das der Vater gemerkt.

Normalerweise hat der Vater dem Rosser den Hafer vorgegeben. Aber er hat nicht immer Zeit gehabt. Manchmal hat er dem Rosser den Kastenschlüssel gegeben, damit der selbst einen Sack Hafer holt. Und wenn es der Vater nicht sah, dann hat er halt einen zweiten Sack auch noch genommen. Er hat ihn ja nicht gefressen – es ist ja den Rossen zugute gekommen. Die haben halt dann geglänzt!

Wir hatten vier, fünf Rösser, manchmal sogar sechs. Wenn sie nicht in der Landwirtschaft gebraucht wurden, dann im Sägewerk. Zweimal fuhren wir täglich mit einer Fuhre Holz nach Tamsweg zum Bahnhof. Der Rosser mußte um halb vier aufstehen. Um fünf wurde dann eingespannt.

Die Viehdirn und die Sennin waren für den Stall verantwortlich. Eine Sennin gab es ja nur, wo auch eine Alm dabei war. Aber da hat es kaum Zwistigkeiten gegeben.

Auch an die Einleger kann ich mich noch gut erinnern. Bei uns in Unternberg gab es das Badstuben-Hansei. In der Schattseite stand eine kleine Hütte, und dort hauste das Badstuben-Hansei. In der Hütte stand ein Bett, Bett kann man nicht sagen. Stroh und einige Decken waren es. In der Mitte war ein Häufchen Steine, und da hat er geheizt und gekocht. Um Milch hat er überall gebettelt. Uns Kinder hat er Geschichten erzählt. Er war etwa achtzig Jahre alt und ist auch in dieser Hütte gestorben. Später kam der Klampferer-Mecht in diese Hütte.

Die anderen Einleger kamen von einem Bauern zum anderen. Da kann ich mich noch an ein Weiberleut erinnern, die mußten wir zehn Tage behalten. Zehn Tage mußten wir sie füttern. Ins Haus hätten wir sie nicht geben können, sie hatte Läuse und Flöhe. So mußte sie im Stall schlafen. Dort war ein Halterbett. Wenn sie auf die Einleg kam, dann schlief sie dort. Ins Haus ging sie nicht. Uns war das recht. In der Früh trugen wir ihr eine Milchsuppe und ein bißchen Koch hinüber, zu Mittag ein bißchen und am Abend ein bißchen. Das Schlimme für die Einleger war, daß sie alle paar Tage wandern mußten. Bei manchen Bauern waren sie nur drei Tage.

Schuster, Weber, Tischler und Schneider kamen auf die Stör. Der Schuster Koller machte bei uns zwanzig bis fünfundzwanzig Paare. Der Vater hat das Leder gekauft oder hat Häute beim Lederer Mandl gerben lassen. Der Schuster stellte dann die „Jahrschuhe" her, entweder „Grobgnähte" – das waren die Werktagsschuhe – oder „Einsölige" – das waren die Sonntagsschuhe.

Der Weber kam auch jedes Jahr. Wir haben ja ziemlich viel Flachs angebaut. Vierzehn oder fünfzehn Tuchstückl wird er schon gewebt haben.

Auch der Tischler kam auf die Stör. Einzelne Dienstboten haben sich ja einen Wanderkasten ausgetragen: entweder einen Schubladkasten mit vier Laden oder einen Stehkasten. Die Männerleut hatten meist einen Schubladkasten mit einem Aufsatz. Darin waren die Pfeife, der Tabakbeutel oder das Rasierzeug. Die Weiberleut hatten meist einen Stehkasten, in dem die eine Hälfte zum Hängen und die andere zum Legen war.

Der Schneider war der Dani, der Daniel Doppler. Der Schneider-Lois, sein Geselle, war auch mit. Der war recht betend. Der ging in der Früh immer erst in die Kirche und kam erst eine halbe Stunde später zur Arbeit. Dafür hat er am Abend länger gearbeitet. Der Vater hat die Stoffe vorher irgendwo gekauft, oder er hat Wolle umgetauscht. Die Stoffe wurden dann aufgelegt. Der Moar war dann der erste, der sich einen Stoff für ein Gewand aussuchen konnte, dann kamen der Ablader und die anderen Knechte. Das war genau eingeteilt. Zum Schluß kamen die Kinder. Aber jedes Jahr haben wir ja kein neues Gewand gekriegt. Wenn es halt notwendig war.

Vor Wahlen wurde meistens über Politik gesprochen. Man wußte, wer ein Sozi war. Einige waren es wohl. Oben in Pischelsdorf war ein Ziegelwerk. Dort war ein gewisser Tatzer – ein Roter. Der hat halt Leute geworben. Der Vater selbst war ein Erz-Schwarzer. Er war belesen und politisch sehr interessiert. Eine Zeitung hat er täglich gelesen, den „Volksboten" oder den „fortschrittlichen

Landwirt" oder „Die agrarische Post". Beim Zeitungslesen hat er sich nicht stören lassen. Dann hat er auch immer etwas zu erzählen gewußt am Sonntag nach der Kirchzeit, wenn die Männer beieinandgesessen sind. Wenn die anderen Bauern Auskunft wollten, dann sind sie zum Vater gekommen. „Du, Schilcher, was meinst du?" haben sie gefragt. Der Vater war auch im Gemeindeausschuß, im Ortsschulrat und sogar im Landeskulturrat.

Gewisse Standesunterschiede hat es gegeben. Der Nachbar hatte vier Kühe, und bei uns war halt die dementsprechende Größe. Aber ich habe eigentlich keine Vorhaltungen gehört: „Du hast eh nur ein paar Stückl Vieh!" Das hat es nicht gegeben. Einige Keuschler haben ja auch nebenzu bei uns gearbeitet. Am Sägewerk waren immer vier oder fünf. Beim Heiraten sind halt die Unterschiede herausgekommen.

Als ich aus der Schule kam, begann ich eine zweijährige Tischlerlehre bei meinem Onkel in Sankt Michael. Der Onkel war auch mein Firmpate. Und der Vater hat gesagt: „Wie wär's, wenn du halt . . ." Na ja, so hab' ich halt die Tischlerei angefangen. Es hat mir eigentlich gefallen. Dann hab' ich beim Onkel gewohnt. Um sechs Uhr haben die Gesellen zu arbeiten begonnen, da mußte der Leim bereits warm sein.

1933 kam ich dann in die Holzfachschule nach Hallein. Als ich nach zwei Jahren fertig war, bin ich auf die Walz gefahren von einem Tischlermeister zum nächsten. Aber es war nirgends ein Posten zu kriegen. Dann war ich eine Zeitlang zu Hause. Ein Jahr war ich dann Haustischler bei den Klosterschwestern in Hallein. Dann war es zum Einrücken.

Späte Heirat und Ehelosigkeit

Anna Hutegger: „Wir konnten nicht früher heiraten, obwohl wir schon drei ledige Kinder miteinander hatten. (...) Als wir 1938 heirateten, war das älteste Kind elf Jahre und das jüngste zwei Jahre alt. Ich war einunddreißig Jahre alt, und mein Mann war fünfunddreißig. Aber auch da war es noch nicht recht!"

Im Flachland hatten sich seit dem späten 18. Jahrhundert große Veränderungen in der Landwirtschaft vollzogen. Zu diesen Veränderungen zählten vor allem die Einführung der Kartoffel, der Anbau von Klee sowie die Sommerstallfütterung. Dadurch konnte nicht nur der Viehstand gesteigert werden, sondern die gesamte landwirtschaftliche Produktion konnte sich ausweiten. Ein starkes Bevölkerungswachstum setzte ein.[1]

Anders vollzog sich die Entwicklung in den Alpenländern. Dort konnte sich weder die Sommerstallfütterung noch der Anbau von Klee durchsetzen. Der Sommerstallfütterung stand die Nutzung der Almen entgegen, und zum Anbau von Klee fehlte verfügbares Ackerland. Das reichte ohnehin kaum aus, um die Eigenversorgung mit Getreide sicherzustellen. Die vorhandene Futtermenge konnte somit nicht erhöht werden. Auch der Viehstand erhöhte sich nicht. Im Gegenteil – er verringerte sich sogar.[2]

Die einzige wesentliche Veränderung war die Einführung der Kartoffel. Diese Neuerung setzte sich aber nur langsam durch. Im Lungau etwa war die Kartoffel erst um die Mitte des 19. Jahrhunderts eingebürgert. Trotzdem spielte die Bohne als Nahrungsmittel noch jahrelang eine bedeutende Rolle.[3]

Im gleichen Zeitraum gingen überall im alpinen Bereich Betriebe der Montanindustrie zugrunde. Im Lungau wurden im Verlauf des 19. Jahrhunderts die letzten Bergwerke und ihre weiterverarbeitenden Betriebe wegen Unrentabilität aufgelassen. Sie hatten nicht nur Hunderten von Menschen Arbeit geboten, sondern auch vielen Bauern Verdienstmöglichkeiten gegeben durch Fuhrwerksleistungen und Holzlieferungen.

Der Verlust dieser Arbeitsmöglichkeiten einerseits und die Stagnation in der Landwirtschaft andererseits führten nun dazu, daß sich die Lebens- und Erwerbsmöglichkeiten für viele Menschen verschlechterten. In vielen Alpentälern erhöhte sich deshalb die Bevölkerungszahl überhaupt nicht, sondern ging sogar zurück. Auch der Lungau hatte zu Beginn des 20. Jahrhunderts weniger Einwohner als zu Ende des 18. Jahrhunderts.[4]

Die verschärften Lebensbedingungen zeigten sich am deutlichsten darin, daß es für viele Menschen immer schwieriger wurde, zu heiraten und eine Familie zu gründen. Späte Heirat und Ehelosigkeit wurden zur Normalität. Die Dienstboten waren davon besonders betroffen. Für viele von ihnen wurde die Dienstbotenarbeit zu einer lebenslangen Tätigkeit. Aber auch das Heiratsalter der Bauern stieg an, durfte doch ein Bauernsohn erst heiraten, wenn die Hofübergabe erfolgte.

Tabelle 9: Durchschnittliches Heiratsalter in ausgewählten Lungauer Pfarren

Pfarre	Zeitraum	Männer	Frauen
Lessach	1800–1810	32,4	26,8
	1900–1910	33,9	29,3
Mariapfarr	1800–1810	33,4	28,2
	1900–1910	35,8	30,4
Ramingstein	1800–1810	33,7	28,8
	1900–1910	35,7	31,5

Quelle: eigene Erhebung in den Pfarrarchiven

Spätheirat und Ehelosigkeit hatten zur Folge, daß zwar das Bevölkerungswachstum gebremst wurde, daß dafür aber die Zahl der ledigen Kinder im Verlauf des 19. Jahrhunderts ständig wuchs.

Tabelle 10: Ledig geborene Kinder in der Pfarre Mariapfarr

Zeitraum	Geburten	davon ledig	Ledige in %
1820–1824	401	32	8,0
1870–1874	383	94	24,5
1920–1924	351	116	33,0

Quelle: eigene Erhebung im Pfarrarchiv Mariapfarr

gedrungen wieder aufgelassen werden. Beide Eheteile mußten wieder in Dienst gehen. Das gemeinsame Eheleben war dann wieder vorbei.

Tabelle 11: Eheschließungen in der Pfarre Mariapfarr in den Jahren 1900 und 1901

1900 heirateten:
9 Bauernsöhne	Bauerntöchter
1 Bauernsohn	Dienstmagd (Glasermeistertochter)
1 Witwer (61)	Dienstmagd (49)
1 Witwer (41)	Dienstmagd (31, unehelich)
1 Schneider (28, unehelich)	Dienstmagd (22, unehelich)

1901 heirateten:
6 Bauernsöhne	Bauerntöchter
1 Bauernsohn	Dienstmagd
1 Bauernsohn (43)	Bäuerin, Witwe (47)
1 Bauernsohn (41)	Schneidermeistertochter (40)
1 Witwer (44)	Bauerntochter (35)
1 Witwer (48)	Dienstmagd (35)
1 Keuschler (27)	Dienstmagd (32)
1 Knecht (40, unehelich)	Dienstmagd (47)
1 Taglöhner (54, unehelich)	Dienstmagd (44)
1 Maurergehilfe (55)	Dienstmagd (26, unehelich)
1 Fabrikarbeiter (39)	Inwohnerin (25)
1 Fabrikarbeiter (28)	Näherin (29)

Quelle: Heiratsbuch der Pfarre Mariapfarr.

Der Gemeindeausschuß von Muhr beschäftigte sich 1914 ausführlich mit einem solchen Fall. Allerdings interessierte den Gemeindeausschuß ausschließlich die Frage, ob die „Zuständigkeit" dieser Eheleute in die Gemeinde Muhr noch gegeben war. Die „Zuständigkeit" verpflichtete eine Gemeinde nämlich auch zur Altersversorgung.

Mit seiner Frau hat Simon Eberl nur anfangs der Ehe, nämlich im Jahre 1896, einen gemeinsamen Haushalt geführt, der aber nur rund ein halbes Jahr dauerte. Seither leben beide Eheteile wieder getrennt und geht jeder für sich dem sich bietenden Erwerbe nach; die Frau verdingte sich in Jahresdienst, der Mann zeitweise auch, doch hat er die Taglöhnerarbeit meistens dem festen Dienste vorgezogen. Als Taglöhner war er öfter in Zederhaus, auch in Sankt Michael, nur erst in den letzten Jahren auch in Muhr beschäftigt. Sein Meister im Viehschneidergewerbe war immer ein Zederhauser, und Eberl selbst meint, daß er eher in Zederhaus als in Muhr zuständig sein könnte, falls er in der Landgemeinde Sankt Michael seine Zuständigkeit verlieren sollte. Simon Eberl hat also stets eine Beschäftigung im Herumreisen, insbesonders als Viehschneidergehilfe, gesucht und konnte daher nirgendwo eine neue Zuständigkeit erlangen. Sein Einwand bezüglich der Möbel ist nach Angabe des Simon Eberl jedenfalls nicht stichhältig, da er niemals ein Recht hatte, da oder dort seinen Kasten stehen zu haben, wenn er nicht in demselben Hause arbeitete, sondern er hat den Griesner sowohl als auch den Schneiderbauer gebeten, ihm den Kasten derweil zu behalten. Dasselbe gilt auch von den gelegentlichen Besuchen bei der Frau – er hatte ein Recht auf das Weib – niemals aber ein Wohnrecht beim Dienstgeber seiner Frau.

Quelle: Gemeindeausschußprotokoll Muhr 1914.

Der Gemeindeausschuß lehnte schließlich die Zuständigkeit des Simon Eberl und dessen Frau in die Gemeinde Muhr entschieden ab.

In den zwanziger und dreißiger Jahren war das Auskommen für verheiratete ehemalige Dienstboten keineswegs leichter. Das Heiraten war zwar nicht mehr so wie früher an eine Eheerlaubnis gebunden, trotzdem wurden Dienstbotenheiraten nach wie vor mißbilligt und abgelehnt. Nur wenige wagten diese Barriere der Mißbilligung, der Ablehnung und des Spotts zu überwinden und trotzdem zu heiraten. War das Auskommen dann auf die Dauer doch nicht gesichert oder wurde gar ein Hilfsgesuch an die Gemeinde gerichtet, dann rechtfertigten sich alle Vorwarnungen und Befürchtungen. Die Gemeinde antwortete dann – besonders in den dreißiger Jahren – auf ihre Art: mit der Drohung durch die Einlage und mit der Aufforderung, wieder zum Dienstbotendasein zurückzukehren.

Dem Gesuchssteller ist über einstimmigen Beschluß des Gemeindetages ein Bescheid mit dem Inhalte zu übermitteln, daß ihm das Recht eingeräumt wird, in der Gemeinde Weißpriach als Einleger zu gehen. Eine Bargeldunterstützung ist nicht möglich.

Diese Verfügung ist damit zu begründen, daß Josef Fellner und seine Frau früher landwirtschaftliche Arbeiter waren und wieder zum landwirtschaftlichen Betrieb zurückkehren sollen.

Quelle: Gemeindeausschußprotokoll Weißpriach 1936.

Keuschlerhochzeit 1929. Die Braut ist 35 und der Bräutigam 33 Jahre alt.

Anna Hutegger

"Auf den Daumen heiraten"

Ich bin 1907 geboren. Es hat immer geheißen, ich sei am Petersabend geboren worden. Als meine Mutter starb, habe ich ihre Brieftasche gekriegt. Darin lag ein Taufzettel mit einem schönen Vers. Auf dem Taufzettel stand, daß ich nicht am 29. Juni, sondern am 27. Juni 1907 geboren worden bin.

Ich war ein lediges Kind. Bei den Großeltern in Fanning wuchs ich auf. Mein Vater war Knecht. Heiraten gab es für ihn nicht. Besitz hatte er keinen. Er ist vom Krieg heimgekommen, dann kam er in das Spital in Tamsweg, und dort ist er gestorben. Wenn er nicht gestorben wäre, dann hätte ich etwas gelernt.

Bei den Großeltern ging es sehr streng zu. Sie hatten einen kleinen Besitz. Sie waren sehr sparsam. Nirgends durfte ich hingehen. Auch meine Mutter nicht. Nicht einmal Tanzen hat sie lernen dürfen. Die Mutter hat daheim gearbeitet. Sie hat auch für fremde Leute genäht, dann ist sie in Dienst gegangen. Geheiratet hat sie nicht.

In Mariapfarr ging ich zur Schule. Als ich dreizehn Jahre alt war, mußte ich wandern, denn zu Hause war kein Platz mehr. Das war hart. Ich hatte schrecklich Heimweh. Wenn ich manchmal heimkam, dann hat meine Großmutter gleich gesagt: „Nein, heimkommen kannst nicht! Du kannst gleich wieder umkehren. Heimkommen kannst nicht! Es hilft nichts! Es sind zu viele Leute im Haus!" Da hatten die Jungen schon eingeheiratet, die hatten schon Kinder, da lebten die Alten noch.

Mein erster Platz war in Mauterndorf bei einem kleinen Besitz, einem Keuschler. Wir waren weitschichtig verwandt. Wenn es mir nur überall so gut gegangen wäre wie dort!

Dreizehn Jahre war ich alt, da mußte ich auf dem Mitterberg Graß zusammenziehen und Streu hacken, nach Neuseß hinunter Hecken ziehen – einfach alle Arbeiten verrichten. Ich weiß nicht mehr, ob ich auch einmal Geld gekriegt habe, Schuhe hab' ich halt bekommen. Ein oder zwei Jahre bin ich dort geblieben.

Einmal war ich bei einem Bauern. In der Früh gab es Suppe und Koch und dann den ganzen Vormittag nichts mehr. Zu Mittag dann Brot und Käse. Am Abend kalte Milch und einen Knödel. Das war mein schlechtester Platz. Das werde ich nie vergessen! Auf einem schlechten Platz ist man ein Jahr geblieben, aber länger nicht!

Dann war ich in Bueggen Dirn. Das Haus war alt und feucht, viele Kinder waren. Wenn die Bäuerin die Kinder gestillt hat, dann sind die größeren herumgestanden. Sonst haben sie halt ein Flaschl gekriegt und einen „Fleckzuzl". Da wurde ein Leinenfleckerl ausgeschnitten und extra süß zubereitetes Brot damit umwickelt. Das wurde dann in den Mund gesteckt.

Lange Zeit war ich in Göriach Dirn. Dort war ich bei mehreren Bauern. „Du kommst zu mir, und das kriegst du!" hat der Bauer gesagt. Viel hat man da nicht ausgemacht. Die Bäuerin hat gut geschaut auf mich. Ich geh' heute noch Weihwasser sprengen auf den Friedhof zu ihrem Grab. Das Essen war gut, zum Anziehen hatte ich was – das war bei den anderen Bauern nicht überall so!

Ich bin kräftiger und stärker geworden, dann ist es mir immer besser ergangen. Die Arbeit war schon schwer. Ich war bei einem großen Bauern. Das tagelange Getreideaufheben ist mir besonders schwergefallen.

Dorthin kamen auch die Schneider auf die Stör, und da hab' ich dann meinen späteren Mann kennengelernt. Meist waren es drei Schneider. Eine Woche lang haben sie am Hof gearbeitet. Als ich dann später nach Mariapfarr in Dienst kam, hatte ich direkt Heimweh nach Göriach, obwohl auch meine Mutter in Mariapfarr in Dienst war. In Göriach ist es mir gut ergangen, die Jugendjahre hab ich dort verbracht. Manchmal bin ich den Göriachern, wenn sie am Sonntag zur Kirche nach Mariapfarr kamen, ausgewichen.

Dann hab' ich ein Kind gekriegt. Mein Gott, das war nicht leicht! Das war hart! Was tu' ich jetzt? Wo krieg' ich einen Platz fürs Kind?

Am Dienstplatz konnte ich nicht bleiben. Dann bin ich heimgegangen. Dort konnte ich eine Zeitlang bleiben. Die Großeltern lebten noch. Freude hatten sie keine – geschimpft haben sie! In Bruckdorf hab ich das Kind dann angestiftet. Dort war eine Tante von mir. Die hat auch nicht viele Freude gehabt. Die hatten nur eine kleine Schneiderei. Zahlen mußten wir und immer etwas bringen, das war ja klar. Alle vierzehn Tage oder alle drei Wochen bin ich dort hingegangen. Zucker oder Kaffee hab' ich gebracht. Bezahlt hat der Mann.

Dann war ich wieder Dirn. Ein hartes Leben war das! Auseinandergegangen sind wir nicht. Und so sind halt wieder Kinder geworden. Auch das zweite Kind mußte angestiftet werden. Das kam nach Weißpriach und blieb dort neun Jahre lang. Alle ein oder zwei Monate bin ich nach Weißpriach und hab' das Kind besucht.

Das dritte Kind wurde in Althofen angestiftet. Alle drei Kinder mußte ich anstiften! Kein Geld und keinen Platz haben wir gehabt! Da mußte ich bitten und betteln, daß sie mir die Kinder überhaupt nehmen. Man ist sich schlecht vorgekommen, hat sich schuldig gefühlt. Sicher werden die Leute hinter dem Buckel geredet haben, wenn man es nicht gehört hat. „Oh", werden sie gesagt haben, „jetzt kriegen sie schon wieder eins und haben keinen Ort und keinen Platz!"

Leicht war das nicht! Ich mußte halt schauen, daß ich was verdiene, damit ich Geld hatte, um für die Leute, die meine Kinder hatten, etwas kaufen zu können. Damals hab' ich keinen schlechten Lohn gehabt. Fünfundzwanzig Schilling hab' ich bekommen.

Zwei Kinder hatten es gut, aber eins nicht!

Heiraten wollten wir, aber mein Mann durfte nicht. Bevor er die Schneidermeisterprüfung nicht hatte, durfte er nicht heiraten. Aber das war nur eine leere Ausrede. Schuld daran war der Vater meines Mannes. So hat sich das zehn Jahre hinausgezogen!

Wir konnten nicht früher heiraten, obwohl wir schon drei ledige Kinder miteinander hatten. Das erste Kind wurde 1928 geboren, das zweite 1930 und das dritte 1936.

Aber dann hat mein Mann aufs Heiraten gedrungen, ganz böse hat er darauf gedrungen und hat es erzwungen. Er hat gesagt: „Beim Tischler oben ist eine freie Wohnung, da ziehen wir hinauf, wir heiraten!"

Als wir 1938 heirateten, war das jüngste Kind zwei Jahre alt. Ich war einunddreißig Jahre alt, und mein Mann war fünfunddreißig. Aber auch da war es noch nicht recht!

Wir hatten ein hartes Leben, aber man macht es sich ja selber! „Auf den Daumen heiraten und die Faust darunter!" So hat man das genannt. Das sollte bedeuten, daß man nichts hatte. Das kann sich heute niemand mehr vorstellen.

Ledige Mütter und Ziehkinder

Bauerntochter, geb. 1885. Später Dienstmagd. Zwei ledige, angestiftete Kinder 1907 und 1912.

In den zwanziger und dreißiger Jahren wurde im Lungau jedes dritte Kind ledig geboren.[1] Ein lediges Kind zu kriegen, war mit Schande verbunden – sowohl für die Mutter als später auch für das Kind. Was die Schande ausmachte, waren einerseits die Armut und Besitzlosigkeit der Betroffenen und andererseits die Ächtung, die ihnen entgegengebracht wurde. Und diese Ächtung hatte Tradition. Für die Taufe eines ledigen Kindes hatte die Kirche beispielsweise früher die dreifache Gebühr dessen verlangt, was bei der Taufe eines ehelichen Kindes zu entrichten war.[2]

Zur größten Not einer ledigen Mutter zählte der Umstand, daß sie oft nicht einmal wußte, wo sie das Kind zur Welt bringen sollte. Am Dienstplatz wurde das kaum erlaubt. Für die Geburt mußte daher ein Platz gesucht werden. Es kam öfters vor, daß sich eine Dienstmagd in ihrer Not auch an die Heimatgemeinde um Hilfe wandte. Besonders wenn sie schon ein lediges Kind hatte und vor der Geburt eines zweiten stand, dann bekam sie die ganze Ablehnung der Gemeinde zu spüren. Und die ging sogar so weit, ihr mit der gefürchtetsten Form der Armenversorgung zu drohen – der „Einlage".

Die Magd steht wieder vor einer Geburt. Es wird ihr bedeutet, bei etwaigem Ersuchen um Unterstützung oder Unterbringung, dieselbe von Haus zu Haus die gewöhnliche Armenversorgung genießen zu lassen.
Quelle: Gemeindeausschußprotokoll Mariapfarr 1917.

In den Ortschaften waren die Häuser schon bekannt, wo Mägde aufgenommen wurden, um ein Kind auf die Welt zu bringen. Häufig war es eine Keuschlerfamilie, die das neugeborene Kind auch eine gewisse Zeit behielt. Die Magd mußte ihren Dienst ja nach der Geburt so bald wie möglich wieder antreten. In der Dienstbotenordnung war keine Schonfrist für eine Wöchnerin vorgesehen.[3]

1902 stellte bei einer Gemeindesitzung im Markt Mauterndorf ein Mitglied die Anfrage:

... ob denn kein Mittel dagegen sei, dem abzuhelfen, daß so viele ledige Weibspersonen nach hier kommen zum Entbinden und dann bei den Kindern hocken bleiben und nichts arbeiten, dadurch höher Beispiel geben. Auch vieles andere erwerbsloses Volk ist hier, das keinerlei Einnahmen nachweisen kann und doch lebt.
Quelle: Gemeindeausschußprotokoll Mauterndorf 1902.

Die Zukunft eines ledigen Dienstbotenkindes ließ sich mit hoher Wahrscheinlichkeit vorhersagen: Wahrscheinlich würde es später auch ein Dienstbote werden und auch ledige Kinder haben. Die Schicht der Dienstboten produzierte sich von selbst.

Nur selten wurde einer Dienstmagd gestattet, ihr Kind auf ihrem Dienstplatz aufzuziehen. In einem solchen Fall mußte sie aber auf ihren Geldlohn oftmals fast vollständig verzichten und sich nur mit Kost und Kleidung zufriedengeben. In den meisten Fällen blieb aber einer Dienstmagd keine andere Möglichkeit, als ihr Kind „anzustiften", das heißt, es einer fremden Person zum Aufziehen zu übergeben. 1934 wurden im Lungau 1.110 Ziehkinder gezählt.[4] Jedes vierte Kind des Bezirks war ein angestiftetes Ziehkind.

Erschwert wurde das Anstiften durch den Umstand, daß sich manche Gemeinden weigerten, Kinder in die Gemeinde aufzunehmen, deren Mütter nicht in die Gemeinde zuständig waren, wie es bei Dienstboten häufig der Fall war. Deshalb mußten Mägde ihre Kinder oftmals entfernt von ihrem Dienstplatz anstiften, was die Trennung schmerzlicher und Besuche noch seltener machte.

Der Gemeindeausschuß beschließt einstimmig, daß die Bewohner von Lessach nicht zuständige Kinder unter zwölf Jahren nur mit Erlaubnis des Gemeindeausschusses in Pflege nehmen können.
Quelle: Gemeindeausschußprotokoll Lessach 1920.

Wenn ein angestiftetes Kind auch nicht sofort einen Nutzen brachte, so konnte ein Bauer aber doch damit rechnen, später eine billige Arbeitskraft zu haben. Um ganz sicherzugehen, daß ihm das Kind im arbeitsfähigen Alter auch erhalten blieb, mußte die Kindsmutter manchmal sogar vor der Gemeinde die bindende Erklärung abgeben, das Kind nicht vor einer bestimmten Frist vom Pflegeplatz wegzunehmen.

Die Kindsmutter gibt die Erklärung ab, daß sie sich bindend verpflichtet, den Knaben bis zu seinem zwanzigsten Jahre bei seinen derzeitigen Pflegeeltern zu belassen und denselben nicht ohne Einwilligung der Pflegeeltern vor der Frist wegzunehmen.
Quelle: Gemeindeausschußprotokoll Mariapfarr 1919.

Viele Kinder konnten aber nicht an einem Platz dauerhaft angestiftet werden. Entweder war die ledige Mutter nicht in der Lage, genügend Kostgeld zu bezahlen, so daß niemand das Kind länger behalten wollte, oder die Gemeinde weigerte sich, einen ausreichenden Erziehungsbeitrag beizusteuern. Viele Kinder wurden deshalb von einem Ziehplatz zum anderen „umgestiftet". Bis ins hohe Alter setzte sich bei manchen dieses Umherwandern von einem Platz zum anderen fort: später als Knecht oder Magd und im Alter dann als familienloser Einleger, der wie ein Bettler herumziehen mußte, um versorgt zu werden.

Als wichtigste Aufgabe der Erziehung wurde das Erlernen der körperlichen Arbeit angesehen. Für die Ziehkinder galt dieses Erziehungsziel im besonderen, wurde von ihnen doch erwartet, daß sie ihr Brot so bald wie möglich selbst abdienten. Einen unnützen Esser nahm niemand freiwillig in die Hausgemeinschaft auf.

In Ramingstein schrieb der Lehrer in die Schulchronik:

Die Bauernkinder wachsen halbwild auf, wie die Bäume im Wald. Ich denke da in erster Linie an die Ledigen, um die sich niemand kümmert, die niemand nehmen will, solange sie Klein-

und Schulkinder sind. Und wenn sie noch nicht einmal der Schule entwachsen sind, sollen sie doch einen Knecht oder eine Dirn voll ersetzen.

Wo wäre die Landwirtschaft heute ohne die ledigen Landkinder, wo hätte sie ihren Stand an Dienstboten? Sie sind trotz ihrer großen Zahl noch zuwenig.

Quelle: Schulchronik der Volksschule Ramingstein 1940.

Daß die Arbeitsleistung, die von den Ziehkindern erbracht wurde, häufig tatsächlich den wichtigsten Grund darstellte, warum man Ziehkinder aufnahm, zeigt ein Beschluß des Gemeinderates von Mariapfarr. 1919 sollte die „Donnerstagsschule" abgeschafft werden, so genannt nach dem einzigen Tag der Woche, an dem die beiden letzten Jahrgänge der Volksschule Unterricht erhielten. Die Unterrichtsdauer sollte von einem Tag auf drei Tage pro Woche ausgedehnt werden.

Der Gemeindeausschuß ist einheitlich dagegen und ersucht um Beibehaltung des Schulunterrichts wie bisher in der Weise, daß die Kinder nur an einem Wochentag die Schule besuchen.

Begründet wird dies damit, daß einerseits diese Kinder notwendig zur Verrichtung landwirtschaftlicher Arbeiten benötigt werden, andererseits die Gefahr besteht, daß Annahme- und Ziehkinder durch den dreitägigen Schulbesuch ihre Pflegeplätze verlieren werden.

Quelle: Gemeindeausschußprotokoll Mariapfarr 1919.

In den dreißiger Jahren verschlimmerte sich das Los der Ziehkinder zusätzlich. Die Unterhaltsbeiträge der Gemeinden wurden immer spärlicher. Davon waren besonders jene Ziehkinder betroffen, die außerhalb der zuständigen Gemeinde angestiftet waren. Sie verloren vielfach ihre Ziehplätze und wurden in ihrer Heimatgemeinde neu angestiftet. Die Gemeinden wollten auf diese Weise Zahlungen nach auswärts vermeiden und die Kinder in der eigenen Gemeinde billiger unterbringen.

Die Kinder werden in der hiesigen Gemeinde in Pflege gegeben, weil die Gemeinde infolge der äußerst schwierigen finanziellen Verhältnisse unmöglich mehr in der Lage ist, einen Unterhaltsbeitrag zu leisten.

Quelle: Gemeindeausschußprotokoll Zederhaus 1933.

Bei manchen Ziehkindern blieb das „Aus-", „An-" und „Umstiften" und die fremde „Aufzucht" nicht ohne Folgen. Hängt etwa auch die hohe Zahl von Taubstummen, Blinden und Cretinen, die sich unter den Ziehkindern befanden, damit zusammen?

Ein erschreckendes Beispiel, wie sehr es am Verständnis fehlte, zeigt eine Eintragung in eine Schulchronik:

Am 6. November 1923 starb der 13jährige Schüler Johann E., Ziehkind in Lamm. Er war ein Büffel, Trotzkopf und Strolch, um den nicht schade war.

Zur Berechtigung sei angeführt, daß er erwiesenermaßen mehrmals in der Woche in der 1. Klasse unter die Bank Haufen machte. Vom Urinieren sei gar nicht gesprochen.

Quelle: Schulchronik der Volksschule Zederhaus 1923.

Anna Lassachhofer

"So wurde ich ausgestiftet"

Ich wurde 1920 in Zederhaus geboren. Meine Mutter war ein Dienstbote. Sie hatte drei ledige Kinder. Mein älterer Bruder wurde bei den Eltern seines Vaters aufgezogen, den jüngeren Bruder und mich behielt die Großmutter. Aber die Großmutter hat selbst sechzehn Kinder gehabt. Bevor das sechzehnte Kind geboren wurde, hat den Großvater der Schlag getroffen. Der ist Sauschneider gewesen und war gar nicht zu Hause. So wurde ich ausgestiftet.

Mit acht Monaten kam ich nach Mariapfarr und verblieb bis zu meinem siebzehnten Lebensjahr bei meinen Zieheltern. Von meinen Verwandten hörte ich nichts mehr. Ich kann mich noch erinnern, daß ich ein Ketterl mit einem Schutzengel erhielt, dann hab' ich nichts mehr von ihnen vernommen.

Erst als ich sechzehn Jahre alt war, hab' ich zum erstenmal meine Großmutter und meinen jüngeren Bruder gesehen. Damals bin ich zu Fuß den weiten Weg von Örmoos nach Zederhaus gegangen. Meinen älteren Bruder hab' ich erst im Achtunddreißigerjahr kennengelernt. Damals war ich Dirn beim Pfarrer. Der Bruder war vorher zur Legion nach Deutschland gegangen und ist nach dem „Anschluß" wieder zurückgekehrt. An einem Sonntagnachmittag sind wir Dienstboten in der Moarstubn gesessen, und da ist einer dahergekommen. Dann hat er gesagt: „Ich hab' immer gewußt, daß ich eine Schwester hab'. Ich hab' aber nie gewußt, wo du bist!" Auch die Mutter ist er dann noch suchen gegangen.

Von meinen Zieheltern hieß es, daß sie keine Kinder kriegten. Aber nach drei Jahren kam ein Kind und später noch drei.

Mein Ziehvater war Zimmermann und nur ganz selten zu Hause. Oft ist er wochenlang nicht heimgekommen, wenn er weiter entfernt gearbeitet hat. Das Heimfahren hätte zuviel Geld und Zeit gekostet.

Meine Mutter ist einmal im Jahr gekommen. Mehr Zeit hatte sie nicht. Sie kam immer ganz kurz mit der Murtalbahn auf Besuch. Mit dem einen Zug kam sie, und mit dem nächsten ist sie wieder gefahren. Einmal blieb sie fünf Jahre lang aus! Als sie wieder einmal kam, sind wir uns zufällig in der Pfarrergasse begegnet. Ich mußte etwas einkaufen gehen, und da sind wir aneinander vorbeigegangen. Ich habe sie nicht erkannt! Als ich heimkam, war die Mutter da. Ich sehe es heute noch! Meistens hat sie mit mir geschimpft: „Die Schuhe hast du nicht gebunden und und und..." Dann ist sie wieder gefahren.

Ich weiß aus meiner ganzen Kindheit kein liebes oder gutes Wort von meiner Mutter. Nie hab' ich ein Neidl gekriegt oder bin liebevoll gehalten worden.

Bei meinen Zieheltern bin ich streng erzogen worden. Einmal bin ich nicht rechtzeitig heimgekommen. Da haben sie mich hinausgesperrt. Schläge hat es auch gegeben. Oder es hat geheißen: „Geh zu deiner Cilli-Mama!"

Meine Zieheltern hatten drei oder vier Kühe. Manchmal hatten wir auch eine Dirn, sonst hat die Mutter mit uns Kindern allein die Arbeit gemacht.

In die Schule bin ich eigentlich gern gegangen. Für mich war die Schule lustig, weil ich nicht arbeiten mußte. Eine Jause hab' ich nie mitgekriegt, das ganze Jahr hindurch nicht. Zu Mittag mußte ich nach Hause essen gehen. Da mußte ich den ganzen Schulweg laufen, damit ich nach der Mittagsstunde wieder rechtzeitig in die Schule kam. Wenn ich nach der Schule heimkam, mußte ich zuerst mein Schulgewand ausziehen, dann gab es meist einen Knödel und Kraut, und dann hab' ich schon meine Arbeit gehabt. Vom Lernen hat niemand etwas gesagt. Über die Schule ist gar nicht geredet worden.

In Örmoos waren zu dieser Zeit viele kleine Riegala. Als meine Ziehmutter ein Kind erwartete, sagte sie zu uns, wir sollten schnell die Dirn holen, die in der Uln Ötz Tschuschgeln sammelte. Wir sollten ihr sagen: „Der Mutter tut der Fuß so weh!" Sie solle schnell nach Hause kommen. Die Nachbarkinder waren auch mit. „Ah", sagten wir, „jetzt kriegen wir sicher ein Tatl!" Und wir liefen schnell um die Dirn. Als wir wieder zurückkehrten, durften wir nicht mehr ins Haus. Die Nachbarin hielt uns auf und sagte: „Nein, jetzt müßt ihr zu uns kommen!"

Als wir am Abend heimgehen durften, kam die Schmiedin in den Stall und sagte: „Jetzt hat die Goale-Kathl a Tatl bracht. Das Füßl hat beim Buckelsack herausgeschaut!" Die Goale-Kathl war die Hebamme. Darauf haben wir Kinder gefragt: „Woher kommen denn die Kinder?" „Draußen in den Riegeln, dort sind sie drinnen, dort graben sie die Kinder aus!" Das war die Aufklärung.

Nach zwei oder drei Wochen war es dann meist zum „Füresegnen". Das hing davon ab, wie es der Mutter nach der Geburt ging. Da mußte die Mutter in die Kirche und erhielt vorn beim Speisgitter vom Pfarrer den Segen.

Zu uns ist oft die Nachbarin gekommen, um Runkeln herunterzudrehen. Und da erzählte sie der Mutter: „Da ist wieder ein Ofen über den Haufen gegangen – und der ist der Vater!" Da wußten wir Kinder schon, da haben sie ein Kind bekommen. Einmal habe ich die Mutter gefragt, wieso die Leute sagen können: „Der ist der Vater!" Und da hat die Mutter geantwortet: „Da mußt du jemanden Gescheiteren fragen wie mich!"

Ein Kind meiner Zieheltern ist mit sechs Monaten gestorben. Später haben wir Kinder gesagt, wir wollen wieder ein Butzl. Das war beim Essen. Darauf hat die Mutter geantwortet: „Müßt es halt sagen zur Goale-Kathl, daß sie wieder eins bringt!"

Als wir von der Schule heimgingen, sahen wir die Goale-Kathl beim Gassenkehren. Wir liefen zu ihr und riefen: „Bringst uns wieder einmal ein Butzl?" Darauf sagte sie: „Da müßt ihr halt fleißig beten, dann bring' ich wieder eins!"

Jetzt liefen wir nach Hause und riefen: „Ja, die Goale-Kathl hat gesagt, sie bringt uns wieder eins, aber fleißig beten müssen wir!" Damals war ich zehn oder elf Jahre alt, aber ich war auch mit fünfzehn noch nicht gescheiter. Da gab es kein Fragen, nur ein Gehorchen.

Wenn ein Kind erwartet wurde, dann brauchte man eine Gota. So mußte die künftige Mutter „Gota-bitten" gehen. Die Gota-Bitterin hatte meist ein Kilo Zucker mit.

Ich kann mich noch erinnern, wie zur Ziehmutter eine Frau Gota-bitten kam. Sie sagte: „Jetzt bin ich halt schon wieder da. Bitt' gar schön, noch einmal ums Gota werden!" Man nahm ja meistens bei allen Kindern dieselbe Gota, und das kostete ja etwas. Auch meine Gota ist ab und zu gekommen und hat mir etwas gebracht.

Damals haben wir jeden Samstag den Rosenkranz gebetet. Ich kann mich noch an ein Ereignis erinnern, als sei es heute: Vater und Mutter knieten am Tisch und beteten. An einem langen Stuhl knieten wir Kinder. Da begann eins von uns zu lachen. Und wir bekamen alle eine Watschen.

Manchmal gingen wir Zeischgen klauben. Da nahmen wir einen Erdäpfelsack mit. Der Vater stieg auf eine Zirbe, und wir Kinder klaubten die Zeischgen in den Sack. Den Sack versteckte der Vater dann in einer Schupfe und hat ihn später geholt. Am Abend haben wir dann Zeischgen gefieselt. Zuerst wurden sie in der Ofenglut gebraten, dann haben wir die Zapfen in der Stubentür eingeklemmt und gefieselt. Daraus wurde dann ein guter, dicker Kaffee gemacht.

In der Speis stand das „Treidl". Da war in der Mitte eine Holzstange und darauf angebracht ein paar runde Stellagen, die man drehen konnte. Dann gab es die Brotrebm, dort hing das Brot. Es mußte vierzehn Tage halten. Mit dem Speck hat man gespart. Es ist ja im ganzen Jahr nur einmal, höchstens zweimal abgestochen worden. Das ganze Jahr mußte der Speck ausreichen. Oft war er ganz gelb. Dann sagte man, dann essen sie nicht soviel. Zu Weihnachten und in der Faschingszeit ist abgestochen worden. Die Eier wurden im Viehsalz, im Getreide oder in Kalkwasser aufbewahrt.

In der Küche war ein Leierbrunnen. Im Winter mußten wir aber oft das Wasser vom Bach holen, weil im Brunnen kein Wasser war. So mußten wir beim Waschen mit dem Wasser sparen. „Nicht soviel Wasser verpritscheln!" hat es geheißen. Da stand ein Lavoir, in dem sich alle wuschen.

Die Armut war damals furchtbar. Die Pfosen gaben einander ja fast die Türschnalle in die Hand. Einmal kamen zwei daher. Einer spielte auf der Gitarre, und der andere sang den „Hollerstrauch". Für eine Wiederholung dieses Liedes hat ihm der Vater fünfzig Groschen gegeben. Sonst erhielten sie ein Stück Brot.

Vierzehn Tage später fand ich in einer Schupfen zehn Groschen. Da hab ich mich gefreut! Zehn Groschen hab' ich gefunden, zehn Groschen hab' ich gefunden! Ich dachte, ich dürfte sie behalten, da sagte die Mutter: „Geh schnell dafür Germ kaufen!"

Bei uns waren die Einleger drei Tage, da kann ich mich noch an die Blinde-Thres, den Gobau und an das Zitterer-Nanei erinnern. In der Stube wurden ein paar Schab hergerichtet, und darauf haben sie dann geschlafen. Gegessen haben sie in der Stube an einem kleinen Tisch, aber allein, separat. Bei manchen mußten sie im Stall schlafen. „Ist lang gut, tun eh nichts mehr!" hat es geheißen. Die wurden zum Teil schlechter behandelt als das Vieh. Da galt ja das Vieh bei manchen Bauern mehr, als ein solcher Mensch, der sein Lebtag arbeitete, bis er nicht mehr konnte.

Als ich aus der Schule kam, hieß es arbeiten. Darauf hat man schon gewartet. Ich mußte daheim bleiben, eine Dirn hatten wir nicht mehr. Die Arbeit mußte geschehen. Da hieß es: „Brot abdienen!" Was man als Kind gekriegt hat, das mußte man halt jetzt abarbeiten. Man mußte froh sein, wenn man einmal im Jahr ein Gewand kriegte und Schuhe. Geld gab es nicht.

1937 wurde ich dann Hausdirn im Pfarrhof. Dort waren wir zwölf Dienstboten. Ich war die Jüngste. Die Hausdirn mußte auskehren, saubermachen, aufräumen, Gassen kehren und am Feld arbeiten. Einmal hat der Pfarrer zu mir gesagt: „Du mußt bei mir bleiben, bis du alle Stände durch hast: Hausdirn, Kuchlin, Viehdirn, Moardirn. Dann kannst du Sennin werden!"

Beim Troadmähen ging es gleich nach dem Frühstück aufs Feld. Jede Dirn hatte ihren Mäher, hinter dem sie nacharbeiten mußte. Das war hart, aber da gab es kein Jammern.

Am Abend wurden die Tore zugesperrt. Manchmal sind wir unten durchgeschloffen. Am Abend hat man nicht fortgehen sollen. Um die Männerleut hat man sich nicht so gekümmert.

Unseren Dienstgeber haben wir geschätzt. Für den war seine Wirtschaft alles – mehr als sein Beruf! Wenn er Namenstag hatte, dann gingen wir am Abend gratulieren. Der Moar war dabei der erste, die Hausdirn die letzte. Da kriegten wir dann eine Schüssel Äpfel. Anschließend haben wir dann in der Moarstube getanzt. Ein Knecht spielte auf dem Harmonium. Einmal stand der Pfarrer in der Tür, die Pfeife hing ihm auf den Bauch, und er sagte: „Das freut mich, daß ich so lustige Leut' hab!" Uns hat halt dann am nächsten Tag das Arbeiten wieder gefreut.

Nach dem Umbruch hat der Moar, das war der Brandstätter-Hias, ein schon älterer Knecht, gesagt: „Wir Pfarrerleut werden nicht ‚Heil Hitler' sagen, wir sagen ‚Grüß Gott'!"

Einen Monat später kam ich zum Petritsch ins Geschäft, um eine Schuhcreme zu kaufen. Im Geschäft waren ein Vertreter und eine Verkäuferin. Ich grüßte ganz schüchtern. Darauf schrie mich der Vertreter an: „Wissen Sie nicht, wie Sie zu grüßen haben?" Dann hab' ich mich lange nirgends mehr hingetraut. Damals verdiente ich zwölf Schilling im Monat und dann acht Mark.

Pfarrerdienstleute, Mariapfarr 1938. Links der Brandstätter-Hias – der Moarknecht. Die dritte Magd von links ist Anna Lassachhofer.

Gefühlsleben

Göriacher Jungfrauenbund 1922. In der Mitte Anna Hutegger.
Die „Jungfrauenbünde" hielten die Sittlichkeit ihrer Mitglieder hoch.

„Heute bin ich froh, daß ich alles hinter mir habe! Heute berührt es mich nicht mehr so sehr!" meint die alte ehemalige Magd, nachdem sie zu Ende erzählt hat. Tränen stehen ihr in den Augen, und das erinnerte Leid ist wieder ganz gegenwärtig. Sie hat viel mitgemacht und durchgestanden in ihrem Leben. Vom Kinderkriegen und vom „Anstiften" der Kinder bei fremden Leuten hat sie erzählt. Aber noch während ihrer Erzählung haben sich beim Zuhörer unerwartet merkwürdige und zwiespältige Gefühle eingeschlichen. Was ist das damals für ein Mutter-Kind-Verhältnis gewesen? Aus heutiger Sicht erscheint es kühl und distanziert, vielleicht sogar gleichgültig und gefühllos.

Noch in den ersten Jahrzehnten des Jahrhunderts hatten es Frauen besonders schwer. Waren sie Bauerntöchter, dann bestimmte häufig ausschließlich der Besitz, wen sie heiraten mußten – waren sie Mägde, dann wurde eine Heirat überhaupt nicht toleriert. Liebschaften und Beziehungen mußten daher im Verborgenen stattfinden. Aufklärung seitens der Eltern war unbekannt. Häufig übernahmen andere Mägde diese Aufgabe. Je mehr Dienstboten unter einem Dach zusammenlebten, desto geringer war zwangsläufig die Kontrolle des einzelnen. Wurde eine Magd schwanger, dann verlief die Schwangerschaft meist heimlich und oft sogar bis zum Tag der Geburt unbemerkt. Bis zum letzten Tag mußte gearbeitet werden. Geburtsängste, Zukunftssorgen, Schuldgefühle, Ängste vor dem Kind blieben verborgen und unterdrückt.

Die Geburt war für das Leben der Mutter eine tödliche Bedrohung. „Eine Kindlbetterin liegt auf der Friedhofsmauer!" lautete eine Redensart.[1] Wegen der weiten Wege war oftmals nicht einmal eine Hebamme bei der Geburt anwesend. Es kam vor, daß Kinder sogar auf der Alm geboren wurden.[2] Kompliziertere Geburten verliefen meist unglücklich. Aber nur Frauen scheinen diese tödliche Bedrohung empfunden zu haben. Davon zeugt ein übles Sprichwort:

„Weibersterben kann einen Bauern nicht verderben, aber das Roßverrecken kann einen Bauern schrecken!"

Auch die Kindersterblichkeit war bis zum Ende der dreißiger Jahre extrem hoch, obwohl sie langsam zurückging. Daß beinahe die Hälfte der Kinder bei der Geburt starben, wurde als nichts Außergewöhnliches empfunden.

Tabelle 12: Anteil von Kindern an den Sterbefällen in ausgewählten Lungauer Pfarren 1901 bis 1910

	Sterbefälle insgesamt	davon Kinder bis 14 Jahre	in Prozent
Mariapfarr	316	132	41,7
Mauterndorf	204	65	31,8
Ramingstein	349	163	46,7
Zederhaus	138	49	35,5

Quelle: eigene Erhebung in den Pfarrarchiven.

Für die hohe Kindersterblichkeit gab es viele Ursachen. Es fehlte an medizinischer Versorgung und ausreichender Hygiene. Ein großer Teil der Säuglinge starb an Erkrankungen, die auf schlechte Ernährung und Vernachlässigung zurückzuführen war. Häufig wurden Säuglinge nur wenige Wochen gestillt. Weil die Arbeit meistens vordringlicher war, hatten die Pflegepersonen kaum Zeit, eine innige Beziehung zum Säugling herzustellen. Liebkosungen waren selten oder fehlten manchmal überhaupt während der ganzen Kindheit. Oft war die Kinderliebe darauf beschränkt, den Säugling übermäßig zu füttern. Der ungenießbare Mehlpapp wurde den Kindern in den Mund gestopft. Stark sollten die Kinder werden, das war das wichtigste Ziel. Um die Säuglinge ruhigzustellen, während die Mütter arbeiteten, wurden ihnen auch in Alkohol getränkte „Zuzl" in den Mund gesteckt.

Auf Vernachlässigung und falsche Ernährung reagierten die Kinder mit Magen- und Darmerkrankungen oder verweigerten überhaupt die Nahrungsaufnahme und starben. Die Leute nannten das dann „Abzehrung" oder „Lebensschwäche". Bis in die dreißiger Jahre findet sich diese Bezeichnung in den Sterbebüchern.

Tabelle 13: Todesursachen bei Säuglingen in der Gemeinde Mauterndorf 1900 bis 1930

1. Lebensschwäche 24,3%
2. Tot- und Frühgeburten 24,2%
3. Magen- und Darmerkrankungen 14,7%
4. Erkrankungen der Atemwege
   (Keuchhusten, Lungenentzündung, Bronchitis) 13,9%
5. Hirnhautentzündung 8,6%
6. Fraisen (Krämpfe) 6,9%
7. andere Ursachen
   (Ertrinken, Erstickung, Abszeß, Grippe) 6,9%

Quelle: eigene Aufstellung nach: Sterbebuch der Marktgemeinde Mauterndorf 1868 bis 1938.

Ein toter Säugling wurde dem Totengräber übergeben und später gemeinsam mit der nächsten Leiche begraben. Vielleicht war der häufige Kindstod die Ursache dafür, daß die Beziehung der Mutter zu einem Kind kühler und distanzierter sein mußte. Das erleichterte ihr, den Tod eines Kindes zu ertragen.

Besonders das „Anstiften" der Säuglinge bei Pflegepersonen verlangte ein vollkommenes Ausschalten der eigenen Gefühle der Mutter. Wenn auch die Mägde ihre Kinder häufig bei Verwandten anstifteten, so gaben auch diese meist offen zu erkennen, daß sie das Kind nur widerwillig aufnahmen. Das Gefühl, eine Rabenmutter zu sein, Schamgefühle und ein schwindendes Selbstwertgefühl blieben wohl kaum einer Magd erspart.

Die Trennung führte in vielen Fällen zu einer großen Entfremdung zwischen Mutter und Kind, die zeitlebens anhielt und kaum mehr überwunden werden konnte.

Eine Beziehung zwischen Vater und Kind kam in vielen Fällen überhaupt nicht zustande. Das angestiftete Kind kostete beinahe den ganzen Lohn eines Knechtes. Vielfach wurden Zahlungen deshalb verweigert, besonders wenn für mehrere Kinder Versorgungsverpflichtungen bestanden.

Möglicherweise war diese besondere Familienstruktur – die hohe Ledigenzahl und die Vielzahl der Anstiftkinder – mit eine der Ursachen für die seit 1880 steigende Selbstmordrate.[3]

Besondere Verhältnisse herrschten während des Krieges. Die ganze Last der Arbeit oblag den Mägden, den Bäuerinnen, den alten Knechten und Kindern. Um eingerückte Knechte zu ersetzen, wurden vielen Bauernhöfen Kriegsgefangene zugeteilt. Die gemeinsame Arbeit und das gemeinsame Leben unter einem Dach führten in vielen Fällen zu intimen Beziehungen. Allein dem Posten Mariapfarr wurden zwischen Jahresmitte 1916 und Anfang 1917 ein halbes Dutzend solcher Fälle gemeldet.[4]

Rosina Bindl, Magd aus Zankwarn, in Bruckdorf bedienstet, wurde von dem im gleichen Hause als Ersatz für landwirtschaftliche Arbeiter tätigen kriegsgefangenen Russen Simon Markin aus dem Lager Grödig geschwängert.

Die Bindl wurde hiefür mit acht Tagen Arrest bestraft und der Kriegsgefangene vom Lager eingezogen.

Quelle: Chronik des Gendarmeriepostens Mariapfarr 1917.

Für entstandene Liebesbeziehungen zwischen Knecht und Magd wurde in jedem Fall die Frau verantwortlich gemacht. Ihre Aufgabe war es, die Gefühle zu beherrschen. Sie hatte auch allein die Folgen für die unerlaubte Beziehung zu tragen. Und sie war es auch, die sich meist einen neuen Dienstplatz suchen mußte.

Ging eine Magd ein Verhältnis mit einem Bauernsohn ein und erwartete sie ein Kind, dann war es zum „Abbitten". Die Frau mußte sich vor den Eltern des Mannes niederknien und diese um Verzeihung bitten, den gebührenden Standesabstand nicht gewahrt zu haben.

Bis in die dreißiger Jahre hielt sich auch das „Füresegnen". Das „Aussegnen" oder „Füresegnen" war auf die alte, abergläubische Vorstellung zurückzuführen, die gebärenden Frauen unheilvolle Zauberkräfte zuschrieb.[5] Bis zum „Füresegnen" sollte eine Wöchnerin daher das Haus nicht verlassen. „Bevor man nicht füregsegnet ist, soll man nicht weiter gehen wie bis zur Dachtraufe!" hieß ein Sprichwort. Die Frau war durch Schwangerschaft und Geburt belastet und unrein und sollte durch den Segen wieder zur Vollkommenheit gelangen. Beim „Füresegnen" wurde die Wöchnerin vom Pfarrer am Kirchtor empfangen und von dort bis zum Altar „füregesegnet".[6] Steigende Arbeitsbelastung – häufig begann die Arbeit schon am zweiten oder dritten Tag nach der Geburt –, aber auch steigender Widerstand vieler Frauen gegen diesen Brauch führten zu dessen allmählichem Abkommen.[7]

Noch in den zwanziger und dreißiger Jahren kam es vor, daß sich der Gemeindeausschuß damit beschäftigte, wenn zwei unverheiratet zusammenlebten. Der Frau wurde unmoralisches Verhalten vorgeworfen.

Gemeinderat Macheiner beantragt, daß die Pfeiffertochter, bei einem Holzknecht in Tweng im Konkubinat lebend, von der Gemeinde Tweng aufgefordert wird, entweder zu heiraten oder sich zu trennen.

Quelle: Gemeindeausschußprotokoll Mariapfarr 1928.

Die Frau hatte sich unterzuordnen. Das zeigte sich auch im alltäglichen Leben der Dienstboten. Wenn Knechte nach Feierabend fortgingen, so war dies den Mägden nicht erlaubt. Sie mußten jedesmal um Erlaubnis bitten. Für sie gab es meist noch zusätzliche Arbeiten zu verrichten wie Spinnen oder Flicken. Trotzdem wurde ihre Arbeit immer geringer bewertet als die der Knechte. Kaum wurde deshalb eine „Weiberarbeit" von einem Mann verrichtet.

Es erscheint nicht verwunderlich, daß manche Magd unter diesen Zuständen litt. Manche entwickelten sich zu stillen Duldnerinnen, die alles schweigsam ertrugen und über sich ergehen ließen. Andere wieder wurden zänkisch und ließen ihren Zorn an jüngeren Dienstboten aus, wenn diese ihre Arbeit nicht richtig machten. Das Recht auf körperliche Züchtigung war in der Dienstbotenordnung ausdrücklich festgelegt.[8] Es stand dem Dienstgeber als Strafmittel zu, wurde aber auch von älteren Dienstboten gegenüber jüngeren ausgeübt. Manchmal war das der Grund, warum der Dienstplatz vorzeitig verlassen wurde.

Die Kleidung der Mägde war äußerst bescheiden. Die Arbeitsbekleidung war vielfach geflickt, zum Wechseln war oft keine Wäsche vorhanden. Oftmals schämten sich die Mägde deswegen. Das Sonntagsgewand wurde besonders gepflegt, mußte es doch jahrelang getragen werden. Die Dienstbotenordnung sah ausdrücklich vor, daß jeder unangemessene Aufwand in der Kleidung zu vermeiden war.[9]

Auch die Körperpflege war für weibliche Dienstboten besonders schwierig. Mit dem Wasser mußte gespart werden. Manchmal war es schon zuviel, wenn das Wasser zum Waschen erwärmt wurde. Meistens war kein Platz vorhanden, um sich ungestört waschen zu können. Es mußte versteckt und im Verborgenen geschehen, so verlangten es die Moralbegriffe.

Die wenigen Feste und Unterhaltungen blieben den meisten Dienstboten in besonderer Erinnerung. Sie erinnern sich noch nach Jahrzehnten gern an das Vergnügen des Zusammensitzens nach Feierabend, wenn mehrere Dienstboten aus der Umgebung zusammenkamen und Neuigkeiten austauschten. Manchmal ergab sich auch eine Gelegenheit zum Tanz.

Jeder Tanz, sei er durch Grammophon, Ziehharmonika oder Musik jeder Art, ist bei der Gemeindevorstehung pünktlich anzumelden. Jeder unangemeldete Tanz sowie jede Überschreitung der

Polizeistunde durch lärmende Unterhaltung, wird strenge geahndet. Polizeistunde elf Uhr Sommerzeit. Tanzlizenz wird mit zwanzig Kronen festgesetzt.
Quelle: Gemeindeausschußprotokoll Mariapfarr 1917.

Während der Erntezeit waren Tanzunterhaltungen von den Bauern nicht gern gesehen und wurden sogar verboten.

Seitens des Gemeindeamtes sind die nicht selten stattfindenden Winkeltänze während der Erntezeit auf das strengste zu verbieten und gegen Zuwiderhandelnde mit entsprechenden Strafen vorzugehen. Tanzverbot vom 15. Juni bis zum 15. September.
Quelle: Gemeindeausschußprotokolle Ramingstein 1930 und 1931.

Maria Holzer

„Gut, daß die Zeit vorbei ist!"

Ich bin im Jahr 1900 in Sankt Michael geboren. Ich war ein lediges Kind. Wenn man ein lediges Kind war, dann war der Vater hier und die Mutter dort, und selbst wurde man wo aufgezogen. Erst später haben meine Eltern geheiratet.

Der Vater war Zimmerer. Er hat gearbeitet, wo es halt eine Arbeit gab. In der Au hat der Vater dann ein Häusl gebaut. Ein anderer Zimmerer hat ihm dabei geholfen. Eine Kuh hatten wir auch. Dort lebten wir dann. Wir waren uns acht Kinder, zwei davon waren ledig. Ich kann nicht verstehen und begreifen, daß immer bei armen Leuten so viele Kinder waren. Ihre Liebe ist halt groß. Die armen Leute lieben sich halt mehr.

Das wichtigste Ziel der Erziehung damals war, daß die Kinder grad stark werden sollten. Grad stark sollten sie werden! Das war sozusagen die Kinderliebe. Ein Stück entfernt von uns standen ein paar Häuser, dort hatten sie Kinder, die aßen soviel, daß sie dadurch „Lappen" wurden – richtige „Heiter". Man erzählte, daß deren Mutter beim Essen sagte: „Wie tut denn das Lamperl?" „Mäh!" gaben die Kinder zur Antwort. Darauf steckte ihnen die Mutter wieder einen Löffel voll in den Mund. Meine Mutter sagte oft, ihr Schippel Kinder sei ihr lieber als zwei oder drei solcher „Drutschen".

Noch bevor ich aus der Schule gekommen bin, hat der Vater schon gesagt, daß ich wandern muß. Als es dann soweit war, mußte ich sofort weg. Mir hat es nichts ausgemacht. Ich kam zu einem Bauern in Sankt Michael, oben gleich hinter der Ägidikirche. Dort wurde ich Dirn. Der Vater hat gesagt: „Daß du ja nicht meinst, daß du einen verläßlichen Halter hatte, dann hat es ja nichts gegeben. Das Vieh ist ja gescheit!

Damals war es so: wenn man einen gern hatte und man mußte zu ihm sagen, daß man schwanger ist – „du hast mich angepatzt!" –, dann hat man ihn zum letztenmal gesehen. So ist es auch mir ein paarmal ergangen. Das erstemal 1921. Daheim haben sie furchtbar geschimpft. Aber da hilft nichts. Vorbei ist vorbei! Ich hab' gesagt: „Verzeiht mir!" Das hab' ich schon getan.

Zum Entbinden kommt es oft momentan. Ich bin nach Hause. Der Vater hat geschimpft mit der Mutter: „Was behältst du sie denn?" Die Mutter sagte: „Was hätt' ich denn getan, wenn sie schon da ist!" Wenn es geraten hat, dann haben sie dich behalten. Leicht war das nicht! Heute bin ich froh, daß ich das alles hinter mir habe. Es ist halt ein Gfrett mit den Leuten! So mußte ich das Kind selbst aufziehen. Sozusagen. Es hatte zu essen. Ich hab' halt keinen Lohn gekriegt – oder nur ganz wenig.

Der Bub weinte immer, wenn man ihm die Füße aufhob, wie man das beim Trocknen macht. Da weinte er. So mußte ich das Kind gut einmachen und mit einem Wägelchen zum Doktor fahren. Wenn der Bub den Doktor sah in seinem weißen Mantel, dann weinte er schon. Der Doktor ist gleich hergegangen und hat ihm einen Pritsch hineingegeben. Der Bub hatte einen schlechten Fuß. Ein Fuß war kürzer. Jetzt hat man immer gemeint, dort wo ich Dirn war, man könnte ihn zu keiner Arbeit geben. Man stellte ihn einfach zu einem Kinderwagen: „Und da paßt auf!" Auch wenn der Kinderling geschlafen hat. „Das freut mich nicht!" hat der Bub immer gesagt. „Es hilft halt nichts. Das mußt du halt tun!" mußte ich sagen. Aber wenn er mit den Männern arbeiten konnte, dann ist es dahingegangen. Er setzte sich zu den Männern und hat genau zugeschaut, wie sie die Arbeit machten.

Zuerst schlief der Bub bei mir. Dann kam er in die Schule. Der Lehrer fragte, wo er schläft. Bei der Mutter. Das durfte nicht sein! Der Bub hat das gesagt. Ja, wo tu' ich ihn denn hin? Der Rosser und ein Knecht schliefen in einem breiten Bett beieinander. Zuerst stellte ich ein Gitterbett in die Männerleutkammer. Da schimpften sie. Dann hab' ich den alten Rosser gefragt: „Wenn der Bub bei dir liegen dürfte?" Den Rosser hatte ich gern. Er hat es erlaubt. Später hab' ich gefragt, ob der Bub nicht ungut ist. „Ich spür nichts!" hat der Rosser gesagt.

Später hab' ich den Buben dann nach Hause gegeben. Ich hab' gar nicht gefragt. Ich hab' ihn einfach heimgegeben und etwas bezahlt. Hingebracht hab' ich auch immer etwas. Die Mutter hat den Buben genommen, aber der Vater hat wieder geschimpft. „Was nimmst ihn denn?" hat er zur Mutter gesagt. „Was hätt' ich denn getan? Da kann ich doch nichts mehr tun, wenn sie einmal da ist damit!" hat die Mutter gesagt. Gut, daß die Zeit vorbei ist! Ich denk' trotzdem oft zurück. Aber heut' harb es mich nicht mehr!

Später hat mir wieder einer schön genug getan. Vor dem konnte ich mich nicht erwehren. Da wurde ich wieder schwanger. Das war 1925. Das zweite Kind mußte ich dann anstiften. Und ein Jahr darauf bekam ich das dritte Kind. Das gab ich heim. Später hab' ich dann gesagt: „Nein, so nicht mehr! Dann müssen wir heiraten!"

Vor dem Heiraten mußte man verkündet werden. Da schreit ja alles zusammen, wenn ein paar so ledige, arme Leute, heiraten! Damals war ich in Unternberg in Dienst. Er war Knecht. Ich sagte zu ihm: „In Unternberg laß ich mich nicht verkünden!" Das sagte ich, damit das „Gstama" nicht gar so groß ist. Bei armen Leuten wird es ja noch einmal so groß! Geschwind hieß es: „Was werden denn die? Was werden denn die?" So gingen wir nach Pfoch. Er mußte in die Kanzlei, ich brauchte nicht. Er war lange drinnen. Als ich auch hineingehen wollte, sagte der Geistliche: „Ich weiß schon alles. Alles weiß ich!" Er hatte schon alles gesagt: wie und was und warum. Ich hatte nichts mehr zu sagen. Ach Gott!

Bei der Hochzeit ging halt alles dann ganz leise zu. Da waren wir zwei, der Pfarrer und zwei Zeugen. Dann gingen wir ins Wirtshaus etwas essen. Dann gingen wir nach Hause und waren selig. Beide hatten wir zwei gute Hände, aber daran dachte niemand. Das ledige Kind gab ich zu dem Haus, wo seine Mutter früher lebte. Weil ich mir dachte, die geben ihm sowieso nichts. Früher waren sie ja furchtbar schuftig! Später sind dann die Eltern gestorben, und wir bekamen das Haus.

Kirche und Religion

Fronleichnamsprozession. – Frieda Santner: „Früher gab es das nicht, daß man nicht in die Kirche ging. Religion war eine Selbstverständlichkeit. Nicht nur, daß man am Sonntag in die Kirche ging – wir Kinder gingen teilweise täglich."

Bis in die dreißiger Jahre war die Bevölkerung des Bezirks beinahe geschlossen katholisch.[1] Für den Großteil der Menschen war bis dahin ein Sonn- oder Feiertag ohne Kirchgang kaum vorstellbar. Auch Geburt, Hochzeit und Tod waren ohne religiösen Riten undenkbar. Im bäuerlichen Haus war Religion nicht Angelegenheit des einzelnen, sondern Pflicht aller, die unter diesem Dach wohnten und zur Hausgemeinschaft gehörten. Nach der Dienstbotenordnung war der Dienstgeber sogar verpflichtet, seine Knechte und Mägde zum Besuch des Gottesdienstes an Sonn- und Feiertagen anzuhalten.[2]

Das Kirchenjahr war genau auf die Bedürfnisse der ländlichen Bevölkerung abgestimmt. Die kirchlichen Festtage und die Bauernfeiertage waren so über das Jahr verteilt, wie es die bäuerliche Arbeit verlangte. Winter und Frühjahr weisen wesentlich mehr Feiertage auf als die arbeitsintensiven Sommer- und Herbstmonate.[3]

Graphik 1: Jahreszeitliche Verteilung der kirchlichen Festtage und der Bauernfeiertage

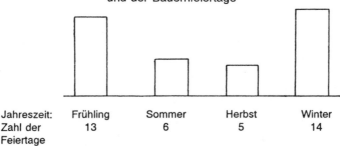

Jahreszeit:	Frühling	Sommer	Herbst	Winter
Zahl der Feiertage	13	6	5	14

Quelle: Josef Hönegger.

Die Menschen hatten sich an diesen Rhythmus, den Kirche und bäuerlicher Arbeitsablauf vorgaben, angepaßt. Diesem Rhythmus folgten sie auch bei der Planung des Heiratszeitpunktes. So gab es keine Heiraten in der Fastenzeit und in der Adventzeit und nur ganz wenige im Spätsommer und im Herbst, wenn der Arbeitsbedarf ganz besonders groß war. Die typischen Heiratsmonate waren der Jänner, der Februar und der November. Daran änderte sich über Jahrhunderte nichts. Erst nach 1945 fand ein grundlegender Wandel statt.

Graphik 2: Verteilung der Eheschließungen über das Jahr in der Pfarre Mariapfarr

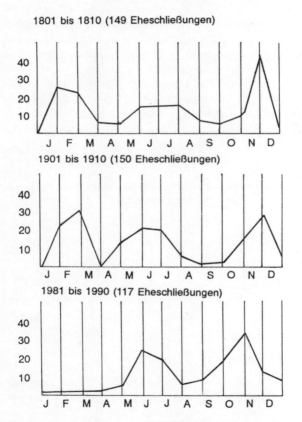

Quelle: eigene Aufstellung nach: Heiratsbücher der Pfarre Mariapfarr.

Wegen der hohen Sterblichkeit in den ersten Lebenstagen wurden die Neugeborenen häufig noch am Geburtstag getauft. Bei der Taufe spielte die „Patenschaft" eine wichtige Rolle. Sie erlaubte den unteren Schichten, eine künstliche Verwandtschaft mit einem höheren Stand einzugehen. Während die Bauern als Paten für ihre Kinder immer eine Person aus ihrem eigenen Stand wählten – meistens aus der Verwandtschaft –, versuchten die Keuschler, Taglöhner oder Dienstboten, für ihre Kinder eine Person aus dem Bauernstand als Paten zu gewinnen. Die Patenschaft war nämlich mit einer Reihe von Geschenksverpflichtungen verbunden. So sollte das Patenkind neben dem Taufgeschenk auch alljährlich zu den großen kirchlichen Feiertagen ein Geschenk erhalten – zu Ostern sollte das Patenkind zum „Weihessen" geladen werden, zu Allerheiligen sollte es den „Allerheiligenstrutzen" erhalten und zu Neujahr ein kleines Geldgeschenk. Manchmal konnte das Patenkind sogar Hoferbe werden, wenn das Bauernehepaar kinderlos blieb. Bei ledigen Dienstmagdkindern übernahmen häufig andere Mägde oder die Hebamme die Patenschaft.

Tabelle 14: Patenkinder der Anna Bauer, Zederhauserbäuerin

Taufjahr	soziale Zugehörigkeit des Patenkindes
1905	Bauernkind
1908	Bauernkind
1909	Bauernkind
1909	Bauernkind
1912	Bauernkind
1914	Bauernkind
1917	lediges Dienstmagdkind
1919	Bauernkind
1920	Bauernkind
1921	Bauernkind
1924	Bauernkind
1926	Bauernkind

Quelle: eigene Aufstellung nach: Taufmatriken der Pfarre Mariapfarr.

Die religiöse Erziehung der Kinder begann so früh wie möglich. Der sonntägliche Kirchgang wurde bald genauso selbstverständlich wie das tägliche Rosenkranzbeten zu bestimmten Zeiten im Jahr. Mit dem Schuleintritt wurde die Religionspflege verstärkt. Bis zu vier Religionsstunden gab es in der Woche.[4] Den Höhepunkt erlebte diese intensive Glaubenspflege in den Jahren vor dem Ersten Weltkrieg.

Eines der wichtigsten Ereignisse im Schuljahr war die alljährlich stattfindende „Religionsprüfung". Dabei wurde das religiöse Wissen der Schulkinder überprüft, vor allem Gebete und Gebote der Kirche mußten auswendig aufgesagt werden. Die dazu notwendigen „Prüfungsbüchel" wurden von der Gemeinde beigestellt.[5]

Dienstag, den 5. April 1910, fand die Religionsprüfung statt, bei welcher die hochwürdigen Herrn Dechant Gruber und Kooperator Neumann aus Tamsweg, Pfarrer Karl Eger aus Seetal, außerdem der Gemeindeausschuß nebst Ortsschulrat und Schulleitung Seetal vertreten waren.

Quelle: Schulchronik der Volksschule Seetal 1910.

In manchen Gemeinden war es sogar üblich, daß der Jagdherr bei der Religionsprüfung anwesend war, um Frömmigkeit und Glaubenspflege zu kontrollieren.[6]

Auch der Ortsschulrat konnte Einfluß auf die religiöse Erziehung der Schulkinder nehmen. Der Ortsschulrat wurde vom Gemeindeausschuß für eine sechsjährige Funktionsperiode gewählt. Der Ortsschulratsobmann war fast immer ein Bauer, der auch das Recht besaß, Kinder vom Schulbesuch zu befreien, wenn sie zur Arbeit gebraucht wurden. Das Amt des Ortsschulinspektors bekleidete in vielen Gemeinden der Pfarrer. Er konnte als Ortsschulinspektor nicht nur den Schulunterricht inspizieren, sondern er konnte auch bei der Bestellung eines Oberlehrers ein gewichtiges Wort mitreden. Die Zahl der Lehrer, die es wagten, sich nur unwillig der kirchlichen Autorität zu unterstellen, war sehr gering. Oft war es gerade der Lehrer selbst, der bei der Wahl zum Ortsschulrat den Pfarrer als Ortsschulinspektor vorschlug. Den Pfarrer, der an der Spitze der dörflichen Hierarchie stand, als Gegner zu haben, konnte sich kaum ein Lehrer leisten.

1906 wurde die Oberlehrerstelle in Zederhaus ausgeschrieben. Der einzige Bewerber wurde vom Pfarrer, der auch Ortsschulinspektor war, mit folgenden Begründungen abgelehnt:

1. Der Bewerber hat manchmal abfällig über Religion gesprochen.
2. Der Bewerber besucht höchst selten den sonntäglichen und feiertäglichen Gottesdienst.
3. Der Bewerber geht nicht zur Osterbeichte und Osterkommunion.

Quelle: Schulchronik der Volksschule Zederhaus 1906.

Der Lehrer erhob gegen diese Beschreibung Einwendungen: In der Schule habe er nie abfällig über Religion gesprochen, außerdem besuche er den Gottesdienst nur außerhalb der sogenannten „Kircheninspektion" nicht. Weil sich sonst niemand um den abgelegenen Posten bewarb, wurde ihm schließlich die Stelle verliehen.

Die „Kircheninspektion" bestand darin, daß die Lehrer die Pflicht hatten, die Schüler beim Sonntagsgottesdienst zu beaufsichtigen. Waren zwei Lehrer am Ort, dann konnten sie sich dabei abwechseln. Ein Lehrer übernahm die Aufsicht im ersten Halbjahr, der zweite im nächsten. Auch für die Schüler war der Gottesdienst nicht freiwillig, sondern galt als religiöse Übung, an der sie teilnehmen mußten, was auch bei der Notengebung berücksichtigt wurde.

1919 wurde der Zwang zur Teilnahme am Gottesdienst und damit auch die „Kircheninspektion" durch einen Erlaß des Unterstaatssekretärs für Unterricht, Glöckel, abgeschafft.

Eine Wohltat für den Lehrer, der bisher gezwungen war, vom 1. Mai bis 30. Oktober eine halbe bis dreiviertel Stunde in der Kirche zu sitzen!
Mit dieser Maßnahme wird zum Großteil der Heuchelei (Scheinreligiosität) der Boden entzogen und eher der Wahrheitsliebe zum Durchbruche verholfen.
Quellen: Schulchronik der Volksschule Muhr 1919. Schulchronik der Volksschule Thomatal 1919.

Der Glöckel-Erlaß bildete noch jahrelang Konfliktstoff. Noch 1925 spendete die Gemeinde Lessach 100.000 Kronen, wegen der Inflation zwar nur ein symbolhafter Betrag, um gegen den Sozialdemokraten Glöckel zu protestieren.[7]

In der Gemeinde Ramingstein reichte der Konflikt zwischen Kirche und Arbeitern in noch frühere Jahre zurück. Ramingstein war die einwohnerstärkste Gemeinde des Bezirks mit vielen zugewanderten Arbeitern. Als einzige Gemeinde war Ramingstein Standort einer großen Fabrik. Schon bei den Reichstagswahlen von 1911 hatten die Sozialdemokraten dort 116 Stimmen erreicht.[8]

Bei „kirchliche Erfordernisse" verlangt Ausschußmitglied Josef Baudisch die Aufnahme nachstehenden Protestes in das Protokoll:

„Ohne jede Rücksichtnahme darauf, daß die Ramingsteiner Papierfabrik die größte Steuerträgerin der Gemeinde Ramingstein ist, gefällt sich der hochwürdige Pfarrer der Gemeinde darin, Fabriksangehörige bei kirchlichen oder amtlichen Akten in der gröbsten und herausforderndsten Weise zu behandeln. Es geschieht dies ohne jeden Grund und nur im Ausflusse einer ausgesprochen animosen Gesinnung und im Widerspruche zu der christlichen Sentenz: Liebe deinen Nächsten wie dich selbst. Da ich selbst einer der größten Steuerträger und außerdem der Vertreter der Papierfabrik bin, sehe ich mich mit Rücksicht auf das Verhalten der Geistlichkeit der Gemeinde Ramingstein genötigt, gegen jede Ausgabe der Gemeinde für kirchliche Erfordernisse in der energischsten Weise Protest zu erheben."
Quelle: Gemeindeausschußprotokoll Ramingstein 1914.

Auch in den Märkten und größeren Ortschaften, in denen meist Gastwirte und Kaufleute den Ton angaben, wurde die kirchliche Autorität bisweilen in Frage gestellt. In manchen Wirtsstuben lagen unerwünschte Zeitungen auf, die die kirchliche Autorität untergruben, außerdem sorgten zu häufig vergebene „Tanzlizenzen" und geöffnete Wirtshäuser während der Kirchzeit für manche Unstimmigkeit zwischen Pfarrer und Wirt. Da der Pfarrer in vielen Gemeinden auch Mitglied des Gemeindeausschusses war, wurde auch dort der Streit mit dem Wirt ausgetragen.

Aufgrund eingelaufener Klagen wird mit sechs gegen zwei Stimmen beschlossen, Herrn Friedrich Petritsch auf den Übelstand aufmerksam zu machen, daß an Sonn- und Feiertagen während des Hauptgottesdienstes sein Gasthaus mit Gästen vollgefüllt ist, ein Übelstand, dem im Interesse des religiösen Gefühls der Bevölkerung unbedingt entgegengetreten werden muß. Sollte der Gasthausbesitzer diesem Übelstand nicht abhelfen, so kann er gewärtigen, daß alle sieben eingepfarrten Gemeinden dagegen energisch Stellung nehmen werden. Ganz besonders ist zu verurteilen, daß unter den Gasthausbesuchern sich meistens junge, halberwachsene Burschen befinden.

Posch, Schriftführer (Pfarrer)

Quelle: Gemeindeausschußprotokoll Mariapfarr 1914.

Auch von der Politik ließ sich die besitzende Schicht der Wirte und Kaufleute nicht mehr fernhalten. Diese Schicht bezog ihr Wissen aus Zeitungen und hatte auch Bekanntschaften und Beziehungen, die über den Bezirk hinausreichten. Ihnen ging die Politik bereits vor. Von jener Religiosität, wie sie von einem großen Teil der Bauernschaft und der Dienstboten bewahrt wurde, hatten sie sich bereits gelöst. Wiederholt kam es vor, daß sich sogar der Gemeindeausschuß mit der Sonntagspredigt auseinandersetzte.[9]

Wie vielseitig bekannt, hielt der hiesige Kooperator, Herr Andreas Süß, am Sonntag, den 29. März eine überaus lange, in sehr erregtem Tone vorgetragene Predigt, in welcher er sich eine Vergleichung erlaubte, wodurch die gebührende Achtung gegenüber seiner Majestät des Kaisers in verletzender Form berührt wurde. Der Kaiser sei nur ein Mensch, der in Staub und Asche zerfalle, dessen Beleidigungen aber doch als größtes Verbrechen strenge bestraft werden. Wie soll dann erst eine Sünde bestraft werden, mit der man Gott beleidiget?

Die gerade nicht mehr andächtigen sondern mehr empörten Zuhörer mußten derartige Worte in dem Sinne auffassen, daß man sich über eine Majestätsbeleidigung leichter hinwegsetzen kann, als über das Vergehen einer Sünde. Es möge daher dem übereifrigen Prediger nahegelegt werden, einen derartigen allseitig Anstoß erregenden Predigtstil in Zukunft zu vermeiden.

Quelle: Gemeindeausschußprotokoll Mauterndorf 1903.

Es waren erst einige Jahrzehnte vergangen, seit die Bauern gegen die Kirche rebelliert hatten. Die Revolutionsereignisse von 1848 hatten auch vor dem Lungau nicht haltgemacht. In Mariapfarr, wo der Pfarrherr gleichzeitig der größte Grundbesitzer und Bauer war, war es sogar zu tätlichen Auseinandersetzungen gekommen.

Pfarrer Josef Taferner hatte besonders in den Revolutionsjahren Unerhörtes zu erleiden. Zum Beispiel legte man ihm am Ostermontag 1848 eine vier Monate alte, ganz frische Zwillingsgeburt in einem Paket zusammengebunden in den Beichtstuhl; gelegentlich einer Hochzeit warf man ihm sein Spitzhündchen beim Thomalwirt vom Oberstock in den Abtritt. Die Bauern wollten ihm unter den verschiedensten Einwänden den Zehent verweigern. (Ah, der Pfarrer kann mit seinem Herrn auch ohne Zehent leben, denn er bekommt seine Solari von draußen herein; der Pfarrer hat den Zehent lang genug gehabt; jeder Pfarrer ist reich geworden; der Zehent ist ein Geschenk von den Bauern, jetzt tuts nimmer not.) Auf die gemeinste Weise besudelte man ihm öfters seiniges Eigentum, sagte ihm die Rebellion an, warf ihm bei Nacht die Fenster ein, stahl ihm Holz, verweigerte die Haferabgabe usw. usw.

Quelle: Pfarr-Chronik von Mariapfarr.

Erst nachdem die Forderungen der Bauern erfüllt worden waren, die Grundentlastung abgeschlossen war, unterstellten sich diese wieder der Autorität der Kirche. Autorität bedeutete Gehorsam, Unterstellung, Ehrerbietung – Eigenschaften also, die auch jeder Bauer von seinen Dienstboten verlangte und von jedem anderen auch, der weniger Besitz hatte als er selbst. Verstärkte kirchliche Autorität unterstützte daher auch die bäuerliche Herrschaft.

In den Jahrzehnten vor und nach 1900 wurden in der Nähe von Bauernhäusern viele neue Kapellen errichtet. Einzelne größere Bauern erbauten sogar eigene Hauskapellen. Nicht nur Religiosität war dafür maßgebend. Diese Bauten sollten das Handeln und Tun der Bauern absegnen. Auch der Besitz erhielt dadurch eine religiöse Bestätigung und Absicherung. Neue Kirchen wurden errichtet wie in Sauerfeld und Oberweißburg und neue Pfarren eingerichtet wie Tweng und Seetal. Das war der sichtbare Ausdruck dafür, daß sich die bäuerliche Welt verstärkt der Kirche zuwendete.

Allen Bestrebungen, welche die Menschen der Religion zu entfremden drohten, begegnete die Kirche mit umso intensiverer Religionspflege.[10] Vor allem das katholische Vereinswesen erlebte in den Jahren zwischen 1880 und 1930 einen Höhepunkt. Die Vereine entstanden meist als Zweigvereine größerer Organisationen. So entstanden „Burschenvereine" und „Jungfrauenbünde", welche die Sittlichkeit ihrer Mitglieder hochhielten (siehe Abb. 11).

Die Mitglieder des „Aloisiusvereins", zu denen viele Knechte und Mägde gehörten, verpflichteten sich zur Keuschheit und Mäßigkeit. Als Mahnung daran wurden rote oder schwarze Stoffflecke an einem Band unter der Kleidung um den Hals getragen. Die „Skapulierl" konnte man im Kaufgeschäft erwerben, und diese wurden dann in der Kirche geweiht. Ein „Prangtag" in Mauterndorf wurde „Skapuliersonntag" genannt. Auch dem „Kath. Bauernbund", einem Vorläufer der späteren Christlichsozialen Partei, gehörten viele Dienstboten an.

Fahnenweihe des katholischen Burschenvereins, Mariapfarr 1927. Das katholische Vereinswesen erlebte in den Jahren zwischen 1880 und 1930 einen Höhepunkt. Im kath. Burschenverein erhielten die Mitglieder vom Kooperator Unterricht.

Den Anforderungen der modernen Zeit ist Mariapfarr gerecht geworden, durch die Gründung der beiden Vereine: des „Arbeitervereins" und des „Piusvereins". Beide können einer günstigen Entwicklung entgegensehen, denn der erste vertritt die Rechte der Arbeiter und läßt ihnen die Begünstigungen der Zeit zukommen, während der Piusverein mannhaft die Förderung der kath. Presse betreibt.

Quelle: Pfarr-Chronik von Mariapfarr.

In Zederhaus existierte sogar ein Zweigverein des „Kath. Universitätsvereins", der für die Gründung einer katholischen Universität in Salzburg eintrat.

Bei einer Versammlung dieses kleinen Vereins im Frühling 1906 beim Klauswirt in Zederhaus, wo anläßlich einer anderen Versammlung sehr viele Gemeindeinsassen anwesend waren, hielt der Vorsitzende, Pfarrer Schenkelberg, eine Rede, in welcher er auch die Schule hart angriff, indem er unter anderem sagte, daß „die Gelehrten, Gebildeten und Halbgebildeten fast durchwegs ungläubig sind" und daß „die Schule, wie sie jetzt ist, keine Christen mehr heranziehe, sondern wahre Teufel!"

Natürlich meinte der Redner die Hochschulen, sprach aber davon immer nur mit dem Worte „Schulen", was die Zuhörer irreführte, welcher Umstand umso gefährlicher war, als bereits Schulleiter und Aushilfslehrer ungerechtfertigterweise in den „üblen Ruf des Unglaubens" gekommen waren.
Quelle: Schulchronik der Volksschule Zederhaus 1906.

Auch Bruderschaften und Orden wurden neu gegründet und neue Stiftungen gemacht. So wurde der III. Orden des Franz von Assisi für den ganzen Lungau reorganisiert. 1901 entstand die „Bruderschaft von der ewigen Anbetung des allerheiligsten Sakraments".[11] In allen Pfarren wurden neue „Missionsstiftungen" eingerichtet.[12]

Eine ziemlich junge Stiftung ist die Missionsstiftung, die es ermöglicht, daß in der Pfarre alle zehn Jahre eine große Mission abgehalten werden kann zum großen Nutzen aller Pfarrkinder. Das Vermögen beläuft sich auf 2.317 K 7 h.
Quelle: Pfarr-Chronik von Mariapfarr.

Die „Volksmissionen" dauerten mehrere Tage. Dienstboten, Bauern und Handwerker gingen separat zur Beichte. Das religiöse Leben sollte dadurch wieder gestärkt und Unfrieden und Feindschaften geschlichtet werden. Aber oft wurde dazu nicht nur religiöse Überzeugungskraft angewendet, sondern auch strenge Ermahnungen und Druck.

Auch die Ende Juni 1906 hier in Zederhaus seit dreiundzwanzig Jahren wieder zum erstenmal abgehaltene Mission war durch ihre Predigten dazu angetan, die Gemüter zu erregen. Die Vertreter unserer „Religion der Liebe" brachten Haß in die Gemeinde.
Quelle: Schulchronik der Volksschule Zederhaus 1906.

„Christenlehren" und „Hauslehren" wurden abgehalten. Die Christenlehre fand für die Schulkinder sonntags nach dem Hauptgottesdienst in der Kirche statt. Zu den Hauslehren kam der Pfarrer ins Haus und unterwies Dienstboten und Bauersleute. Besonders beliebt waren die Maiandachten. Sie boten vor allem den Jüngeren Gelegenheit zum Fortgehen. Die Osterbeichte war für alle verpflichtend. In manchen Bauernhäusern war es bis in die dreißiger Jahre üblich, daß sich der Bauer als Nachweis der Beichte die Beichtbilder der Dienstboten vorzeigen ließ – eine Tradition aus den Tagen der Gegenreformation. Religion war eben nicht Angelegenheit und Entscheidung des einzelnen, sondern der Kirchgang am Sonntag, das Gebet vor und nach dem Essen, die Gebete zur Fastenzeit und in der Adventzeit waren selbstverständliche Pflicht aller.

Für die Dienstboten waren die Bauernfeiertage wichtig, boten diese doch Gelegenheit, wegen des Kirchenbesuches für einige Stunden der Arbeit zu entkommen. Aber die Zahl der Bauernfeiertage wurde von den Dienstgebern laufend eingeschränkt. Hier stieß die Religion an Grenzen – die Arbeit wurde immer wichtiger.

Das Pfarramt fragt, welche Stellung die Gemeindevorstehung zur Abschaffung einiger Feiertage einnimmt.

Hiezu wurde einstimmig beschlossen, daß man mit der Abschaffung von Festtagen nicht einverstanden ist, diese sollen bleiben, wie sie sind. Dagegen wird allgemein der Wunsch ausgesprochen, daß innerhalb der Gemeinde dahin gewirkt werde, die sogenannten Bauernfeiertage endgültig abzubringen.

Quelle: Gemeindeausschußprotokoll Mauterndorf 1911.

Die Kirche war nicht nur in religiöser Hinsicht der unbestrittene Mittelpunkt jeder Ortschaft. Auch der gemeinsame Kirchgang oder der Aufenthalt am Kirchplatz und anschließend im Wirtshaus waren wichtig. Dabei ergaben sich vielfältige Gelegenheiten zum Kontaktaufnehmen, zum Erfahrungsaustausch und zur Information. Viele Dienstboten kamen auf diese Weise zu ihren Plätzen. Wichtige Nachrichten wurden von der Kirchenkanzel verkündet:

Hochwürdiger Herr Pfarrer wird ersucht, in den Weihnachtsfeiertagen von der Kanzel zu verkünden, daß alle Bestellungen von Kriegsgefangenen bei der Gemeinde Mariapfarr anzumelden sind.

Quelle: Gemeindeausschußprotokoll Mariapfarr 1916.

Fast alle Pfarrer waren selbst Bauernsöhne, ein weiterer Hinweis, wie stark die Bauern mit der Religion verbunden waren. Um 1910 erreichte die Priesterzahl den höchsten Stand.

Tabelle 15: Priesterzahl in den Pfarrgemeinden des Lungau

	1910	1990
Pfarre Lessach	1	–
Pfarre Mariapfarr	4	1
Pfarre Mauterndorf	2	1
Pfarre Muhr	1	–
Pfarre Ramingstein	2	1
Pfarre St. Margarethen	1	–
Pfarre St. Michael	2	1
Pfarre Seetal	1	–
Pfarre Tamsweg	3	3
Pfarre Thomatal	1	1
Pfarre Tweng	1	–
Pfarre Unternberg	1	1
Pfarre Zederhaus	1	1
	21	10

Quelle: Dekanatsamt Tamsweg

Die ersten Anzeichen dafür, daß die religiöse Geschlossenheit langsam und schleichend aufzubrechen begann, zeigten sich in den Jahren nach dem Ersten Weltkrieg. Manchen aus dem Krieg heimkehrenden Soldaten war es nicht mehr möglich, zum Glauben zurückzufinden, obwohl meist an den äußeren Formen der Religion festgehalten wurde. Als während der Zeit großer Not und Inflation zwischen 1923 und 1925 in allen Pfarren wieder Kirchenglocken beschafft wurden, die während der Kriegszeit hatten zwangsweise abgeliefert werden müssen, kam es in mehreren Gemeinden nicht mehr zu einstimmigen Beschlüssen und sogar zu Auseinandersetzungen.

Das Ansuchen des Komitees für Kirchenglocken ersucht auch die Gemeinde um einen Beitrag. Der Bürgermeister beantragt zwei Millionen, zahlbar im Dezember 1924.

Wird mit sechs Stimmen beschlossen, die Millionen zu bewilligen. Dagegen stimmen die Sozialdemokraten.
Quelle: Gemeindeausschußprotokoll Mauterndorf 1924.

Trotzdem konnte die Kirche bis gegen Ende der dreißiger Jahre ihre vorherrschende Rolle bewahren. Einzelnen Konflikten wie „Religionsstörerei" oder „Religionsspötterei" wurde entschieden entgegengetreten.[13] Erst in nationalsozialistischer Zeit kam es zu offenen Konflikten. An den zahlreichen Kirchenaustritten waren neben einzelnen Bauern auch viele Dienstboten beteiligt.

Tabelle 16: Kirchenaustrittsbewegung im Bezirk Tamsweg[14]

Jahr	Kirchenaustritte
1930	–
1931	–
1932	3
1933	4
1934	4
1935	5
1936	–
1937	–
1938	167
1939	210

Quelle: Konsistorialarchiv Salzburg, Apostatenverzeichnisse.

Frieda Santner

"Das war damals einfach so!"

Meine Mutter war eine Örglwirtstochter in Mariapfarr, mein Vater ein Grallsohn aus Göriach. 1919 heirateten sie. Sie übernahmen das Wirtshaus, und ein Jahr später wurde ich geboren.

Von der Gota erhielt ich einen Tauftaler, der in einer mit Samt ausgeschlagenen Spanschachtel lag. Bei der Taufe war es damals üblich, daß nur die Gota, der Täufling, die Hebamme und der Pfarrer anwesend waren. Spätestens am dritten Tag nach der Geburt mußte die Taufe sein. Die Mutter war nicht dabei, die lag im Wochenbett.

Von der Gota hat man immer wieder Geschenke bekommen. Zu Allerheiligen habe ich von ihr immer einen Allerheiligenstrutzen erhalten. Auch zum Namenstag habe ich immer etwas bekommen. Damals hat man ja nicht den Geburtstag gefeiert, sondern den Namenstag. „Dein Tag ist das", hat es geheißen. Erst seit der Hitlerzeit wurde dann der Geburtstag gefeiert. Auch zur Osterbeichte habe ich etwas von der Gota bekommen. Bis zum Ende der Schulzeit ging das, dann hat es sich aufgehört. Aber beim Heiraten erhielt ich noch einmal ein Geschenk von der Gota. Damals gab es keine Tuchent. So war es üblich, daß man beim Heiraten von der Gota Goita bekam. Die Hötzer-Mirl hat immer schöne Goita genäht. Die Taufgota war bei der Hochzeit auch die Brautmutter. Die eigene Mutter mußte zu Hause bleiben. Seit dem Krieg hat sich das alles geändert.

Die Taufe hat bei manchen armen Familien eine wichtige Rolle gespielt. Wenn in einer solchen Familie ein Kind geworden ist, dann hat die ganze Familie wieder von dem gelebt, was die Gota brachte. In ihrem Korb waren

Striezeln – zwanzig an der Zahl – Zucker, Kaffee und noch allerhand. Und Armut hat es wirklich gegeben!

Da lebte eine Malerfamilie, die wirklich sehr fleißig, aber sehr arm war. Sie hatten neun Kinder und wohnten im Brugger Häusl in zwei Räumen – Küche und Zimmer. Das Haus war sehr klein, es steht nicht mehr. Einmal starb dort ein kleines Kind. Das wurde in der Küche aufgebahrt, in dem Raum, wo sich alle normalerweise aufhielten. Meine Mutter war die Firmpatin der ältesten Tochter. Am „Unschuldigen-Kindl-Tag" sind sie immer nach Sankt Michael gegangen „Frisch-und-g'sund-Schlagen". Den Brauch gab es in Mariapfarr nicht. Da gingen die Kinder mit einer Rute zu den Leuten, hauten ein bißchen mit der Rute hin und sagten: „Frisch und g'sund, frisch und g'sund, lang leben und g'sund bleiben!" Dafür bekamen die Kinder etwas. Wenn sie mit der Schule fertig waren, dann mußten sie am nächsten Tag wandern. Der Vater war Maler, aber er hatte nur ein Auge, deswegen war er sehr langsam bei der Arbeit. Wenn er eine Küche ausgeweißt hat, dann hat er dazu Tage gebraucht. Der Verdienst war deswegen so klein, daß sie zum Betteln gezwungen waren. Die größeren Kinder mußten täglich zu den Bauern fechten gehen, damit sie überhaupt Milch hatten. Oft sind die Kinder dabei ausgejagt worden und haben nichts gekriegt. Bei manchen wieder haben sie jedesmal etwas gekriegt. Die waren wirklich arm. Die Bauern haben manchmal geschimpft und gesagt: „Die sollen ihre Fratzen hergeben, wenn sie sie nicht erhalten können!" Aber die Eltern haben kein Kind hergegeben. Erst wenn sie aus der Schule waren, dann mußten sie am nächsten Tag weg.

Auch den Einlegern ist es schlecht ergangen. Den Männern noch schlechter als den Weibern. Die hatten vielleicht selbst ledige Kinder, die sich ein bißchen um sie kümmerten. Außerdem konnten die Weiber noch so manche Arbeit verrichten.

Ich denke oft an die Blinde-Thres. Das war auch eine Einlegerin. Sie muß einmal ins Feuer gekommen sein, deshalb hat sie sich so davor gefürchtet. Die Jungen haben sie oft verspottet und getratzt. Oft, wenn sie schon geschlafen hat, dann sind sie zu ihr hin und haben geschrien: „Feuer, Feuer, es brennt!" Oder sie haben mit einer Lampe zu ihrem Schlafplatz geleuchtet. Sie hat ja fast nichts mehr gesehen. Das war grausam!

Bei uns haben die Einleger in einem Verschlag am Tanzboden geschlafen. Zehn Tage waren sie bei uns. Der Gobau, ein großer Lota, hat oft Holz gehackt. Die Zitter-Nane hatte eine ledige Tochter, die sich ein bißchen um sie gekümmert hat. Die Gragatz konnte nicht richtig sprechen. Ich weiß nicht mehr, woher sie war. Oft hat sie bei uns abgewaschen.

Früher gab es in den Geschäftshäusern überall eine Köchin. Die Frau war im Geschäft, die Familien waren groß, und die Ladnerinnen wurden verpflegt. Wenn die Frauen ein Kind kriegten, dann mußten sie es der Lock übergeben. In den Wirtshäusern, beim Thomal und bei uns, war es auch so. Aufgewachsen bin ich bei der Lock, und die hatten die Kinder oft viel lieber, als die eigene Mutter. Meine Lock kam zu uns ins Wirtshaus, als ich vierzehn Tage alt war. Sie blieb dann zweiundfünfzig Jahre im Haus. Als sie starb, wurde sie in unserer Grabstätte begraben. Auch meine Mutter hat eine Lock gehabt, die sechsunddreißig Jahre im Haus geblieben ist. Ich war ein Einzelkind und wurde von beiden verwöhnt. Aber die Mutter hat schon sehr wenig Zeit gehabt für mich.

Ich durfte mich nicht überall im Haus aufhalten. Ins Gastzimmer durfte ich nicht gehen, da war die Mutter sehr streng, da könnte ich etwas Unrechtes hören. So blieb nur die Küche oder das Schlafzimmer. In die Schule bin ich dann gern gegangen. Sechs Jahre ging ich in die Volksschule in Mariapfarr.

An Sonntag nach dem Hauptgottesdienst war für uns Kinder die Christenlehre. Da mußten wir in der Kirche bleiben und nach vorn zum Speisgitter gehen. Dort wurden wir belehrt. In der nächsten Religionsstunde wurden wir dann gefragt, was wir in der Christenlehre gehört haben. So wußte der Kooperator immer, ob wir auch in der Kirche waren. Früher gab es das nicht, daß man nicht in die Kirche ging. Religion war eine Selbstverständlichkeit. Nicht nur, daß man am Sonntag in die Kirche ging – wir gingen teilweise täglich. In der Sommerzeit hatten wir täglich eine Schulmesse vor dem Unterricht. Auch das Maiandachtgehen war selbstverständlich.

Zu den Bittagen kamen die Wallfahrer aus Unternberg, Tamsweg, Lessach und Mauterndorf. Die Mauterndorfer kamen eine Stunde früher und gingen schon wieder aus der Kirche, wenn die anderen kamen. Unser Wirtshaus war da immer voll von Leuten. Die Bittage waren zu Christi Himmelfahrt – vom Montag bis zum Mittwoch. Die Mariapfarrer gingen am Montag nach Mauterndorf, am Dienstag nach Weißpriach und am Mittwoch nach Sankt Andrä. Im Sommer gab es auch noch das Wetterbitten. Beim Pfarrer Oberkofler haben die Leute immer gesagt, wenn das Barometer stimmt, dann geht er zum Seekreuz nach Weißpriach Wetter bitten.

Für jede Ortschaft gab es zu Ostern eigene Beichttage. Das begann etwa vierzehn Tage vorher. Da gingen die Knechte und die Dirn zur Beichte. Am Palmsonntag waren die Handwerker an der Reihe. Um sechs Uhr gingen sie zur Beichte, dann „abspeisen", wie man sagte, dann ins Wirtshaus.

Zu Weihnachten, wenn die Göriacher zur Mette gingen, haben viele bei uns auf den Bänken im Gastzimmer geschlafen, weil der Weg so weit war. Am Christtag um sechs Uhr früh sind sie schon wieder zur Messe gegangen.

Alle paar Jahre gab es eine große Volksmission. Dabei gab es Standeslehren für Ledige und Verheiratete – Männer und Frauen getrennt. Viele sind auch zur Beichte gegangen. Zur Mission sind immer einige Pater gekommen. Da wurde schon von der Kanzel herunter auch gewettert.

Die Großmutter war sehr religiös. Im Alter ging sie täglich in die Kirche. Sie stammte aus einer Arztfamilie in Tamsweg. Vier von ihren Brüdern waren Geistliche.

Der Vater ist früh gestorben. Ich war erst zehn Jahre alt. Zwei Begebenheiten sind mir von ihm noch in genauer Erinnerung.

Einmal spielte ich beim Essen mit einer Sodaflasche, wie es sie früher gab. Die Mutter befahl mir, die Flasche wegzustellen, aber ich folgte nicht und spritzte weiter. Da stand der Vater auf, holte die Rute und ging mit mir zurück zur Stiege im Vorhaus. Und dort habe ich sie dann anständig gekriegt.

An einem Sonntag durfte ich auf die Alm ins Lantschfeld fahren. Am nächsten Tag beim Essen hat er mich gefragt: „Na, Dirndl, wie hat es dir gestern gefallen? Erzähl!" Und ich gab keine Antwort. Am Abend war mein Vater tot. Am Nachmittag beim Heuen hatte er einen Gehirnschlag. Das hab ich mir mein Leben lang gemerkt.

Wir hatten vierzehn Stück Vieh und zwei, manchmal auch drei Rösser. Unser Moar hieß Hias Macheiner und war aus Göriach. Im Krieg ist er dann gefallen. Er war ein großer, ruhiger, etwas langsamer Mensch. Aber er wird ein guter Moarknecht gewesen sein, sonst hätte man ihn sicher nicht so lange behalten. Wir hatten nur zwei Knechte. Der zweite war der Rosser. Was der Moar anschaffte, das mußte geschehen. Der Moar war eine Respektsperson, meist ein älterer, gesetzter Mann. Als Rosser oder Ochser eignete sich auch ein jüngerer.

Neben den Knechten hatten wir noch drei Dirn: eine Kuchlin, eine Hausdirn und eine Viehdirn. Die Weiber mußten auch im Gasthaus helfen, abwaschen und putzen. Nur in der Sommerzeit wurde auch eine Köchin und ein Küchenmadl angestellt. Die übrige Zeit war nichts los. Und bei Hochzeiten gab es die Aushilfen.

Die Dienstboten schliefen in ihren Kammern. Bei uns war die Männerleutkammer im ersten Stock, und die Weiberleutkammer war herunten. Oftmals waren diese Kammern nicht zu heizen, und im Winter war es dann darin eisig kalt. Bei manchen Bauern ging von der Stube ein Loch in die Kammer hinauf, damit die Wärme hinauf konnte.

Der Rosser schlief im Rosserstübl neben dem Roßstall. Die Kammer war nicht zu heizen, aber dort ging es vom Stall warm hinein. Mein Vater hatte einen ledigen Buben, der war auch eine Zeitlang bei uns Rosser.

Manche Dienstboten sind lang am gleichen Platz geblieben, andere wieder haben oft den Platz gewechselt wie das Beas-Veitl. Die hat immer gesagt: „Hundert Jahre werd' ich nicht, und hundert Plätz gibt's wohl!" Diese Dirn war sehr fleißig, aber schwer zu haben. Beim Pfarrer ist sie auch ein paarmal davongerannt, aber dann ist ihr die Pfarrerköchin, die Kathi, nachgerannt mit einem Schürzenzeug, damit sie die Dirn halten konnte. Auch furchtbar böse war sie oft auf die jüngeren Dienstboten. Das kam oft vor, daß die älteren auf die jüngeren böse waren. Wegen jeder Kleinigkeit wurde geschimpft und geschrien und sogar Watschen heruntergehaut. Da hat niemand geholfen. Zum Bauern hat sich kein Dienstbote deswegen zu gehen getraut. Und daheim hieß es: „Mußt halt aushalten!"

Alljährlich ist der Schuster auf die Stör gekommen. Der machte für unsere Dienstboten die Schuhe. Wenn sie fertig waren, dann wurden sie in den Kasten gehängt, der Name wurde angeschrieben, und zu Lichtmeß wurden sie dann verteilt. Auch der Weber ist gekommen. Das war der Hoisl in Bruckdorf. Der hat das rupferne und haberne Tuch gewebt. Das wurde dann am Feld gebleicht. Jeden Tag aufgelegt und begossen und am Abend dann aufgerollt – das war viel Arbeit.

Von 1932 bis 1934 war ich im Internat am Nonnberg. Bei uns hat es ja nur die Volksschule gegeben, sonst nichts. Am Nonnberg besuchte ich zwei Jahre die Hauptschule. Dort war es natürlich sehr streng. Ich habe furchtbar unter Heimweh gelitten. Nur zweimal im Jahr, zu

Weihnachten und zu Ostern, durften wir heimfahren. Einmal war die Klausur nicht abgesperrt. Die Tür war halb offen. Mich packte die Neugier! Ich trat mit einem Fuß ein – gebeichtet hab' ich das! Da war ich dreizehn Jahre alt. 1934 kam ich wieder nach Hause.

Wenn jemand die Unterwäsche im Freien aufgehängt hat, dann hat sich die Pfarrerköchin immer so maßlos schockiert. Wie unkeusch das ist, die Unterhosen im Freien aufzuhängen! In diesen Dingen ist alles heimlich geschehen. Aufgeklärt war niemand. Ich glaube, daß es viele Frauen gegeben hat, die ohne Ahnung geheiratet haben. Besonders wenn es zusammengesprochene Ehen waren und die Frau noch jung war.

Einmal hat mir eine Frau erzählt: „Ich bin länger als vierzig Jahre verheiratet und habe acht Kinder, aber mein Mann hat mich noch nie nackert gesehen!"

Das war damals einfach so! Da wurde vor dem Ausziehen das Licht ausgedreht. Von der Kirche aus war es verboten, irgendetwas gegen eine Schwangerschaft zu tun. Da hat es schon etwas ausgemacht, daß die Leute sehr religiös waren. Es war halt selbstverständlich, daß jedes Jahr ein Kind gekommen ist. „Jetzt kriegt sie schon wieder eins! Brauchst nur die Hose hinlegen aufs Bett, dann ist sie schon wieder schwanger!" hat es geheißen. Was hätte man auch tun sollen?

So „nebenzu Kinder" hat es auch oft bei den Bauern gegeben. Wenn sie auch selbst genug Kinder hatten, auf einmal ist halt von der Dirn auch eins geworden oder von der Schwägerin. Das kam öfter vor.

Die Heiraten waren abgesprochen. Voraussetzung war ein Besitz. Da wurde geschaut, daß die Braut auch einen Besitz hatte und von einem Bauern war. Ein Dienstbote war da nicht erwünscht. Vor der Hochzeit wurde genau besprochen, wieviel die Frau in die Ehe mitbekam, wieviel Holz, wieviel Tuch und so weiter. Der Brautvater und die zukünftige Braut schauten sich das zukünftige Haus an. Dann wurde zur Hochzeit eingeladen. Das begann in der Früh und dauerte oft tagelang. Zum „Weisen" kamen die geladenen Hochzeitsgäste ins Haus der Braut. Dort wurde es zum „Kastenschauen". Die Braut mußte herzeigen, was sie besitzt, vor allem wie viele Tuchstückeln. Danach hat man auch den Reichtum der Braut berechnet. Mit dem Tuch wurde besonders sparsam umgegangen, ja kein Tuchstückl herausgeben. Das war der Stolz der Frau! Dafür hatte sie höchstens zwei Garnituren Bettwäsche.

Dann mußten die Brautleute „um den Tag fragen", wann sie zum Pfarrer gehen durften, um das Aufgebot zu bestellen. Das mußte einige Wochen vorher geschehen, denn dreimal mußten sie in der Kirche verkündet werden. An den ersten beiden Sonntagen durften die Brautleute nicht um acht in die Kirche gehen, wenn sie verkündet wurden. Erst bei der dritten Verkündigung durften sie anwesend sein. Da mußten sie auch zur Frühmesse, zur Beichte und zur Kommunion gehen. Aber vom dreimaligen Verkünden konnte man sich auch freikaufen. Wenn man etwas bezahlte, dann wurde man nur einmal verkündet.

Nach dem Verkünden mußten die Brautleute in den Pfarrhof gehen und das Glaubensbekenntnis ablegen. Anschließend wurde ins Wirtshaus gegangen zum „Andingessen". Dabei aßen die Brautleute, die beiden Väter und der Brautführer Suppe und Fleisch.

Am Montag war es dann zum „Kastenführen". Das Brautgut wurde auf einen Wagen geladen. Meistens waren es eine Schlafzimmereinrichtung oder zwei Kästen und ein Spinnrad. Das wurde vom Haus der Braut zum Haus des Bräutigams geführt. Da ging oft der ganze Tag auf. Am Dienstag war dann der Hochzeitstag. Da wurde nur am Dienstag, möglicherweise noch am Donnerstag geheiratet, aber ein Samstag war undenkbar. Der Wirt hatte die Aufgabe, die Brautleute abzuholen, aber der Bräutigam selbst mußte zu Fuß gehen. Bei den größeren Hochzeiten spielte meistens auch die Musik.

Die Musikanten wurden lange Zeit „die Böhm" genannt, weil früher böhmische Musikanten bei Hochzeiten aufspielten. Später wurden die unsrigen immer noch die Böhm genannt.

Nach der Kirche mußte die Braut „Kraut salzen", als Zeichen dafür, daß sie kochen konnte. Früher gab es ja nichts anderes als Knödel und Kraut. Dann begann das Mahl. Die Großmutter hat erzählt, daß oft auch Geschäftsleute wie Krämer und Wirt eingeladen waren. Die bekamen das bessere Essen als der Brauttisch, die mußten aber auch selbst bezahlen. Da wurde auch ein Gang mit Geflügel eingeschaltet, den die anderen Tische nicht hatten. Das war der Bürgertisch. Dann gab es noch den Brauttisch, den Verheiratetentisch und den Ledigentisch. Am Ledigentisch gab es nur zu zweien einen Teller.

Auf Hochzeiten wurde auch viel getanzt. Gleich nach der Kirche war es zum Tanzen und nach dem Mahl wieder. Von der Hochzeit mußte auch jeder ein Hochzeitspackerl heimbringen. Da kam alles hinein vom Bratl bis zur Mehlspeise. Was man nicht essen konnte, wurde eingepackt.

Am nächsten Tag mußten die Brautleute zur Frühmesse gehen. Anschließend war es im Wirtshaus zum Mahlzahlen. Der Brautführer hatte noch das Recht auf drei Glas Tee. Die kamen noch auf die Hochzeitsrechnung. Am Donnerstag begann dann wieder die Arbeit.

Als ich 1934 heimgekommen bin, da waren die Zeiten so schlecht, daß die Mutter für die Kellnerin nicht einmal mehr die Krankenkasse zahlen konnte. Außer am Sonntag ist überhaupt niemand mehr ins Wirtshaus gekommen. Im ganzen Jahr haben wir nur drei Faß Weißwein und ein Faß Rotwein gebraucht, so wenig ist gegangen.

Einmal ist auf dem Kirchturm die Hakenkreuzfahne aufgezogen worden. Auch Flugzettel wurden gestreut. Und der Gendarm Scherm, ein Nazijäger, hat einen Brief bekommen. Einer, der zur Legion ins Deutsche Reich gegangen war, hat ihm geschrieben: „Lieber Bundesscherm, jetzt erwischst Du mich nicht mehr!" Besonders viele Junge haben da mitgetan, aber auch Ältere.

Die Religiosität hat dann in der Hitlerzeit sehr nachgelassen – das Kirchengehen hat sich zum Teil aufgehört, und viele haben den Glauben abfallen lassen.

Armut und Hunger

Schulkinder mit Kooperator und Lehrer, Mariapfarr 1920. Elf der fünfundzwanzig Kinder waren „Anstiftkinder". Der Schule wurde wenig Aufmerksamkeit geschenkt, denn die Schule hatte für die Zukunft wenig oder überhaupt keine Bedeutung. – Aloisia Gruber: „Bevor wir in die Schule gingen, steckten wir uns oft einen heißen Erdäpfel in den Kittelsack."

Die erste Hälfte des 20. Jahrhunderts war die Zeit der kinderreichen Familien. Großfamilien mit zehn und mehr Kindern waren keine Seltenheit. Die Ursachen für den Kinderreichtum waren vielfältig: Einmal wurden Kinder zur Arbeit und später zur Sicherung der Altersversorgung der Eltern benötigt, dann war eine Geburtenregelung wegen des starken Einflusses, den Kirche und Religion ausübten, unbekannt, und schließlich ging in dieser Zeitspanne die Kindersterblichkeit entscheidend zurück – immer mehr Kinder überlebten die Geburt und das Säuglingsalter.

Im Bezirk Tamsweg gab es überdurchschnittlich viele kinderreiche Familien.

Tabelle 17: Ehen mit fünf und mehr Kindern zwischen 1890 und 1934

Bezirk	Ehen geschlossen von 1890 bis 1934	Ehen mit 5 und mehr Kindern	%
Tamsweg	1.672	386	23,1
St. Johann	5.643	852	15,1
Hallein	3.955	592	14,9
Zell am See	5.777	850	14,7
Salzburg/Landbezirk	12.401	1.478	11,9
Salzburg/Stadt	6.352	159	2,5

Quelle: eigene Berechnung nach: Volkszählung vom 22. März 1934, Wien 1935.

Galt der Kinderreichtum bei den Bauern als Segen, weil Kinder nützliche Arbeitskräfte darstellten und später Dienstboten ersetzen konnten, so führte der Kinderreichtum bei vielen kleinen Keuschler-, Taglöhner-, Holzknecht- und Handwerkerfamilien zur vollständigen Verarmung. Ihre Existenz wurde in den zwanziger und dreißiger Jahren immer mehr bedroht. War früher ein nicht unbeträchtlicher Teil der Bewohner abgewandert[1], so führte der Umstand, daß seit Mitte der zwanziger Jahre auch auswärts kaum Arbeit zu bekommen war, zu einem Abwanderungsrückgang und damit zu einem „Leuteüberschuß". Davon waren neben den Dienstboten alle jene betroffen, die auf Arbeit und Zuverdienst angewiesen waren. Bei vielen blieb die Armut daher ein ständiger Begleiter und wurde immer drückender spürbar. Besonders die Kinder waren von der Armut und vom Hunger betroffen. Wenn im Winter keine Arbeit zu finden war oder wenn der Vater alt und krank wurde, dann wurden der Hunger und die Not zu einer alltäglichen Erfahrung. Eine solche Familie mußte alle Möglichkeiten nutzen, um ihr Auskommen zu sichern. So wurden im Herbst von den Kindern die abgeernteten Getreidefelder nach Restähren abgesucht, um sie gegen Mehl zu tauschen.

Kinder beim Ährenklauben. – Selbst bei den Bauern war es üblich, daß die abgeernteten Getreidefelder von Kindern oder Alten nach liegengebliebenen Ähren abgesucht wurden. Taglöhner-, Holzknecht- oder Handwerkerfamilien mußten alle Möglichkeiten nutzen, um ihr Auskommen zu sichern. Aloisia Gruber: „Im Herbst mußten wir die liegengebliebenen Ähren auf dem Getreideacker zusammenklauben. Da hat der Vater vorher den Bauern gefragt. (...) ‚Aber ja nicht hiezuglonga zur Dockn!' hat der Bauer gesagt."

Laub und Heu wurden gesammelt, um Ziegen füttern zu können – Ziegen waren das typische Haustier der ländlichen

Unterschichten. Auch Beeren und Pilze wurden gesammelt. Im Wald wurden Holz und Reisig geklaubt. Die Kinder wurden um milde Gaben zu den umliegenden Bauernhöfen geschickt. Auch das bestehende Brauchtum wurde genutzt. Für das „Frisch-und-g'sund-Schlagen" am „Unschuldigen-Kinder-Tag", für das „Neujahrwünschen" oder für das „Ratschen" zur Osterzeit erhielten die Kinder Geschenke. Nicht zufällig wurden in den dreißiger Jahren auch neue Bräuche heimisch.[2] Seit der Jahrhundertwende wurden in vielen Schulen „Christbaumfeiern" veranstaltet, bei denen die ärmsten Kinder mit Gaben beteilt wurden. Spender dieser Geschenke waren Vereine, Gönner aus der Stadt oder reiche Schloß- und Gutsbesitzer aus der Umgebung.

Am 26. 12. 1897 wurden vom Schulleiter in Gegenwart des Gemeindevorstehers 26 arme Schulkinder (von insgesamt 73) mit Weihnachtsgaben, und zwar je einem Paar Schuhe und einer Krone beschert. Diese Christbescherung kam von seiner Excellenz, dem Herrn Hans Graf Wilczek, Besitzer von Moosham.

Quelle: Schulchronik der Volksschule Sankt Margarethen 1897.

Auch „Armenkleider" wurden verteilt, weil es vor allem an ausreichender Kleidung fehlte, so daß diese kaum gewechselt werden konnte. Infolge dieser Vernachlässigung der Reinlichkeit kam es zum Auftreten der Krätze und anderer Hautkrankheiten. Dazu trugen auch die tristen Wohnverhältnisse bei. Nicht selten lebte eine große Familie in einer Hütte, beschränkt auf einen oder zwei Wohnräume.

Die größere Zahl der Schulkinder gehört den ärmeren Familien der Gemeinde an, daher die Bekleidung der Kinder, besonders der Knaben, einen nicht besonders günstigen Eindruck macht, der durch eingewurzelte Unreinlichkeit noch verstärkt wird. Die Dürftigkeit der Verhältnisse stempelt schon der Anblick vieler Hütten, an denen der Besucher des Dorfes vorübergeht. Das Innere dieser Häuser entspricht dem Äußeren.

Die bedenklichsten Verhältnisse herrschen wohl in der zahlreichen Familie des Hoisenkeuschlers, dessen schulpflichtige Kinder durch ihre Unreinlichkeit und Behaftung mit Ungeziefer

die Schule belästigen, obgleich sie an durchschnittlicher Begabung und Anstelligkeit den anderen Kindern nichts nachstehen.
Quelle: Schulchronik der Volksschule Thomatal 1902.

Mit dem Beginn des Krieges verschärfte sich die Lage der ländlichen Unterschichten. Es setzten enorme Preissteigerungen ein, und bald waren wichtige Grundnahrungsmittel nicht mehr zu kaufen.[3] Auch durch die Einführung der Lebensmittelkarten besserte sich die Ernährungslage nicht. Davon waren besonders die Armen betroffen, die täglich vor dem Nichts standen. Die Verzweiflung des Hungers trieb manche sogar zum Diebstahl.

Der Gemeindevorsteher Mörtl bringt zur Beratung die Ausweisung der Familien Metzner und Baier, Holzarbeitersleute in Bundschuh, wegen Gefährdung fremden Eigentums (Diebstahl eines Ziegenbocks, verdächtig wegen Schafe) aus der Gemeinde Thomatal.
   Wird einstimmig beschlossen, ein Ausweisungserkenntnis auszustellen, daß obgenannte Familien für immer aus der Gemeinde Thomatal ausgewiesen werden.
Quelle: Gemeindeausschußprotokoll Thomatal 1917.

Aber auch die Verhältnisse der Bauern verschlechterten sich von einem Kriegsjahr zum anderen. Die Bauern verbitterte vor allem die hohe Abgabepflicht für Getreide, Fett und Milch. Eine Vielzahl von Verordnungen schränkte ihre Wirtschaft ein, und ständig wurden sie kontrolliert und bespitzelt. Besonders auf Getreidehinterzieher hatte man es abgesehen.

Gelegentlich der Dienstgänge hat die Gendarmerie bei den abgeernteten Äckern die Zahl der Mandln und die Anzahl der Garben unauffällig zu zählen und zu notieren, um im Bedarfsfall Aufschluß geben zu können.
Quelle: Chronik des Gendarmeriepostens Mariapfarr 1917.

Mit dem Ende des Krieges waren der Hunger und die Not noch lange nicht ausgestanden. Im Gegenteil – die

Gegensätze zwischen den Besitzenden und den Habenichtsen verstärkten sich.

Der Tauschhandel ist auch unter der bäuerlichen Bevölkerung in Schwung gekommen, da ja Geld genug vorhanden ist und viele verschuldete Besitzer bereits schuldlos, manche sogar vermögend geworden sind. Arm sind die Geuschler dran, die wenig Einnahmen, aber umso größere Ausgaben haben.
Quelle: Chronik der Volksschule Zederhaus 1919.

In ihrer Not sahen viele Arme sich gezwungen, Feldfrüchte einfach zu stehlen. In manchen Ortschaften wurden deshalb „Feldwehren" aufgestellt und Kontrollgänge gemacht, um Diebstähle zu verhindern.

Gemeindeausschußmitglied Leo Mayer regt an, daß Personen, welche von der Feldwehr verhaftet werden, auf der Gemeindetafel öffentlich bekanntgemacht werden.
Quelle: Gemeindeausschußprotokoll Mauterndorf 1919.

Zur allgemeinen Not nach dem Krieg kam noch das Auftreten der Maul- und Klauenseuche hinzu, die sich innerhalb weniger Monate ausbreitete und jahrelang wütete.

Die meisten Höfe und Keuschen sind heimgesucht. Die Besitzer werden somit wieder hartherziger gegen ihre Mitmenschen, besonders gegen jene, die keinen oder wenig Grund und Boden haben und damit auf die Lebensmittelkarten angewiesen sind.
Quelle: Schulchronik der Volksschule Zederhaus 1920.

Wie arm manche Bewohner waren und wie sehr unter dieser Armut besonders die Kinder zu leiden hatten, zeigt ein Entschuldigungsschreiben, das einem Schulkind mitgegeben wurde.

Geehrter Herr Lehrer
Das Mädel ist krank und der Bub war auch krank ist heute noch nicht gesund und immer kann ich den Buben nicht schicken so weit wenn ich nicht Brot habe zum Mitgeben.
Quelle: Schulchronik der Volksschule Thomatal 1920.

Seit den Kriegsjahren nahm auch das Wildern zu. Die Täter waren häufig Knechte und Taglöhner. Zu den Pächtern der Gemeindejagden zählten auswärtige Adelige oder Gutsbesitzer der Gegend. Wegen der Höhe der Jagdpacht kam es zu immer wiederkehrenden Streitigkeiten zwischen Jagdpächter und Gemeindeausschuß. Die Jagdherrn beschäftigten meist einige Jäger, die wegen ihrer geringen Entlohnung selbst am Rand der Existenz lebten. Oftmals wilderte ein Knecht mit Wissen des Bauern. Die erlegte Beute besserte dann die Kost aller im Hause auf. Wurde während der Kriegszeit ein gestellter Wilderer „sofort einrückend" gemacht[4], so endete nach dem Krieg ein Zusammentreffen zwischen Wilderer und Jäger meist mit Mord und Totschlag.

Am 8. Mai 1921 gegen acht bis neun Uhr abends hatten die Hans Palffyschen Jäger Johann Stürzl und Josef Rauter beim sogenannten Lahntörl in Hinterweißpriach anläßlich einer Vorpaß auf Wilderer infolge angeblicher Notwehr von den Waffen Gebrauch gemacht und hiebei den Wilderer Josef Fellner, Knecht aus Weißpriach, erschossen. Sie ließen ihn auf seinem Wunsch auf dem Tatorte (Lahnbrücke) liegen, während sie den zweiten Wilderer abtransportierten. Als sie nach einer Stunde mit einem Wagen zurückkehrten, war er verschwunden. Er wurde am nächsten Morgen vom Revierinspektor Josef Geiersberger und Gendarm Johann Zobl aus der Weißpriacherache in der Nähe des Tatortes als Leiche geborgen. Der Genosse des Erschossenen namens Matthias Fellner wurde wegen Wilddiebstahl und Verdacht des Mordversuches dem Bezirksgerichte in Tamsweg eingeliefert.

Quelle: Chronik des Gendarmeriepostens Mariapfarr 1921.

Knapp vier Jahre später wurde im Bereich des Postens Mariapfarr erneut ein Wilderer getötet.

Am 15. Jänner 1925 gegen fünfzehn Uhr traf der Szaparysche Oberjäger Franz Meilinger in seinem Jagdrevier im Hintergöriacher Almgebiet mit einem unbekannten Wilddiebe zusammen, wobei es zu einem Handgemenge kam. Meilinger tötete den Gegner

in der äußersten Notwehr durch einen Pistolenschuß. Der Erschossene wurde als der 1875 in Ramingstein geborene und nach Lasaberg zuständige Taglöhner Josef Kocher identifiziert.
Quelle: Chronik des Gendarmeriepostens Mariapfarr 1925.

Bis zum Ende der zwanziger Jahre wendete sich die wirtschaftliche Lage kaum zum besseren. Die Sorgen der kleinen Keuschler-, Taglöhner- und Holzknechtfamilien galten weiterhin dem täglichen Essen und der Bekleidung. Die einzelnen Gemeinden kapselten sich indes immer mehr gegenseitig ab. Sogar das Sammeln von Beeren wurde in einigen Gemeinden für Auswärtige behindert oder gar verboten.

In Angelegenheit des Beerensammelns wird beschlossen, für Auswärtige das Preiselbeersammeln zu verbieten, jedoch das Himbeersammeln gegen Erlaubnisschein, wofür ein Schilling pro Tag zu entrichten ist, zu gestatten.
Quelle: Gemeindeausschußprotokoll Göriach 1930.

Die Zahl der Eigentumsdelikte nahm von Jahr zu Jahr zu. Oft wurden Nahrungsmittel und Kleidungsstücke gestohlen. Immer stärker traten aber auch politische Delikte in den Vordergrund. Das Ansteigen der Verhaftungen und Anzeigen zeigt deutlich, welche sozialen Spannungen vorhanden waren. In den dreißiger Jahren wurden in vielen Gemeinden Ortskerker errichtet. Auch die Gemeinde Mariapfarr reichte 1935 ein Gesuch für die Errichtung eines Gemeindearrests ein.[5] Der Posten Mariapfarr war auch für vier umliegende kleine Gemeinden, insgesamt etwa 2.200 Bewohner, zuständig (siehe Tabelle 18 Seite 154).

Besonders im Winter, wenn es keine Arbeit gab, kämpften die kleinen Keuschler-, Taglöhner- und Arbeiterfamilien gegen den Hunger und die Not. Alljährlich wurde deshalb in den Gemeinden die „Winterhilfe" durchgeführt, eine Sammlung, welche die ärgste Not lindern sollte.

Tabelle 18: Anzeigen und Verhaftungen durch den Gendarmerieposten Mariapfarr

Jahr	Anzeigen	Verhaftungen
1930	31	2
1932	75	7
1934	110	11
1936	113	19
1937	131	27

Quelle: Chronik des Gendarmeriepostens Mariapfarr.

Die Gemeinde selbst hat zwanzig Arbeitslose bei großer Not der Gebirgsbauern. Die Gemeinde, deren Finanzen durch die Armenfürsorge fast zugrunde gerichtet sind, hat trotzdem jedes Jahr durch Sammlung Lebensmittel aufgebracht, die aber nur die schwerste Not lindern konnten. Die Gemeinde bittet für die Arbeitslosen, von denen mehrere schon jahrelang keine Unterstützung bezogen haben, auch um Geldzuwendungen.

Quelle: Gemeindeausschußprotokoll Sankt Andrä 1933.

Wie sich die Hungerzeiten auf die Kinder auswirkten, das zeigen die Ergebnisse der ärztlichen Untersuchungen an Schulkindern. Häufig stellte man fest, daß viele Schulkinder unterernährt waren.

Am 7. November 1936 wurden die Schüler gemessen und gewogen. Leider mußte man feststellen, daß nur ein ganz geringer Teil der Schüler die vorgeschriebenen Maße und Gewichte besaß.

Quelle: Schulchronik der Volksschule Thomatal 1936.

Zu Beginn der vierziger Jahre machte der Landrat des Kreises Tamsweg eine Bestandsaufnahme der wirtschaftlichen und sozialen Zustände der Gemeinden. Was die ländlichen Unterschichten betraf, kam er zu folgender Schlußfolgerung:

Die Wohnungsverhältnisse und die Unterbringung der landwirtschaftlichen Arbeitskräfte sind noch äußerst primitiv. Die Häuser und Wohnungen der Keuschler, Holzarbeiter und überhaupt der ärmeren Bevölkerungsschicht sind direkt unwürdig für einen deutschen Volksgenossen zu nennen.

Quelle: Bericht des Landrates des Kreises Tamsweg über die wirtschaftliche und finanzielle Lage, Tamsweg 1941, 6.

Aloisia Gruber

"Wir haben ja solche Not gelitten!"

Ich bin 1909 in Sankt Michael geboren. Der Vater war streng. Auch die Mutter war streng. Eine besondere Liebe hat sie zu uns nicht gehabt.

In einem kleinen Holzhäusel haben wir gewohnt. Herunten waren die Küche und ein Zimmer. Im Oberstock war ein Zimmer, dort haben wir Kinder zu zweien in einem Bett beieinander geschlafen. Wir waren acht Kinder. Zwei davon mußten die Eltern ausstiften, damit wir leichter zu essen hatten. Die eine war die Zenzl und die andere die Nane. Die Nane hatte einen anderen Vater. Sie kam zum Veitlbauer auf den Fanningberg. Mit diesen beiden Geschwistern, die ausgestiftet und Ziehkinder waren, haben wir nur mehr wenig Beziehungen gehabt. Sie sind fast nie mehr heimgekommen. Einmal bin ich mit der Mutter zu Fuß den weiten Weg von Sankt Michael zum Veitler am Fanningberg gegangen. Dort haben wir die Nane besucht. Da hab ich endlich einmal genug zu essen gekriegt.

Die andere Schwester hat die Taufgota genommen. Die hat es aber gar nicht gut gehabt. Die ist soviel gewichst worden. Mein Gott, die waren grausig auf das Kind! Später hat die Mutter gesagt: „Hättest du mir doch einmal etwas gesagt!" Aber die Schwester hat sich nie getraut.

Wir haben ja solche Not gelitten! Nichts zu essen, immer zuwenig!

Da lag in der Tischlade ein Scherzl Brot. Ich hab die Mutter gefragt, ob ich das haben dürfte: „Ich tu mit der Schwester teilen!" „Nein", hat die Mutter gesagt, „das muß ich der Sepha aufbehalten, ihr seid schon größer!"

Dann sind wir halt ein Stück nach dem Weg hinaufgelaufen, in den Stauden haben wir uns versteckt und geweint. Dann haben wir gesagt: „Wenn die Sepha nicht wär', dann hätten wir das Brot gekriegt!" Das weiß ich noch ganz genau.

Im Herbst mußten wir die liegengebliebenen Ähren auf dem Getreideacker zusammenklauben. Da hat der Vater vorher den Bauern gefragt. Es war ja nur für die Hühner, die wir fütterten, für mehr hätte es nicht gereicht. „Aber ja nicht hiezuglonga zur Dockn!" hat der Bauer gesagt. Aber das hätten wir uns sowieso nicht getraut, wir waren ja so geschreckt. Niemals hätten wir uns das getraut!

Beim „Pisna gehen" waren wir ja auch so geschreckt. Da haben wir ein bißchen zu essen gekriegt. Zu den näheren Häusern sind wir gegangen, aber weiter davon haben wir uns nicht zu gehen getraut.

Die Hanslbauer-Rosl ist vor mir in der Schulbank gesessen. Die hatte einen dottergelben Schmarrn mit. Den hat sie auf der Bank ausgebreitet und gegessen. Dabei hatte sie ein Gesicht, daß die Augen fast nicht hervorgeschaut haben. Ich habe wohl hingeschaut, aber ich habe mir nicht zu sagen getraut: „Gib mir ein Bröckl!" Sie wußte, daß ich von armen Leuten war, aber sie hat daran nicht gedacht. Sie hatte genug.

Bevor wir in die Schule gingen, steckten wir uns oft einen heißen, gesottenen Erdapfel in den Kittelsack. So konnten wir uns im Winter die Hände wärmen und hatten auch eine Jause für die Zehn-Uhr-Pause. Zu Mittag mußten wir heimlaufen und dann geschwind wieder in die Schule. Einmal durfte ich zu Mittag in der Schule bleiben. Ich hatte ein kleines Stück Speck und ein bißchen Brot mitgekriegt.

Immer hatten wir zuwenig zu essen. Einmal, das war schon im Krieg, da hat der Vater in der Früh gesagt: „Schnell heimgehen nach der Schule, ihr müßt dann zu den Bauern betteln gehen!" „Auch das noch!" hab' ich mir gedacht. „Gehts zum Hanslbauern", hat der Vater dann gesagt, „und sagt, der Vater läßt recht schön bitten um einen Topfen und Schotten!" Das haben wir gesagt, aber gekriegt haben wir einen Patzen Sauerkraut und sonst nichts. Solche Zeiten merkt man sich!

Mit vierzehn Jahren, zu Lichtmeß 1923, kam ich dann von zu Hause fort. Ich weinte und weinte und hatte so Heimweh. Wenigstens hatte ich nun genug zu essen. Beim Essen mußte man schnell dazuschauen. Das hat es nicht gegeben, daß etwas übrigblieb. Wenn nichts mehr da war, dann hat man gebetet, und es war wieder zum Arbeiten. Einmal haben wir Krapfen gekriegt. Da waren vier auf einem Teller. Zwei sollten mir gehören und zwei dem Ziehsohn, der noch zur Schule ging. Der war schneller und hat drei erwischt, ich nur einen. Da hab' ich wieder zuwenig gehabt. Aber ich hab' mir nichts zu sagen getraut. Man ist halt so.

Nach einem Jahr bin ich dann zu einem großen Bauern gekommen. Dort zahlte ich drauf. Im Sommer mußte ich um drei Uhr in der Früh aufstehen, im Winter um vier. Die Augen waren noch zu, halb geschlafen hab' ich noch. So mußte ich die Stallarbeit verrichten. Gsöder sieden, Omlach abbrennen und den Viechern geben, schwere Sechter tragen. Das heiße Wasser wurde auch manchmal auf dem Kopf getragen. Da hab' ich draufgezahlt! Für ein ganzes Jahr arbeiten erhielt ich zehn Schilling. Wohl auch das Gewand, eine schleißige Bluse und einen rauhen Kittel und ein rupfers Hemad. Das hat bissn und krait, ganz offen wurde man unter den Achseln. Dann bekam ich noch grobgenähte, sauhäuterne Schuhe, in denen man naß wurde, sobald man auf die Gasse ging. Die konnte man dann ausreiben, wenn man in eine Lacke trat.

Das Geld, das ich bekam, mußte ich zu Hause abgeben. Wenn ich eine Schuhschmürm oder ein Schuhband brauchte, dann mußte ich zum Vater um Geld bitten gehen.

Das Getreide mußte mit der Hand aufgehoben werden. Es gab keine Maschine. Ich habe geschwitzt, daß es nur so herunterrann. Fürchterlich. Da kam ich mir schon ausgenutzt vor! Auf dem Platz blieb ich ein Jahr. Zu Hause hatte man schon gefragt: „Mir hätten gern enka Dirndl!"

Dann kam ich zu einer großen Landwirtschaft. Eine Fleischerei und ein Wirtshaus waren auch dabei. Dort ging es erst zu. Da gab es Arbeit genug! Da sind die Dienstboten oft während des Jahres davongelaufen, weil soviel Arbeit war. Das war zwar nicht Brauch, aber wahrscheinlich hatten sie einen besseren Platz in Aussicht. Ich wurde Kuchlin, aber eigentlich mußte ich alles tun. Auch an dem Platz blieb ich ein Jahr.

Vier- oder fünfmal hab ich den Platz gewechselt, dann kam ich zum Rainer nach Mariapfarr, das war im Jahre 1930. Dort blieb ich dann zwölf Jahre. In Mariapfarr hat mir alles gefallen, in Sankt Michael ist es mir ja schlecht ergangen.

Beim Rainer war eine große Landwirtschaft dabei. Wir waren drei Knechte und vier Dirn: ein Moar, ein Rosser und ein Ochser; eine Kuchlin, eine Hausdirn, eine Viehdirn und eine Sennin. Ich wurde Köchin. Als Köchin habe ich schon gefragt: „Was kochen wir heut?" Aber sonst konnte ich schalten und walten. Die Leute kriegten ja täglich das gleiche zu essen. Im Sommer die Knödel am Abend und zu Mittag etwas Herausgebachenes und im Winter die Knödel zu Mittag und am Abend einen Schmarrn oder so etwas ähnliches. An Sonntagen etwas bessere Knödel mit ein bißchen mehr Fleisch. Fleisch allein hat es ja nur alle heiligen Zeiten gegeben.

Einmal ist der Moar in der Küchentür gestanden, der Bacher-Peter. Dann hat er gesagt: „Du, Köchin, heut wär' kein Tropfen Schmalz aus dem Nudel herausgeronnen, wenn man ihn im Türstock einklemmt hätt'!" Ich bin hinauf ins Zimmer und hab geweint und geweint. Das war mir zu dumm! Mir ist das so zu Herzen gegangen. Als Köchin hatte ich ja einen solchen Stolz! Beim Rainer hab' ich ja nicht sparen müssen mit dem Schmalz. Im Troadkasten draußen standen zwei große hölzerne Kübel voll davon! Damals hat ja niemand Milch geholt, alles wurde gerührt.

Ich mußte immer für zwei Tische kochen, für den Dienstbotentisch und für die Chefleute. Beim Rainer war ja auch ein Kaufgeschäft dabei. Die Chefleute aßen in der Küche und die Dienstboten in der Stube. Die Chefleute kriegten dienstags und samstags immer Leberknödel, das weiß ich noch. Da hat es schon einen Unterschied gegeben beim Essen.

Die Kuchlin mußte für die Dienstboten das Essen auftragen. Einmal hat sie die falsche Bratlpfanne erwischt, stell dir vor. Da war es aus! Da mußte die Pfanne wieder ausgetauscht werden. Auf den Dienstbotentisch gehörte die Pfanne mit dem Stichfleisch! Ich mußte die Pfanne holen. Die Dienstboten hatten da nichts zu sagen.

Die wenigen Feste und Unterhaltungen blieben den meisten Dienstboten in besonderer Erinnerung. Sie erinnern sich noch nach Jahrzehnten gern an das Vergnügen des Zusammensitzens.

In der Stube beim Rainer hatten wir unsere Feste. Vom ganzen Dorf sind sie oft am Abend zusammengekommen. Beim Pfarrhof waren ja viele Dienstboten. Die Weiber von dort kamen nicht, die durften vom Pfarrer aus nicht. Aber die Männer haben nicht gefragt. Am Samstag- oder am Sonntagabend ging es dann oft zu. Dann ist der Rainervater gekommen, hat gedrückt und gewischt mit den Händen und gesagt: „So, jetzt werden wir halt schlafen gehen müssen. Jetzt werdet ihr aufhören müssen mit dem Tanzen!" Ich weiß nicht mehr, wie spät es war – vielleicht zehn Uhr. Zehn oder fünfzehn Leute werden wir gewesen sein. Dann sind wir halt gegangen. Das sind sehr schöne Erinnerungen. Ins Wirtshaus sind wir ja nie gekommen, das war nicht Brauch.

Auch die Einleger sind gekommen. Ich weiß eigentlich nicht mehr, wo sie geschlafen haben. Eine war, die hat am ganzen Körper gezittert. Nur wenn sie schlief, dann war sie ruhig. Das war das Zitter-Weibl. Die Blinde-Thres wurde von den Kindern getratzt. Dann ist sie mit ihrem Stecken in der Luft herumgefahren, aber erwischt hat sie niemanden.

Als ich ein Kind kriegte, wußte kein Mensch davon. Noch in der Nacht bin ich zum Putzn gegangen. Dorthin konnte ich gehen zum Entbinden, dort hatte ich vorher gefragt. In der Früh war ich einfach nicht da. Niemand wußte etwas. In der Früh ist er dann geworden. Beim Putzn haben sie mir das Kind dann auch noch zwanzig Monate behalten.

Vier Jahre hab ich meinen Mann schon gekannt – da hat es eingeschlagen. Aber es hat nicht sein dürfen. Er war der Wirtssohn! Jetzt hab' ich abbitten gehen müssen. Mir hat das Herz geklopft. Ach Gott im Himmel. Jetzt soll ich das auch noch tun!

Hingekniet hab' ich mich nicht, aber „bittschön" hab' ich schon gesagt. Das ist mir schwergefallen.

Von der Kost und vom gerechten Lohn

Tagelang, bei großen Bauern sogar wochenlang, waren die Dienstboten damit beschäftigt, große Streuhaufen anzulegen. Den Bäumen wurden die Äste abgeschlagen, die dann zu feiner Streu zerhackt wurden. – Maria Fuchs: „Drei Wochen lang mußten wir beim Pfarrer Streu gehen. Wir machten einen großen Streuhaufen, acht Meter lang und fünf Meter breit. Wir Weiber kriegten nur beim Streugehen ausnahmsweise Speck zu essen."

Morgens: Schottsuppe und Koch aus Gerstenmehl und Polenta
Vormittags: Stückl Brot und Sauerkäse
Mittags: Knödel, Kraut und rahmlose Milch
Nachmittags: Stückl Brot und Sauerkäse
Abends: Gebackener Nudel mit Schmalz und Milchsuppe
Quelle: Josef Hönegger.

Die Kost war alles andere als gesund. Mehl-, Grieß- und Milchspeisen bildeten die Hauptnahrung. Knödel und Kraut waren ein beinahe tägliches Gericht. Es gibt zahlreiche Berichte über Verdauungs- und Mangelkrankheiten. Schuld daran war vor allem die große Eintönigkeit der Ernährung.

1910 fand in der Schule der kleinen Gemeinde Sankt Andrä eine ärztliche Untersuchung der Kinder statt.

Sämtliche Schulkinder wurden dem k. u. k. Bezirksrat Dr. Christen vorgeführt. Das Resultat der Untersuchung ergab, daß von zweiundvierzig Kindern fünfzehn Kinder mit Blähhals und fünf Kinder mit Kropf belastet sind.
Quelle: Schulchronik der Volksschule Sankt Andrä 1910.

Nur an wenigen Festtagen im Jahr war das Essen üppiger. Solche Festtage waren Weihnachten, Neujahr, Ostern, Pfingsten und Kirchweih. Da gab es ein Lüngerl, einen fetten Schweinsbraten und sogar eine Nachspeise – Gugelhupf und Honigkrapfen.

In der Fastenzeit mußte auch auf das wenige Fleisch in den Knödeln verzichtet werden, so streng waren die Fastengebote. Nur bei schweren Arbeiten erhielten die Knechte auch Speck zu essen. Bei den Mägden wurde mit dem Speck gespart. Nur selten wurde ihre Arbeit für schwer genug befunden, um mit Speck entlohnt zu werden. Und trotzdem – für einen Teil der ländlichen Unterschichten war nicht einmal diese kärgliche Ernährung alltäglich und gesichert.

Noch schlechter und eintöniger als im Sommer war die Ernährung im Winter. Während in anderen Regionen die Versorgung der Dienstboten mit Obst Bestandteil der Verpflegung war[1], gab es in vielen alpinen Bereichen nichts dergleichen.

Tabelle 19: Zahl der Obstbäume in den Salzburger Gauen

	Kirschen, Weichseln	Zwetschken, Pflaumen	Äpfel	Birnen
Lungau	1.416	458	3.000	319
Pongau	8.618	8.276	17.576	10.730
Pinzgau	8.172	2.752	12.993	5.953
Tennengau	3.237	6.975	11.127	6.064
Flachgau	6.981	42.182	44.499	19.237

Quelle: Landwirtschaftliche Betriebszählung 1930.

Viele Bauern sparten mit den Lebensmitteln, obwohl die Vorräte manchmal für Jahre reichten. Alte Urängste vor möglichen Hungersnöten waren hiefür die Ursache. Außerhalb der Essenszeiten für sich selbst Brot zu nehmen, war den Dienstboten nicht gestattet.

Während des Ersten Weltkrieges und in den Jahren danach war die Ernährungssituation in der Tat katastrophal. Schon im Februar 1915 war durch eine Verordnung die Verbrauchsmenge für Mehl auf ein Viertelkilo pro Kopf und Tag beschränkt worden.[2]

Diese Verbrauchsmenge ist für die hiesigen Verhältnisse ganz und gar unzureichend, weil der Fleischkonsum in der ländlichen Bevölkerung gar nicht nennenswert ist, da dieselbe sich fast ausschließlich von Mahlprodukten ernährt.

Quelle: Gemeindeausschußprotokoll Mariapfarr 1915.

Diese Hungerkrise traf die ländlichen Unterschichten am stärksten. Zu dieser Zeit wurde sogar den Dienstboten untersagt, ihren Dienstplatz zu verlassen, wenn sie mit der Kost nicht mehr zufrieden waren.

Dienstboten, welche infolge der durch die Kriegslage gebotenen Sparsamkeit mit den Lebensmitteln ihren Dienstplatz verlassen, sind der Bestrafung zuzuführen.
Quelle: Chronik des Gendarmeriepostens Mariapfarr 1915.

Die Kost war der eigentliche Hauptbestandteil des Lohns der Dienstboten. Schlechte Kost war eine häufige Ursache für den Dienstplatzwechsel. Dann wurde hinter dem Rücken der Bauersleute geschimpft und gespottet, denn schlechte Kost wurde als Betrug angesehen. Die Dienstboten schauten auf ihre Art, wie sie zu ihrem Recht kamen. Der Bauer kam ins Gerede und das Haus in Verruf. Gute Dienstboten zu bekommen, war dann schwer.

Die Dienstbotenordnung verlor nicht viele Worte über die Kost. Sie sollte gesund und hinreichend sein. Besondere Bedingungen über die Art und Menge der Kost waren untersagt.[3]

Nicht jedem Dienstboten wurde zugestanden, sich über die Kost zu beklagen. Der Moarknecht war die ausschlaggebende Person. Wenn er über das Essen schimpfte oder es gar in Richtung Küche schleuderte, dann war es mit der Ordnung im Bauernhaus vorbei. Somit war die Kost für den Bauern eines der wichtigsten Mittel zur Herstellung von Autorität.

Auf kleineren Höfen aßen gewöhnlich die Bauersleute gemeinsam mit ihren Dienstboten am gleichen Tisch. Auf größeren Höfen aßen Bauersleute und Dienstboten getrennt. Auch die Kost war dann verschieden – Herrenkost und Dienstleutkost.

An der Sitzordnung ist deutlich die Trennung des Hauses in zwei Hälften ersichtlich. Ähnlich wie in der Kirche saßen auf der einen Seite die Männer und auf der anderen Seite die Frauen. Auch die Rangordnung der Dienstboten geht aus der Sitzordnung hervor und damit auch die Hierarchie der Altersstufen. Die Männer saßen auf der Eckbank unter dem Herrgottswinkel, die Frauen fanden auf Bänken Platz.

Graphik 3: Sitzordnung der Dienstboten im
Pfarrhof zu Mariapfarr 1937

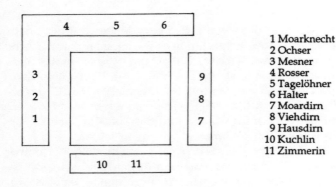

1 Moarknecht
2 Ochser
3 Mesner
4 Rosser
5 Tagelöhner
6 Halter
7 Moardirn
8 Viehdirn
9 Hausdirn
10 Kuchlin
11 Zimmerin

Quelle: Maria Fuchs.

Trotz der Trennung in zwei Hälften war das gemeinsame Mahl Ausdruck der gemeinsamen Arbeits- und Lebenswelt. Wer an diesem Tisch aß, gehörte zur Hausgemeinschaft – zu den „Hausleuten". Sogar in der Kirche saßen die Dienstboten dann auf den zum Hof gehörigen Sitzplätzen. Von den anderen Leuten wurde der Dienstbote nicht mehr mit seinem Namen genannt, sondern die Zugehörigkeit zum Bauernhof bestimmte seine Bezeichnung: „Daslerdirn", „Mosersennin", „Pfarrerknecht" usw.

Bis in die zwanziger Jahre war es üblich, daß die Dienstboten nur ein einziges Mal im Jahr ihren Lohn erhielten, das war am 2. Februar, dem Lichtmeßtag. Einzeln wurden an diesem Tag die Dienstboten nach ihrem Rang zum Bauern gerufen, der die Auszahlung durchführte.

Eventuelle Vorschüsse, die der Dienstbote im Lauf des Jahres vom Bauern erhalten hatte, wurden abgerechnet. Auch der „Leihkauf", in der Dienstbotenordnung „Darangeld" genannt, konnte vom Jahreslohn abgerechnet werden. Der Leihkauf wurde jenen Dienstboten, die der Bauer am Hof halten wollte, schon im Herbst angeboten. Nahm ein Dienstbote den Leihkauf an, dann war der Dienstvertrag um ein weiteres Jahr verlängert. Nahm er den Leihkauf von einem anderen Bauern an, dann verpflichtete er sich, zu Lichtmeß bei diesem in Dienst zu treten. War der Leihkauf erst angenommen, dann war ein Gesinnungswandel kaum mehr möglich. Verstöße gegen diese Ordnung endeten vor dem Gemeindeausschuß. 1907 bildete ein solcher Fall in der Gemeinde Thomatal den einzigen Tagesordnungspunkt einer Gemeindeausschußsitzung.

Beratung wegen der Strafung des Knechtes Michael Ferner wegen Zurückgebung des gegebenen Drangeldes an den Dienstgeber Herrn Martin Fötschl.
Indem Ferner ohne Grund den Leihkauf per Post zurückgesendet hat, wird derselbe nach § 4 der Dienstbotenordnung zu einer Strafe von fünf Kronen zum hiesigen Armenfonds zu zahlen verpflichtet.
Quelle: Gemeindeausschußprotokoll Thomatal 1907.

Zwischen den Bauern gab es stets eine Konkurrenz um die besonders tüchtigen Dienstboten. Das gegenseitige „Abreden" von Dienstboten kam daher immer wieder vor, obwohl es laut Dienstbotenordnung streng verboten war.[4] Solche Streitigkeiten um einzelne Dienstboten konnten die Ausschüsse gleich mehrerer Gemeinden beschäftigen.

Gegenstand ist die Verhandlung mit dem Dienstgeber Franz Steiner, vulgo Jons, zufolge der Zuschrift der Marktgemeindevorstehung Mauterndorf vom 22. November 1908, Zl. 1395, wegen der Dienstmagd Ottilie Mandl, daß sie den Dienst beim Hackenschmied nicht angetreten hat.

Franz Steiner, Jonsbauer, gibt an, er habe von der Drangabe des Hackenschmied an die Magd Ottilie Mandl nichts gewußt. Als er es erfahren hat durch die Aufforderung der M. G. Vorstehung Mauterndorf, hatte ich die Magd auch nicht mehr aufgehalten, den Dienst beim Hackenschmied anzutreten. Daß dieselbe den Dienst nicht angetreten hat, respektive sich weigert, den Dienst anzutreten, für das kann ich nicht. Die Magd hätte nach § 8 Punkt 1 der Dienstbotenordnung dazu verhalten werden sollen, ist aber von diesem Paragraph keine Anwendung gemacht worden.

Mithin erlaube ich mir zu bemerken, daß ich den Beschluß der Marktgemeindevorstehung Mauterndorf als nicht gerechtfertigt ansehe.

Beschluß:
Wird beschlossen, den Franz Steiner, Jons, als nicht mitschuldig zu erklären.

Quelle: Gemeindeausschußprotokoll Thomatal 1908.

Die Dienstboten waren nach ihrer Leistung in zwei Kategorien eingeteilt: in Dienstboten erster Klasse und in Dienstboten zweiter Klasse. Die Dienstboten erster Klasse erhielten einen doppelt so hohen Geldlohn wie die Dienstboten zweiter Klasse.

Auffallend hoch war der Unterschied in der Höhe des Geldlohnes zwischen Knechten und Mägden. Knechte erhielten meist einen doppelt so hohen Geldlohn wie Mägde. Neben dem Geldlohn war meist noch folgende Naturalentlohnung üblich: ein Jahrgewand, zwei Paar Schuhe, zwei Hemden und ein Paar Strümpfe.

Dienstbotenlöhne

Gemeinde Ramingstein 1922
Nach Ausspruch der anwesenden Landwirte bewegt sich der Lohn für Knechte zwischen 10.000 und 15.000 Kronen und der der Mägde zwischen 5.000 und 6.000 Kronen pro Monat. An Naturalbezügen werden im allgemeinen außer Verpflegung und Wohnung 1 Anzug (Kleid), 2 Paar Schuhe, 2 Hemden und 1 Paar Strümpfe pro Jahr verabfolgt.

Gemeinde Zederhaus 1925
Arbeiter 1. Klasse   monatlich durchschnittlich 20 Schilling
Arbeiter 2. Klasse   monatlich durchschnittlich 10 Schilling
Weibliche Arbeiter 1. Klasse   10 Schilling
Weibliche Arbeiter 2. Klasse   5 Schilling

Naturalbezüge
Knechte: 1 komplettes Kleid, 2 Garnituren Wäsche, Wolle und 2 Paar Schuhe. Zusammen 150 Schilling.
Mägde: 1 komplettes Kleid, 2 Hemden, Wolle und 2 Paar Schuhe. Zusammen 100 Schilling.

Quellen: Gemeindeausschußprotokoll Ramingstein 1922.
Gemeindeausschußprotokoll Zederhaus 1925.

In den zwanziger Jahren setzte sich immer mehr die monatliche Auszahlung der Dienstboten durch. Damit lockerte sich aber auch die enge Bindung der Dienstboten an das Haus. Ein Dienstbote, der monatlich seinen Lohn ausbezahlt erhielt, konnte leichter seinen Dienstplatz während des Jahres wechseln, als einer, der nur zu Lichtmeß seinen Lohn bekam. Dafür verringerte sich aber auch die Betreuung der Dienstboten. Wurde früher fast überall die Wäsche der Knechte am Hof gewaschen und geflickt, so mußten sich diese nun häufig eine Wäscherin bezahlen.

Die Dienstboten verdienten deutlich weniger als Lohnarbeiter. Ein Arbeiter in einem Steinbruch bei Mauterndorf verdiente 1928 bei einem Stundenlohn von siebzig Groschen mehr als hundert Schilling im Monat.[5] Ein guter Knecht kam auf dreißig Schilling monatlich. Dazu kam aber noch die Naturalentlohnung in Form von freier Wohnung, Kost und Kleidung, deren Wert immer größer war als der Bargeldanteil.

Ein Arbeiter war aber trotz des höheren Geldlohns kaum besser daran, hatte er doch meist eine zahlreiche Familie zu versorgen, war im Winter monatelang ohne Beschäftigung. In den zwanziger Jahren drohte überdies ganzjährig Arbeitslosigkeit.

Maria Fuchs

"Kochschmalz gestohlen hab' ich oft!"

Der Vater stammte aus Unternberg. Er war ein Doppelbauernsohn. Das war ein großer Bauer.

Während mein Vater die dreijährige Militärdienstzeit absolvierte, starb daheim die Mutter. Als er nach dem Militär nach Hause kam, hatte sein Vater wieder geheiratet. Mit sechzig Jahren hatte der eine Achtzehnjährige geheiratet. Zu dem Tschapperl wollte mein Vater nicht "Mutter" sagen. Er packte alles zusammen, ein Teil war schon aus seinem Kasten genommen worden, und ging von zu Hause weg. Er kehrte nie mehr zurück. Er ging als Knecht nach Tweng und fuhr zehn Jahre lang mit den Postpferden über den Tauern.

Die Mutter stammte auch von einem Bauern, vom Bartei aus Tschara. Auch sie kam als Dirn nach Tweng, und dort werden sich meine Eltern kennengelernt haben. Die Mutter kriegte ein Kind. Sie wurde deswegen zu Hause so geschimpft – es mußte geheiratet werden!

So heirateten sie 1910 in Salzburg. Bei strömendem Regen gingen sie über den Tauern. Die Mutter erzählte, sie hätte wohl neue Schuhe angehabt, aber es seien dann ganze Fleatsch gewesen. Erst in Maria Plain kamen sie darauf, daß sie auch Trauzeugen brauchten. Der Vater war zu herrisch, deshalb mußte die Mutter um Zeugen schauen. Sie kannte niemanden. Während der Hochzeitsmesse suchte die Mutter um Zeugen, der Vater war in der Kirche. Die Mutter hat später oft gesagt: "Wär' ich doch damals dahingewesen und nicht mehr in die Kirche hineingegangen!" Das hat sie oft gesagt. Beim Kirchenwirt hat sie schließlich den Mesner und noch jemanden gefunden.

Dann kauften sie in Althofen eine Keusche, aber es war so wenig Grund dabei, daß sie kaum eine Kuh halten konnten. Innerhalb von fünf Jahren kamen dann vier Kinder und vierzehn Jahre später noch ein Nachzügler.

Ich wurde 1913 geboren. Den Vater hatte ich viel lieber als die Mutter. Die Mutter war viel strenger. Der Vater war ja nicht viel zu Hause, und wenn er da war, dann hat er schön getan mit uns Kindern. Ich war das einzige Mädchen. „Ja, mein Dirnderl", hat er gesagt und mich immer zum Schlafen getragen.

Wenn es zum Ficken war, dann mußten sich die Buben selbst die Ruten garben. Der älteste Bruder ist dann oft nicht mehr heimgekommen. Nach dem Ficken mußten wir die Hand busseln. Damals haben wir uns dabei nicht viel gedacht.

Einmal hat der Vater den ältesten Bruder, den Hans, mit einem Riemen geschlagen. Die Mutter hat ihn oft, als er noch klein war, mit einem Strick an den Balsambaum gebunden, weil er immer davongelaufen ist.

In die Schule bin ich ganz gern gegangen. Den Lehrer Spannring hatte ich einige Jahre. Der war streng. Das erkannten wir schon an seinem Gewand. Wenn er eine häuterne Hose anhatte, eine ganz helle, dann wußten wir schon, daß wir uns an diesem Tag wieder freuen konnten. Wenn er einen Anzug anhatte, dann war es leichter. Immer hat er mich auf der Landkarte etwas gefragt. „Heraus", hat er immer gesagt. Und bei mir hat er genau gewußt, daß ich die Frage nicht weiß. Immer sollte ich auf der Karte etwas zeigen, und das hab' ich einfach nicht gekonnt. Ich war auch ganz kurzsichtig, aber eine Brille hab' ich nicht gehabt. Da hat niemand etwas gesagt. In Betragen, Fleiß und Religion müssen wir einen Einser haben, hat die Mutter gesagt. Sonst ist es aus. Alles andere war nicht mehr so wichtig.

Einmal machten wir einen Ausflug auf den Gensgitsch. Damals ging ich das zweite Jahr zur Schule. Wir hatten den Lehrer Walzl. Als Jause erhielt ich das ganze

Jahr nur ein kleines Brotstück mit zur Schule. An dem Tag bekam ich ein größeres Stück und ein Ei. Der älteste Bruder, der Hans, sah, daß ich ein größeres Brotstück hatte. Da zog er eine Ansichtskarte aus der Tasche. Ich weiß nicht mehr, was darauf abgebildet war. Er fragte mich, ob sie mir gefällt. „Wenn du mir das Brot gibst, dann geb' ich dir die Karte, sonst werf' ich sie in den Bach!" Und ich war so dumm und gab ihm das Brot!

Als wir später eine Rast machten, aß ich großzügig mein Ei. Zu Mittag kamen wir dann ans Ziel. Ich hatte nichts mehr zu essen. Der Lehrer Walzl fragte mich, ob ich denn nichts zu essen habe. Er leerte mir dann aus seiner Feldflasche Kaffe heraus. Da dachte ich mir: „Der erbarmt sich." Das weiß ich noch so gut!

Wenn wir von der Schule heimkamen und auf dem Tisch nichts stand, dann wußten wir, daß das Essen im Rohr stand. Und dort stand ein Häfen mit Tuschensuppe. Das wußten wir schon. Das war so eine süßliche Suppe, von der ich mich schon so abgegessen hatte. Und die Mutter sagte: „Werden schon essen, die Fratzen, wenn sie hungrig sind!"

Ich seh' noch, wie mein Bruder manchmal von außen auf das Küchenfenster klopfte: „Mutter, einen Hunger hätt' ich!" – „Ja, das glaub' ich dir, ich hab' nichts!"

Aber die Mutter hat selbst auch nichts Gutes gehabt. Zu Hause mußte sie alles machen. Der Vater ist ja erst um sechs Uhr abends heimgekommen. Sie mußte viel arbeiten. Manchmal wollte sie, wenn sie arbeitete und schwitzte, ein Stückchen Speck essen. Dann ging sie in die Kammer, schaute den Speck an, aber dann dachte sie, wenn sie ein Ei und ein bißchen Mehl dazugibt, dann kann sie am Abend Knödel machen. Dann getraute sie sich den Speck nicht mehr zu nehmen. So armselig ist es hergegangen. Das hat die Mutter oft erzählt.

„Geht ja geschwind heim nach der Schule!" hat es geheißen, „heute ist es zum Heuen!" Dann durften wir nach der Schule gar nicht heimgehen, sondern mußten hinunterlaufen zum Bahngleis. Dort hatten wir eine Böschung zum Heuen. Die Mutter hatte das Essen mitgebracht und inzwischen wo abgestellt. Als wir dann essen wollten, waren nur mehr einige Brösel übrig. Da waren die Moar-Kinder dazugekommen und hatten alles aufgegessen. Wir hatten nichts. Und die Mutter schimpfte: „Die Fratzen!" Hühnersteigen wären es gewesen. Jetzt waren nur mehr Brösel übrig.

Am Abend, wenn der Vater von der Arbeit heimkam, mußte immer frisches Wasser da sein. Das holten wir immer beim Steinbründl. Wenn wir den Vater bei der Zehnerbrücke kommen sahen, dann sind wir mit dem Krug gelaufen.

Der Vater war bei der Murtalbahn. Die Mutter mußte sparen, damit sie ihm ein bißchen Jause mitgeben konnte. In der Früh machte sie ihm manchmal ein Mus. Da hat der Vater dann ein kleines Eck in der Pfanne übriggelassen und zu uns Kindern gesagt: „Das dürft ihr aber nicht essen, das gehört der Mutter!" Ich habe hinübergeschielt und gedacht: „Das möchte ich auch."

Im Winter mußten wir jeden Tag den Rosenkranz beten. Jeden Sonntag mußten wir zur Kirche gehen, um sechs Uhr früh und um acht Uhr nochmals. Der Vater ging auch um sechs Uhr. Dann ging er heim frühstücken. Um acht Uhr ging er wieder zum Gottesdienst. Er hat oft gesagt: „Ich kann mir nicht mehr verdienen, als in der Zwischenzeit nach Hause Suppn essen gehen." Ein Schnaps im Wirtshaus hätte etwas gekostet, und da ist er lieber nach Hause gegangen aus lauter Sparsamkeit.

Bei der Kleidung hatten wir keinen großen Aufwand. Ich war ja das Sparen und das Einfache gewohnt. Manchmal wußte ich gar nicht, was ich anziehen sollte, weil um alles zu schade war. Eine Schürze hätte ich nicht umbinden dürfen, da hätte die Mutter schon geschimpft: „Kommt sie schon wieder daher, daß man Sonntag und Werktag nicht auseinanderkennt!" So mußte ich einen „Mittelfetzen" umbinden. Einfach um die Mitte herum einen Fetzen und hinten zusammengebunden. Viel zu schade war um eine Schürze.

Die Braml-Mädchen hatten Trägerschürzen bekommen. Solche wollte ich auch. Ich wollte mir selbst welche machen. Unmöglich war das für die Mutter! Um die Mitte mußte ich einen Fetzen binden. Und die Kleider waren alle geflickt. Manchmal hat man gar nicht mehr erkannt, wie das Kleid einmal ausgeschaut hat, so viele Flecken waren angenäht.

Einmal arbeiteten wir auf dem Feld. Es war ein heißer Tag. Die Mutter mähte die Gerste, und ich hob sie auf. Wir waren ganz allein weit und breit. Ich hatte selbstgestrickte Strümpfe an, die reichten bis zu den Knien. Wegen der Hitze schob ich die Strümpfe hinunter. Die Mutter sah das. „Wirst du wohl die Strümpfe hinaufziehen!" rief sie, „Sonst hau' ich dir die Sense um die Füße!" Das weiß ich noch gut. Das war etwas Schlimmes, nackerte Füße und Arme zu zeigen!

Aufgeklärt wurden wir nie. Bei uns zu Hause hat man darüber nichts gehört. Ich war ja so dumm! Als die Mutter schwanger war, erkannte ich das nicht, obwohl ich schon sechzehn Jahre alt war. Der älteste Bruder, der Hans, hat gesagt: „Weißt was, wir kriegen ein Tatl!" Gescheiter bin ich erst worden, als ich unter die Leute kam.

Wenn eine Dirn ein Kind hatte, mußte sie fast umsonst arbeiten, wenn sie das Kind wo angestiftet hatte. Und wenn sie es selbst behielt und auf ihrem Dienstplatz bleiben durfte, dann bekam sie meist gar keinen Lohn.

Ich kann mich noch gut erinnern, als zu uns nach Hause zwei Dienstboten kamen, zuerst die Moardirn und später die Sennin von Niederrain. Die Frauen mußten um einen Platz für ihr Kind bitten. Zuerst kam die Moardirn. Das weiß ich noch so gut! Wir sollten ihr Kind nehmen, ein kleines Kind, zwei oder drei Monate alt. Der Vater war in der Stube, die Mutter war schon im Stall. Die Dirn ist vor dem Vater niedergekniet, das weiß ich noch so genau, und hinaufgeschaut und gebeten hat sie soviel. Ich muß fast jetzt noch weinen. Dann hat sie gesagt: „Jetzt hab' ich beim Heruntergehen schon einen Rosenkranz gebetet, damit ich nicht umsonst gekommen bin!"

Der Vater hat es nicht erlaubt. „Wir haben selbst noch Kinder", hat er gesagt. Der Hiasl war damals drei Jahre alt. Ich bin dann zur Mutter in den Stall gelaufen und hab' zu ihr gesagt, sie soll hereinkommen, der Vater erlaubt es nicht. Dann hat sie gesagt: „Wenn es der Vater nicht erlaubt, dann brauch' ich gar nicht hineinzugehen!"

Sie ist nicht hineingegangen. Und mir hat die Dirn so erbarmt! Angeschafft haben halt die Männerleut, und die Weiber mußten das halt tun. Uns ist das eigentlich selbstverständlich vorgekommen, wir hatten nichts zu schaffen.

Später ist dann die Sennin gekommen. Die hatte schon ein Platzl für ihr Kind gehabt, aber kein gutes. Auch ihr Kind war zwei oder drei Monate alt. Der Vater des Kindes war der Suppan-Moar. Beide waren ein bißchen verwandt zu meinen Eltern. Lange haben sie in der Stube hin und her beraten. Die Dirn hat gebittet und gebettelt. Dann haben sie dieses Kind doch genommen. Und ich war so froh! Ein Mädchen – ich hatte ja nur Brüder. Der Kindsvater hat das Kind dann an einem Sonntagnachmittag mit dem Kinderwagen heraufgezogen zu uns. Das weiß ich auch noch so gut.

Das Kind war so lieb, aber so schlecht ernährt. So billig gefüttert! Meine Mutter hat gesagt: „Wenn ich nicht selbst Kinder gehabt hätte, dann käme mir vor, ich kann kein Kind füttern." Das Kind hat alles erbrochen. Lange hat es gedauert, bis es besser wurde.

An einem Sonntag hatte die Mutter das Kind beim Essen auf dem Schoß. Das sehe ich heute noch vor mir. Das Kind hat der Mutter zugeschaut, wenn sie den Löffel zum Mund führte. Und die Mutter hat gesagt: „Mein liebes Dirndl, das kann ich dir ja nicht geben!"

Das Kind blieb dann bei uns, bis es aus der Schule austrat. Die Mutter hat immer wieder Kinder angenommen. Wenn in den Schulferien arme Kinder verschickt wurden, dann hat sich immer die Mutter gemeldet. Aus Ramingstein hatten wir einen Buben und aus Bürmoos.

Nach der Schule mußte ich zu Hause bleiben. Die Buben mußten schauen, daß sie eine Arbeit fanden und verdienten. Bei mir hieß es: „Ist ja das Dirndl zu Hause, die soll arbeiten!" Bis ich vierundzwanzig Jahre alt war, habe ich zu Hause gearbeitet, ohne Krankenkasse und ohne Lohn. Nichts hatte ich. Dann kam ich zum Pfarrhof. Das war mein erster Platz. Dort wurde ich Kuchlin. Die Mutter wollte nicht, daß ich Viehdirn oder Hausdirn werde. Kuchlin kann ich werden, hat sie gesagt, sonst läßt sie mich von zu Hause gar nicht fort. Meine Mutter war mit neunzehn Jahren zum Pfarrer Lackner als Kuchlin gekommen. Sie wollte, daß ich Kochen lerne.

Als ich zu Lichtmeß hinkam, waren alle neu in Dienst gestellt worden: die Kuchlin, die Moardirn, die Viehdirn und die Hausdirn. Nur die Sennin und die Zimmerin waren schon länger dort. So konnte man fragen auch nicht, wenn man sich wo nicht auskannte. Wieviel die anderen verdienten, das wußte ich nicht. Da hätt' ich mich auch gar nicht zu fragen getraut.

Frau Kathi war die Köchin. Die Kost war gut, trotzdem haben manche geschimpft. Aber mir hat es gefallen. Ich kann mich noch an den Blasiustag erinnern. Wir kamen in die Küche zum großen Tisch, dort bekamen wir eine Jause. Die Köchin schaute in die Runde und hat sich wahrscheinlich gedacht: „Die Mirl wird wohl zu gering werden als Kuchlin." Ich hab' damals ja so blaß und schlecht ausgesehen.

So früh mußte ich aufstehen! Immer um zwei Uhr mußte ich die Küche putzen. Alle zehn Tage haben wir Brot gebacken, etwa dreißig Laibe. Wir hatten drei Kundschaften und waren selbst zehn Dienstboten.

Das Essen mußte ich auftragen. Die Moarstube war weit von der Küche entfernt. So mußte ich über die Stiegen auf und ab laufen. Oft dachte ich: „Die können wenigstens beim Essen sitzen, ich muß da auch noch laufen!" Ich hatte große Pfannen zum Schleppen. Um fünf Uhr war täglich Frühstück, das ganze Jahr hindurch.

Nur am Sonntag frühstückten wir um sieben. Werktags gab es Koch und Schottsuppe, sonntags Milchsuppe. Zuerst mußte ich die Küche ausreiben, und dann mußte ich Koch und Schottsuppe machen. Die Kochpfanne war so schwer! Auf halbem Weg zur Moarstube war ein Kruzifix. Dort mußte ich immer rasten mit der schweren Pfanne, und ich dachte, ich kann nicht mehr weiter.

Die Kathi, die Köchin, die hat das Schmalz für das Koch schon am Abend hergerichtet. Das stand in der Speis. Neben der großen Schüssel mit der Butterkugel stand das kleine Schmalzhäferl. In der Früh bin ich geschwind in die Speis und hab das Häferl aufgehoben. Schon wußte ich, wie schwer es war! „Wenn das zergeht – das ist ja ein Lackerl – für zehn Leute – da trau' ich mich ja gar nicht hinunter in die Moarstube!" – Da hab' ich oft von der Butterkugel heruntergeschnitten!

Ich hab' oft erzählt, daß ich nichts gestohlen habe – aber Kochschmalz gestohlen – das hab' ich wohl oft! Aber es hat niemand etwas gesagt – auch die Kathi nicht.

Der Moar hat immer zuerst zu essen begonnen. Der hat zuerst ein Loch gemacht im Koch. Da ist fast das ganze Schmalz in sein Loch geronnen. Dann kamen die anderen vier Knechte an die Reihe. Und dann erst die Weiber. Ich war die letzte, ich mußte die Kochpfanne halten. Ich hab' kein Schmalz mehr erwischt. Die Moardirn saß auf der anderen Seite. Sie ist einmal aufgestanden und hat mir ihrem Löffel Schmalz von den Männerleuten genommen und bei ihr hineingetan. Das weiß ich noch gut.

Manchmal gab es Buchteln, wirklich gute Buchteln. Trotzdem hat der Moar einmal aufgedreht und gesagt: „Wennst noch öfter kommst mit dem, dann geh' ich hinauf und scheib ihm die Buchteln bei der Küchentür hinein!"

Das war der Brandstätter-Hias! Die Buchteln dem Pfarrer bei der Küchentür hineinscheiben! Zu mir hat er sich das zu sagen getraut, aber zum Pfarrer oder zur Köchin hätt' er sich das auch nicht zu sagen getraut!

Wenn es ein besseres Essen gab, wenn ein Festtag war, dann mußten wir Dienstboten, wenn wir mit dem Essen fertig waren, zum Pfarrer hinaufgehen „Gelt's Gott" sagen. Da sind wir dann bei der Küchentür angestanden wie beim Beichten. Der Moar voraus und wir nach dem Rang zurück. Alle mußten „Gelt's Gott" sagen, die Männerleut und die Weiberleut. In der Küche saß der Pfarrer in seiner Breite beim Tisch. Vorn hatte er ein Tuch umgebunden. Dann lachte er: „Hat's euch geschmeckt? Ha, ha, ha!"

Beim Pfarrhof wurden viele Schweine gehalten, aber wir bekamen das ganze Jahr nie Speck zu essen. Ich hab' mir oft gedacht, wohin bei uns das viele Fleisch und der Speck kommen. Wir Weiber kriegten nie Speck. Die Männer schon!

Einmal hab' ich die Köchin gefragt, als ich die Jause holen ging: „Was tun die Männerleute heute?" Sie sagte: „Der führt Jauche, der macht Holz ..." Da bekam jeder eine bestimmte Jause. Drei oder vier Arten von Jause waren hergerichtet, ganz komisch. Von den Weibern wußte die Köchin, daß sie in der Stube waren und spannen. Da war es mit der Jause sowieso nicht heikel! Ich kann mich nicht erinnern, Speck erhalten zu haben. Das war ein Fremdwort.

Der Pfarrer war grad großzügig und hat eingeladen, priesterliche Freunde und andere. Manchmal war die Küche voll davon. Dann hab' ich mir gedacht: „Da läßt er was her, der Pfarrer!" Mittwochs, am Schwarzmandltag, hatten sie in Tamsweg ihre Zusammenkunft, da kamen alle Priester und „Koprata" zusammen. Und zum Schluß hat der Pfarrer dann alles mitgenommen nach Mariapfarr zum Jausnen.

Die Zimmerin hieß Kathl. Die ist herumgeschlichen in ihren Patschen. Und ich hab' mich immer gefüchtet, daß sie mich erwischt beim Kochschmalz stehlen. Die Zimmerin hat aufgepaßt, daß nichts passiert! Die hat man herunten lassen bei den Dienstboten zum Aufpassen. Sie hat auch bei uns geschlafen. Sie war recht betend. Wenn ein bißchen was passierte oder etwas gesprochen wurde, dann ist sie schon zur Köchin gelaufen. Und wenn ich dann in die Küche hinaufkam, dann hab' ich der Köchin schon angemerkt, daß sie alles wußte. Wenn es einmal die Köchin wußte, dann hatte es schon geraten!

Manchmal waren die Männerleut bei uns im Zimmer beim Kastlschnaps. Zwei oder drei Männer. Dann kam die Zimmerin. Da fanden sie dann hinaus! Weil man ja obenauf sofort alles wußte! Aber es ist nichts Unrechtes passiert, bestimmt nicht! Fuchtgeher hat es bei uns auch nicht gegeben, da hatten wir einfach eine zu gute Aufpasserin.

Am Abend mußte ich in der Küche das Geschirr abwaschen. Wenn ich manchmal um neun Uhr hinunterkam, da ging es um in der Moarstube. Da kam der Thomala-Moar, der Örgl-Moar und der Gottlieb-Moar. Alle kamen sie zum Pfarrer. Da war die Luft rein. Getanzt haben wir nicht, aber „Blinde Maus fangen" und „Stockschlagen" haben wir wohl in der Stube. Da wurde der Tisch in die Mitte gestellt, die Augen verbunden, und dann ging es rund um den Tisch.

An einem Sonntagnachmittag sind wir auch einmal herumgeflogen. Die Jause stand schon da. Am Sonntag wurde sie um zwei, halb drei gebracht. Ein Häferl Kaffee und Brot dazu. Ich weiß nicht, daß wir Kuchen gekriegt hätten. Da sind wir herumgeflogen. Da flog der Tisch um, die Jause fiel auf den Boden, und die Häferl waren alle kaputt. Ich hab' heute noch jenes Häferl, das mir der Moar später bezahlt hat. Der Pfarrer ist manchmal heruntergekommen, wenn es recht laut war, um nachzuschauen, was los ist. „Was ist denn das für ein Spektakel?" hat er gemeint. Der Pfarrer hat nicht viel gesagt, aber die Köchin. Die mußten wir mehr fürchten!

Einmal hatten wir über Weihnachten drei Einleger. Die hat niemand behalten über die Feiertage. Da sagte man:

„Geht hin zum Pfarrer, der hat Zeit genug, der soll euch behalten!"

Drei Einleger! Die waren herunten bei uns Dienstleuten. Ich mußte für die drei das Essen herausschöpfen. Wenn es auch aussah, daß es eine große Rohrpfanne war, so mußte man ein großes Stück herausgeben, daß die drei Einleger zu essen hatten. Es war die Blinde-Thres und die Restn-Mirl und ein Männerleut, vielleicht der Gaberl. Das kann ich nicht mehr genau sagen. Die „Blinde" hat geschwind gesagt, Erdäpfel mag sie keinen zum Fleisch!

Der Pfarrer hat die Einleger neunzehn Tage behalten müssen. Das ist eine lange Zeit! Der Pfarrer Oberkofler hat halt gesagt: „Die werden schon auch zu essen haben!"

Die Restn-Mirl hatte ein kleines Kotterl zum Schlafen, gerade, daß sie darin Platz hatte. Für die anderen wurde wahrscheinlich in der Stube ein Platz gerichtet. So genau weiß ich das nicht mehr.

Drei oder viermal im Jahr haben wir gewaschen. Einmal haben wir fünf Tage hintereinander gewaschen! Und so viel Wäsche! Da stand ein langer Tisch im Hof, und dort wurde gewaschen. Alles mußte gebürstet werden. Auch im Winter. Wenn wir auch warmes Wasser in einem Schaff herrichteten – auf der Seite war alles gefroren. Zum Waschen verwendeten wir Aschenlauge. Die Hände waren ganz rot. Nach vier oder fünf Tagen hatte man fast keine Kraft mehr, um die Wäsche auszuwinden. Dann mußten wir die schwere Wäsche zum Aufhängen auf den Dachboden tragen. Dort mußten wir die schweren Körbe über die Dachtram heben. Die eigene Wäsche durften wir da nicht dazugeben. Die mußten wir separat, außer der Zeit, waschen.

Selbst hatte man alle Wochen ein Hemd, einen Unterkittel, eine Bluse, eine Schürze, einen Fetzen. Viel hatte man ja nicht!

Die Herren haben schon ihre Hemden und Sacktüchel dazugegeben. In einem Schaffel mit zwei Griffen daran waren nur lauter Sacktüchel vom Pfarrer und von den

Kooperatoren. Alles war zu bürsten. Da ist die erste Bürste nur so darübergerutscht!

Ich hab' auch für meinen Bruder und für einen Knecht gewaschen. Alles außer der Zeit. Im Pfarrergarten hab' ich die Wäsche aufgehängt. In der Früh hab' ich einmal hinuntergeschaut. Da war die Schnur leer! Entweder ist die Wäsche hinuntergefallen oder gar gestohlen worden! Zwei Hemden, zwei schöne Hemden – weg waren sie! Jetzt wär' es fast notwendig gewesen, daß ich dem Knecht noch die Pfoat ersetze!

Im Winter haben wir gesponnen. Einmal war der Weber da, und der hat vierzehn Tuchstückel gemacht. Damals gab es Weber in Bruckdorf, Zankwarn, Sankt Andrä, Fanning. Ein solches Tuchstück war dreizehn, vierzehn Meter lang und fast einen Meter breit. Das wurde dann aufgerollt. Vierzehn solche Tuchstückel hat er gemacht! Die habern Rollen waren kleiner, weil sie feiner waren. Die rupfern waren größer. Die Männerleut bekamen sie dann als Leintücher. Aber wenn man das waschen mußte!

Bei den Unterhemden war der obere Teil habern und der untere Teil rupfern. Das hat gebissen! Wenn man einen kleinen Ruckatzer machte, dann war eh alles weg!

Beim Pfarrer mußten wir auch lang Streu gehen. Drei Wochen waren wir in der Gensgitsch. Dort machten wir einen großen Streuhaufen, acht Meter lang und fünf Meter breit. Das weiß ich heute noch. Der Rosser mußte Lebensmittel hinaufführen, denn wir sind oben geblieben. Geschlafen und gegessen haben wir im Gensgitschhüttl. Von dort mußten wir zum Arbeitsplatz noch eine halbe Stunde gehen. Für den Mittag nahmen wir eine Jause mit. Da kriegten wir auch ausnahmsweise Speck.

Um die Mittagszeit sind die Leta gelegen und wir Weiber auch. Der Moar hat seine Uhr herausgezogen und auf einen Holzstock gelegt. Und wenn sie alle geschlafen haben, dann bin ich hin und hab' die Uhr zurückgedreht. Wenn dann der Moar munter wurde, meinte er: „Ah, es ist noch nicht mehr, es derleid sich schon noch a bissl!"

Auf der Alm waren wir auch einige Wochen. Der Anger mußte gemäht werden. Auf der Alm war man viel freier, da hat niemand nachgeschaut! Wenn schlechtes Wetter war, dann war ich froh. Wenn ich in der Früh munter wurde und ich hörte es tröpfeln, dann hat es mir getaugt. Dann dachte ich: „Heute ist wieder kein gneatiger Tag!" Aufstehen und Koch machen, das tat ich gern. Aber dann konnte ich wieder liegen gehen! Daheim hat es immer allerhand Arbeiten gegeben. Da gab es kein Feiern!

Einmal haben sie mich danach gefragt, ob ich Sennin werden will. Nein, Sennin bin ich keine! Sennin wollte ich keine sein! Ich hätte mich gefürchtet, daß das Vieh krank wird. Da ist man ja für alles verantwortlich! Da arbeite ich lieber daheim und hab' nicht die Verantwortung!

Nach dem Pfarrhof war ich dann bei einem Bauern. Sonntags kriegten wir manchmal Knödel, oft kriegten wir aber auch nur eine Farvel und eine Fleischsuppe darübergeleert und ein bißchen Fleisch darübergeschnitten. Das war das Sonntagsessen! Da hätte ich ja noch Knödel lieber gehabt! Der Bauer hat mit uns gegessen, aber die Bäuerin aß mit dem alten Vater. Die hat dafür extra gekocht. Und sonntags, wenn ich abgewaschen hatte und hinauskam, da saßen sie schon oben im Garten und haben wieder gejausnet. Um eins, halb zwei saßen sie schon wieder im Garten und haben gejausnet! Da hab' ich mir schon gedacht: „Uns haben sie so billig abgefüttert, und sie gehen dann jausnen!"

Bei den Bauern hat man halt oft gesagt: „Wenn einmal im Jahr nichts wächst, dann stehen wir da und haben nichts!" Das hat man oft gesagt!

Einleger und Armenversorgung

Alte Dienstboten vor dem Mauterndorfer Altersheim. Als 1925 drei alte Dienstboten um Aufnahme in das Armenhaus ersuchen mußten, weil sie durch die Inflation der Nachkriegsjahre alle Ersparnisse verloren hatten, die sie vor dem Armenhaus hätten bewahren sollen, wurde das Schild des Armenhauses auf „Altersheim" umgeändert.

Im Alter traten die Standesunterschiede zwischen Besitzenden und Besitzlosen noch einmal in scharfem Kontrast zutage: Das Alter konnte einen Dienstboten nicht ehren.

Viele alte Dienstboten arbeiteten so lange, bis ihre Arbeitskraft erschöpft war. Wenn ihnen dann vom Bauer kein Platz am Hof zugewiesen wurde und sie nicht bleiben durften, dann standen sie vor dem Nichts. Sie mußten die Gemeinde um Aufnahme in die „Armenversorgung" ersuchen.

Johann Jäger zeigt an, daß er bei seinem Alter von zweiundsiebzig Jahren sich nicht mehr fortbringen kann und um Aufnahme in die Armenversorgung ersucht.

Beschluß:
Wird in die Versorgung, und zwar als Einleger, übernommen.

Quelle: Gemeindeausschußprotokoll Mauterndorf 1905.

Dieses Schicksal widerfuhr auch alten Mägden, wenn sie niemand mehr in Dienst stellte.

Unterbringung der Marie Gfrerer, Schackmiadl
Wird beschlossen, weil sich niemand findet, der sie in Dienst nimmt, sie in die Einlegerversorgung zu übernehmen, und zwar soll sie beim Krottendorfer anfangen.

Quelle: Gemeindeausschußprotokoll Zederhaus 1936.

So endete ein alter und meist familienloser Dienstbote als „Einleger", „Einleiber" oder „Inleiber"[1], der von Hof zu Hof ziehend sein Leben fristen mußte. Für viele Knechte und Mägde blieb dieses vorgezeichnete Schicksal im Alter eine ständige Bedrohung. Das kommt auch in einzelnen Quellen deutlich zum Ausdruck.[2]

Aber nicht nur alte Dienstboten konnten in die „Einlage" kommen, sondern auch alle jene, die durch Krankheit oder Unfall erwerbslos geworden waren. Weil die Armut meist auch als selbstverschuldet angesehen wurde, deshalb galt arm zu sein als Schande.

Den Betroffenen wurde fehlende Sparsamkeit, fehlende Vorsorge oder fehlender Fleiß vorgeworfen. Ins Armenhaus zu kommen oder als Einleger zu enden, bedeutete schließlich, der Verachtung aller ausgesetzt zu sein. Wer Einleger wurde, verlor alle persönlichen Rechte, verlor jegliche Selbstbestimmung, und sogar über das Eigentum konnte nicht mehr selbst verfügt werden.

Aufnahme des Johann Gruber, alter Jakobsohn, als Einleger. Er steht beim Dorfer, Trattnerbauer in Rothenwand Nr. 1, ein und muß von Haus zu Haus nach dem Einlegerbuch gehen. Sein Sparkassenbuch wird in Gemeindeaufbewahrung genommen. Verfügungsrecht hat darüber der Gemeindeausschuß.
Quelle: Gemeindeausschußprotokoll Zederhaus 1921.

Nicht einmal über den Inhalt ihres Kastens, in dem sich der geringfügige Besitz befand und der sie als Dienstboten im Lauf des Lebens von einem Dienstplatz zum anderen begleitet hatte, konnten die Einleger frei entscheiden.[3] Ein Einleger, der im Jahr dutzende Male von einem Platz zum anderen wechselte, konnte keinen Kasten gebrauchen. In der Gemeinde Mariapfarr wurden die Kästen der Einleger daher am Dachboden des Gemeindehauses abgestellt und dann von Zeit zu Zeit, wenn ihre Besitzer schon verstorben waren, versteigert.[4] Sogar die eigenen Kleidungsstücke und Schuhe in ihren Kästen durften die Einleger erst beanspruchen, wenn die alten nicht mehr zu gebrauchen waren. Erst wenn nichts Brauchbares mehr vorhanden war, dann war die Gemeinde verpflichtet, auf ihre Kosten für Schuhe und Kleidungsstücke zu sorgen.

Für die Einleger Mathias Kocher und Johann Genser ist die Beistellung von Schuhen notwendig. Der Bürgermeister wird ermächtigt, Schuhe anzukaufen, vielleicht wären übertragene zu haben.
Quelle: Gemeindeausschußprotokoll Mauterndorf 1921.

Mit dem Eintritt eines alten Dienstboten in die Einlage erhielt dieser von der Gemeinde auch das „Einlegerbüchl", das er nun ständig mit sich führen mußte. Im Einlegerbüchl waren alle „Quartierträger" der Gemeinde nach der Hausnummer aufgelistet. Neben dem Namen des Quartierträgers stand dessen Steuerquote und daneben die Anzahl der Tage, die er aufgrund dieser Steuerquote die Einleger behalten mußte. In der Gemeinde Tamsweg wurde pro zehn Kronen Steuerquote je ein Tag Einlegerversorgung vorgeschrieben.[5] Aber nicht nur Bauern waren verpflichtet, Einleger zu nehmen. In größeren Ortschaften und in Marktorten wurden auch alle anderen Besitzer wie Schuhmacher, Schneider, Weber, Sattler, Tischler, Glaser, Uhrmacher, Töpfer oder Wagner verpflichtet, Einleger zu behalten. Kleine Keuschler und Handwerker mußten gemäß ihrer Steuerquote einen Einleger meist nur einen Tag einquartieren und versorgen. Waren in den Dorfgemeinden die Bauern die größten Besitzer, so war in den Marktorten die besitzende Schicht vor allem Kaufleute und Wirte. Diese Schicht hob sich von den Bauern, Keuschlern und Handwerkern überdeutlich ab.

Tabelle 20: Die größten Quartierträger für Einleger in der Marktgemeinde Tamsweg

		Einlegerversorgung
Kandolf	Kaufmann	68 Tage
Lüftenegger	Brauerei und Wirtshaus	45 Tage
Gappmaier	Brauerei und Wirtshaus	44 Tage
Löcker	Wirtshaus	38 Tage
Lettmayer	Kaufmann	24 Tage
Esl	Wirtshaus und Fleischhauer	21 Tage

Quelle: Einlegerbüchel der Eva Sieder, Tamsweg.

Welche Pflichten sowohl Einleger als auch Quartierträger hatten, darüber gab es in den einzelnen Gemeinden genaue Vorschriften.

Vorschriften für den Einleger und Quartierträger

Der Einleger hat die im Büchl vorgeschriebenen Häuser und Tage genau einzuhalten. Die Besitzer haben dem Einleger an den vorgeschriebenen Tagen ortsübliche Kosten zu verabreichen gegen Vergütung von sechzig Heller per Tag.
Quelle: Einlegerbüchel des Johann Rest, Tamsweg.

Im Lauf der Zeit lernten die Einleger alle Höfe und Keuschen kennen: die Kost, die man ihnen vorsetzte, die Behandlung, die man ihnen zuteil werden ließ, und das Quartier, das man ihnen zuwies.

Immer wieder versuchten die Einleger jenen Häusern auszuweichen, wo sie schon einmal schlecht behandelt worden waren. Sie mieden diese Höfe und hielten die in den Einlegerbücheln vorgeschriebene Reihenfolge nicht ein.

Gemeinderat Johann Rauter berichtet über die Unordnung im Einlegewesen. Die Gruber Theres ist von Bruckgarn außer Reihenfolge nach Miesdorf gelaufen und hat mehrere Häuser in Faning übergangen. Die Reihenfolge muß genau eingehalten und auf Reinlichkeit gesehen werden. In jeder Ortschaft werden Personen gewählt, die eine gewisse Kontrolle ausüben.
Quelle: Gemeindeausschußprotokoll Mariapfarr 1923.

Manchmal schritt ein Gemeindevorsteher ein, schrieb einen Mahnbrief oder drohte mit dem Entzug des Einlegers, wenn dessen Behandlung zu schlecht war.

Brief zur Kenntnis zu nehmen
Ermahnung an die Hausgenossen, der Einlegerin keine Vorwürfe zu machen, nach Tunlichkeit menschenwürdige Behandlung zukommen zu lassen, dabei aber strenge darauf schauen, daß der Raum reinlich zur Verfügung gestellt und von der Einlegerin reinlich gehalten wird. Kathl Karner in Ruhe lassen, jedes Fragen bleiben lassen.
Quelle: Gemeindeausschußprotokoll Sankt Andrä 1935.

Durch das ständige Herumziehen und durch das Schlafen in Tennen und Ställen – bessere Schlafstellen wurden ihnen oft nicht zugewiesen – verwahrlosten die Einleger schnell. Wochen- ja monatelang kamen sie nicht aus ihrer Kleidung – sie hatten ja nichts, außer was sie am Körper trugen. Manchmal weigerten sich dann die Quartierträger, einen solch verwahrlosten Einleger aufzunehmen.

Der Einleger Josef Amerer ist von dem ihm anhaftenden Ungeziefer zu reinigen, und es hat jedes Haus denselben in Zukunft zu behalten.
Quelle: Gemeindeausschußprotokoll Weißpriach 1905.

Den Quartierträgern mußte von seiten der Gemeindevorstehung ausdrücklich zur Pflicht gemacht werden, die Einleger zu reinigen und deren Wäsche zu waschen.

Jeder Besitzer hat von nun an den Einleger zu reinigen, damit er und auch die Wäsche von Ungeziefer frei sei, und hat kein Besitzer einen Einleger aufzunehmen, wenn er Ungeziefer hat. Die Wäsche ist von den Besitzern zu waschen und die Kleidung und Wäsche auszubrennen, wenn Ungeziefer darin ist.
Quelle: Gemeindeausschußprotokoll Lessach 1919.

Aber trotzdem entzogen sich die meisten Quartierträger immer wieder ihrer Pflicht. So mußten die Gemeinden schließlich Geldbeträge ausbezahlen, damit Reinigungen und Entlausungen durchgeführt wurden. Manchmal mußte ein Einleger sogar ins Spital zur Reinigung gebracht werden.

Für die Entlausung der Maria Ferner werden nachstehenden Personen folgende Beträge ausbezahlt:
Theresia Doppler: 10 Schilling
Eva Müller: 5 Schilling
Anna Grimming: 5 Schilling
Matthias Macheiner: 10 Schilling
Quelle: Gemeindeausschußprotokoll Mariapfarr 1927.

Der Einleger Josef Gruber wird zur Reinigung in das Spital nach Tamsweg gesendet.

Quelle: Gemeindeausschußprotokoll Mariapfarr 1917.

Der Bürgermeister erstattet Bericht über die Einlegerin Katharina Schlick. Sie ist vollständig verlaust und wurde von den Angehörigen des Josef Macheiner gereinigt. Für diese Arbeit spricht der Ausschuß eine Entschädigung von zwei Schilling zu.

Quelle: Gemeindeausschußprotokoll Mariapfarr 1933.

An der Verwahrlosung der Einleger war vor allem das ständige Herumziehen schuld. Dutzende Male mußten sie im Lauf eines Jahres ihre Quartierplätze wechseln. Bei großen Besitzern mußten sie einige Wochen bleiben, bei kleinen Keuschlern und Handwerkern nur einen Tag. Die Einlegerin Eva Sieder in der Gemeinde Tamsweg verbrachte das Jahr 1912 beispielsweise bei sechsundvierzig verschiedenen Quartierträgern.

Tabelle 21: Verweildauer der Einlegerin Eva Sieder bei ihren Quartierträgern in der Gemeinde Tamsweg im Jahre 1912

bei 11 Quartierträgern je	1 Tag
bei 7 Quartierträgern je	2 Tage
bei 3 Quartierträgern je	3 Tage
bei 4 Quartierträgern je	4 Tage
bei 3 Quartierträgern je	5 Tage
bei 1 Quartierträger	6 Tage
bei 4 Quartierträgern je	7 Tage
bei 1 Quartierträger	8 Tage
bei 5 Quartierträgern je	9 Tage
bei 3 Quartierträgern je	10 Tage
bei 1 Quartierträger	11 Tage
bei 1 Quartierträger	44 Tage
bei 1 Quartierträger	45 Tage
bei 1 Quartierträger	68 Tage
bei 46 Quartierträgern	365 Tage

Quelle: Einlegerbüchel der Eva Sieder, Tamsweg.

So endeten die letzten Lebensjahre eines Einlegers buchstäblich mit dem ständigen Wandern von einem Quartierträger zum nächsten. Vierzehn bis sechzehn Monate dauerte es in der Gemeinde Tamsweg, bis die Runde eines Einlegers zu allen Quartierträgern beendet war. Dann begann der Kreislauf wieder von neuem.

Der Einleger Michael Gruber in der Gemeinde Tamsweg mußte seine letzten acht Lebensjahre als Einleger auf 359 Quartierplätzen zu bringen.

Tabelle 22: Anzahl der Quartierplätze des Einlegers Michael Gruber in der Gemeinde Tamsweg von 1911 bis 1918

	Jahr	Anzahl der Quartierplätze
Beginn der Einlage	1. 1. 1911	56
	1912	53
	1913	39
	1914	56
	1915	22
	1916	44
	1917	51
verstorben	12. 11. 1918	38
		359

Quelle: Einlegerbüchel des Michael Gruber, Tamsweg.

Ganz besonders sichtbar wurde das Elend der Einleger, wenn sie krank wurden. Fand sich dann kein Platz, wo der Kranke dauerhaft angestiftet werden konnte, dann mußte er trotz seiner Gebrechen von einem Platz zum nächsten geführt werden.

Der Einleger Rupert Bliem muß mit 11. November wieder von Haus zu Haus gehen, das heißt geführt werden.

Quelle: Gemeindeausschußprotokoll Zederhaus 1922.

Oft wurden die Einleger wegen ihres Aussehens und ihrer Wehrlosigkeit verspottet und verachtet. Manche Einleger reagierten darauf mit Eigensinn, andere redeten nicht mehr, wieder andere schimpften auf Gott und die Welt.

Der Gemeindeausschuß beschließt, die Einlegerin Katharina Schlick wird zur Gemeinde vorgeladen und wird derselben der Standpunkt klargemacht, daß sie ihre Schimpfereien sofort aufzugeben hat.

Quelle: Gemeindeausschußprotokoll Mariapfarr 1933.

Wenn es irgendwie ging, dann versuchten manche Einleger, ihrer trostlosen Lage zu entkommen. Stammte der Einleger selbst von einem Bauernhof und lebten dort noch Leute, die sich der verwandtschaftlichen Bindungen bewußt waren, so war es möglich, daß er dort zeitweise Zuflucht suchen und Aufnahme finden konnte.

Der Einleger Mathias Kocher in Neuseß ist selbst sehr eigensinnig, aber auch die Behandlung, welche er bei den Bauern erfährt ist eine schlechte. Kocher hat im Laufe des Jahres 1901 zwar die Tage voll vorgeschrieben, und die Bauern bestätigen auch, daß er die ganze Anzahl von Tagen in der Einlage verpflegt wurde, aber in Wahrheit hat er kaum die halbe Anzahl von Tagen die Verpflegung wirklich bei den Bauern erhalten, sondern war bei seinem Bruder, dem Genserbauer. Einerseits wird letzterer sehr ins Mitleid gezogen, andererseits aber erhalten die Bauern eine Vergütung für etwas, was sie gar nicht leisten, und weil die Verhältnisse des Neusesser Armenfondes sehr schlecht sind, ist größte Sparsamkeit am Platze. Der Bürgermeister hat daher mit Genserbauer Alois Kocher vereinbart, daß derselbe den Mathias Kocher in Pflege behalten, wofür pro Jahr 60 Kronen ab 15. Feber 1902 bezahlt werden. In der Einlage würde Kocher Mathias mindestens 144 Kronen pro Jahr kosten.

Quelle: Gemeindeausschußprotokoll Mauterndorf 1902.

Die Einleger mußten von den Quartierträgern in der Regel nicht umsonst aufgenommen werden, sondern jeder Tag, der von einem Einleger bei einem Quartierträger zugebracht wurde, der wurde im Einlegerbüchel verzeichnet und gutgeschrieben. Die Anzahl der Tage wurde dann am Jahresende zusammengezählt und ihre Vergütung erfolgte in der Weise, daß sich die Steuerschuld des Quartierträgers an die Gemeinde um den Einlegerbetrag verminderte.

Tabelle 23: Tägliche Vergütung für Einleger in ausgewählten Gemeinden des Bezirkes Tamsweg

Gemeinde	1910	1915	1920	1925	1930	1934	1939
Lessach		1 K	2 K	50 g			
Mariapfarr			1 K 80 h	1,50 S		1 S	
Ramingstein			5 K	1,30 S	1,40 S	1,10 S	
Weißpriach	60 h	1 K	1 K 50 h				
Zederhaus			4 K	1 S	2 S	1,50 S	1,35 RM

Quelle: eigene Aufstellung nach: Gemeindeausschußprotokolle

So verfuhr man auch mit den „Robottagen", die im Lauf des Jahres für die Gemeinde in Form von Fuhr- oder Handschichten geleistet worden waren oder mit der „Armenmilch", die ein Bauer während eines Jahres an Gemeindearme abgegeben hatte. So konnten die Bauern einen nicht unbeträchtlichen Teil ihrer Umlageschuld an die Gemeinde in Form von Naturalleistungen abzahlen.[6] Weil die tägliche Einlegervergütung aber gering war, deshalb weigerten sich in einzelnen Gemeinden immer wieder Besitzer, einen Einleger aufzunehmen.

Gemeindevorsteher Prodinger teilt mit, daß mehrere Besitzer die Einleger nicht behalten wollen und ersucht, der Ausschuß möge einen Modus finden, diesen Unfug zu steuern. Der Gemeindevorsteher meint, es soll jedem Besitzer, der einen Einleger nicht behält, verboten werden zu roboten. Gemeinderat Moser will die Gebühr für einen Tag Einlegerverpflegung von 60 Heller auf 70 Heller erhöht wissen.

Beschluß einstimmig:
Ein Besitzer, der einen Einleger zur festgesetzten Zeit nicht in Verpflegung nimmt, hat keinen Anspruch, Gemeinderobot leisten zu dürfen.
Quelle: Gemeindeausschußprotokoll Weißpriach 1910.

Besonders während der Kriegsjahre verschlechterte sich das Los der Einleger. Wegen der Knappheit der Lebensmittel weigerten sich nämlich immer häufiger Besitzer, diese zu versorgen. Außerdem wurden den Einlegern auch keine Lebensmittelkarten mehr ausgehändigt.[7]

Gemeinderat Tarmann beanstandet die Art der gegenwärtigen Einlegerversorgung, und zwar dahin, daß manche Besitzer ihrer Pflicht nicht nachkommen wollen und sich weigern, dieselben zu verpflegen.

Es wird beschlossen:
1. Die Besitzer auf die Notwendigkeit der Aufnahme der Einleger aufmerksam zu machen.
2. Die Verpflegsgebühr ab 1. Jänner 1918 von 60 h auf 1 K zu erhöhen.

Quelle: Gemeindeausschußprotokoll Tamsweg 1917.

Die Anhebung der Verpflegsgebühr entsprach in keinem Fall dem Ausmaß der Teuerung, hatten sich doch seit 1914 die Preise vervielfacht. Schon 1915 kosteten neunzig Dekagramm Brot eine Krone[8], und in den späteren Kriegsjahren und in den Nachkriegsjahren gab es oftmals um bares Geld nichts zu kaufen.

Neben der „Einlegerversorgung von Haus zu Haus", die jeden Besitzer einer Gemeinde traf, war es zumindest teilweise in einigen Gemeinden auch üblich, die Einleger auf „Dauerplätzen" anzustiften. Dafür setzte sich auch wiederholt der Landesausschuß ein.[9] Waren die Einleger noch zu gewissen Arbeiten zu gebrauchen und stellte die Gemeinde ein ausreichendes Kostgeld in Aussicht, dann fanden sich wohl auch Besitzer bereit, einen Einleger auf Dauer aufzunehmen. Das ersparte dann den Einlegern das ständige Wandern von einem Quartiergeber zum nächsten und schien die menschlichere Armenversorgung als die gewöhnliche Einlage zu sein. Die Zahl der Dauerplätze war aber meist knapp, daher konnten die angestifteten Einleger nie sicher sein, für immer auf einem solchen Platz verbleiben zu können.

Ansuchen der Franziska Gfrerer, Einlegerin, um die Bewilligung, daß sie beim Jakoberbauern um den ortsüblichen Betrag, welcher für die Einlegerverpflegung vergütet wird, verbleiben kann.
Kann diesem Ansuchen keine Folge gegeben werden, weil vorerst für den wirklich schon sehr gebrechlichen Einleger Peter

Brugger, welcher sein Leben lang in der Gemeinde fleißig gearbeitet hat und der auch jetzt noch nicht ohne Arbeit sein kann, ein geeigneter Platz ausfindig gemacht werden muß.
Quelle: Gemeindeausschußprotokoll Zederhaus 1936.

Weil das „Kostgeld" durch die anhaltende Teuerung ständig an Wert verlor, deshalb kam es immer wieder zu Nachforderungen seitens der Quartierträger, verbunden mit Drohungen, ansonsten die Einleger nicht länger behalten zu wollen. Immer höhere Strafen mußten festgesetzt werden, um die Einlegerversorgung sicherzustellen.[10] Außerdem befanden sich unter den Einlegern auch Krüppel, Sieche und Geisteskranke. Sie konnte man nirgends anstiften, weil sich für sie keine Dauerplätze fanden.

Die Anregung des Landesausschusses über die Unterbringung der Gemeinde-Einleger an festen Jahresplätzen ist in der hiesigen Gemeinde undurchführbar, und zwar aus dem Grunde, da die gegenwärtigen Einleger der Gemeinde derartige Idioten sind, daß niemand in der Gemeinde sich herbeilassen würde, dieselben zu übernehmen.
Quelle: Gemeindeausschußprotokoll Göriach 1914.

Einige Gemeinden verwendeten ehemalige Keuschen, alte und seit Jahrzehnten unbenützte Badstuben oder selbst das Gemeindehaus, um Arme unterzubringen. Wirkliche Armenhäuser, deren Gründung schon im Armengesetz von 1874 empfohlen worden war[11], gab es bis zum Ende der dreißiger Jahre nur in den zwei Märkten Tamsweg und Mauterndorf. Trotzdem wurde auch in diesen Orten weiterhin an der Einlage festgehalten. Das Mauterndorfer Armenhaus wurde von den Halleiner Schulschwestern geführt und bot etwa zehn bis fünfzehn Armen ständig Unterkunft und Verpflegung.[12] Nur die Armen des Marktes durften darin untergebracht werden. Die Bauern außerhalb des Marktes, obwohl auch zur Gemeinde gehörend, mußten ihre Einleger selbst versorgen.[13]

Mauterndorfer Armenhaus um 1900. Wirkliche Armenhäuser gab es bis zum Ende der dreißiger Jahre nur in den zwei Märkten Mauterndorf und Tamsweg. – Über dem Eingang hing das Schild mit der Aufschrift „Armenhaus". An der Rückseite befand sich das angebaute Spital, in dem der Gemeindearzt die Kranken – vornehmlich Dienstboten – behandelte. Im Vorder- und Hintergrund zwei typische Keuschen.

Mit der Vergabe eines Platzes im Armenhaus gingen die genannten Gemeinden sehr sparsam um, weil ein Armenhausplatz teurer war als die gewöhnliche Einlage. Deshalb wurde manchmal sogar zwischen Armenhaus- und Einlegerversorgung abgewechselt, oder einem Armen wurde die Unterkunft zwar im Armenhaus gewährt, verköstigt wurde er aber wie ein gewöhnlicher Einleger.

Der Bürgermeister berichtet, daß Phillip Wörle in der Einlage nicht mehr tauge, insbesondere im Winter, weshalb er denselben ab 2. November 1903 die Naturalverpflegung im Armenhaus zuwendete. Im Frühjahr wird Wörle wieder in die Einlage gegeben werden.

Quelle: Gemeindeausschußprotokoll Mauterndorf 1904.

Über die Kost in den Armenhäusern wurde häufig geklagt. Deswegen kam es vor, daß „Armenhauspfründner" auf öffentlichen Plätzen bettelten, was dann zu Klagen im Gemeindeausschuß führte.[14] Die Kost konnte auch die Ursache sein, daß ein Armer sogar die Einlage dem Armenhaus vorzog.

Veit Wieser ist mit der Kost im Armenhaus nicht zufrieden, verlangt daher in die Einlage, was auch bewilligt worden ist.
Quelle: Gemeindeausschußprotokoll Mauterndorf 1907.

Die durch Einleger und Armenhausbewohner verursachten Kosten wurden aus dem „Armenfonds" beglichen. Jede Gemeinde verfügte über einen solchen Fonds, der auch durch Strafgelder und Spenden gespeist wurde. Bis zum Beginn des Ersten Weltkrieges verfügten die Armenfonds der Gemeinden über nicht unbeträchtliche Summen, so daß manche Gemeinden sogar Darlehen aus diesem Fonds gewähren konnten. Aber mit Beginn des Krieges setzte die Entwertung der Armenfonds ein. Wenn sie nicht zur Zeichnung von Kriegsanleihen verwendet wurden, wie es in mehreren Gemeinden geschah[15], dann lösten sie sich in den Inflationsjahren nach dem Krieg in nichts auf. Konnten etwa die beiden Armenfonds der Gemeinde Mauterndorf 1920 noch einen kleinen Überschuß verzeichnen, so war die Deckung der Ausgaben 1924 bei weitem nicht mehr möglich.

Der Neuseß-Armenfonds hat keine eigenen Einnahmen, aber 6,580.000 Kronen Ausgaben.
 Der Markt-Jocher-Armenfonds hat 3,500.000 Kronen Einnahmen und 14,250.000 Kronen Ausgaben.
Quelle: Gemeindeausschußprotokoll Mauterndorf 1924.

Von der Inflation der Nachkriegsjahre waren in besonderem Ausmaße auch die alten Dienstboten betroffen. Alle Ersparnisse, die sie im Lauf ihres Dienstbotendaseins zurückgelegt hatten und die sie im Alter vor Einlage oder Armenhaus bewahren sollten, wurden durch die Geldentwertung zunichte gemacht. Der bittere Schritt, die Gemeinde um Aufnahme in die Armenversorgung ersuchen zu müssen, blieb ihnen nicht erspart.

Im Dezember 1924 ist Anton Genspichler, mit 3. Februar sind Simon Santner und Georg Wenger infolge Alters dienstunfähig mit dem Ansuchen um Aufnahme in die Gemeinde-Altersversorgung gekommen. Genspichler und Santner sind heute siebzig Jahre alt, Wenger vierundsechzig. Alle drei haben sich als landwirtschaftliche Dienstboten zeitlebens bemüht und bewährt. Die beiden ersteren hatten vor dem Kriege Ersparnisse, welche ausgereicht hätten, für die alten Tage auch ohne Gemeindehilfe gut auszukommen. Durch die Geldentwertung der Nachkriegsjahre ist deren Vermögen verlorengegangen. Vom Bürgermeister wurde den betreffenden Personen bei der Aufnahme ausdrücklich erklärt, sie mögen überzeugt sein, daß sie nicht als Gemeindearme im allgemeinen Sinne gelten, sondern als Veteranen der Arbeit und nun, da sie ein anderes Heim nicht haben, in das Bruderhaus aufgenommen und gut behandelt werden und daß ihnen sicher niemand darüber einen Vorwurf macht, ihr Ansehen in der Gemeinde deshalb nicht geschmälert wird. Der Bürgermeister beantragt die Aufnahme der drei Männer in das Bruderhaus zu genehmigen und zu bestätigen, daß die Erklärung des Bürgermeisters auch den Ansichten der Gemeindevertreter entspricht. Schließlich beantragt der Bürgermeister das Schild des Armenhauses auf „Altersheim" umändern zu lassen, um den Arbeiter-Veteranen nicht so sehr fühlen zu lassen, daß sie in Gemeindeversorgung sind. Anfänglich war ja das „Bruderhaus" eine Stiftung für alte Bergleute, nicht eine Armenstiftung, sohin auch der neue Name „Altersheim" der alten Widmung dieses Hauses entspricht.

Beschluß:
Die Aufnahme der drei alten Dienstboten wird unter der Voraussetzung bewilligt, daß auch Simon Santner für zuständig gilt. Die Gemeindevertretung ist in Sache der alten Dienstboten ganz der Ansicht wie der Bürgermeister und stimmt gerne zu, daß das alte Bruderhaus nun „Altersheim" genannt wird. Das Schild ist dementsprechend zu ändern.

Quelle: Gemeindeausschußprotokoll Mauterndorf 1925.

In den dreißiger Jahren verschlechterte sich das Los der Einleger und der Armenhausbewohner zusehends. Nicht nur, daß die tägliche Einlegervergütung in den meisten Gemeinden wesentlich verringert wurde – in einigen Gemeinden wurde es sogar üblich, für die Einlegerversorgung nichts mehr zu bezahlen.

Der Bürgermeister berichtet über den derzeitigen schlechten Stand der finanziellen Lage und der Geldknappheit in der Gemeindekasse und ersucht den Gemeindeausschuß aufgrund dessen, für das Jahr 1932 für Schulholz und Einleger nichts auszuzahlen.
Quelle: Gemeindeausschußprotokoll Göriach 1932.

Die Einlage war schon immer als ein bewährtes Mittel zur Drohung angewendet worden, um Versorgungsansprüche von Gemeindeinsassen abzuweisen.[16] Nun ging man sogar soweit, ledige Mütter und deren Kinder mit der Einlage zu bedrohen.

Von der Gemeinde wurde ein monatlicher Unterhaltsbeitrag von fünf Schilling bewilligt, bis der Kindsvater wieder Arbeit und Verdienst hat. Sollte dies zuwenig erscheinen, so müßte die Kindesmutter mit dem Kind hier von Haus zu Haus gehen.
Quelle: Gemeindeausschußprotokoll Zankwarn 1932.

Als die Bezirkshauptmannschaft anregte, ein Bezirksaltersheim zu errichten, um endlich das Einlegersystem abzubringen, gab es keine einzige Gemeinde, die diesem Plan zustimmte. Begründet wurde dies mit der schlechten wirtschaftlichen Lage und damit, daß es langjährigen Dienstnehmern nicht zumutbar sei, ihre letzten Lebensjahre auswärts in einer anderen Gemeinde zu verbringen.[17]

Indem die Einleger, welche von Haus zu Haus gehen, mit ihrem jetzigen Schicksal recht zufrieden sind und durchaus kein Verlangen haben, in einem Altersheim untergebracht zu werden, findet auch die Gemeinde keinen Grund, eine Änderung in der jetzigen Einführung der Armenversorgung zu treffen.
Quelle: Gemeindeausschußprotokoll Zederhaus 1931.

Kaspar Bauer

„Nichts haben ist ein geringes Leben!"

Ich wurde 1910 beim Bramlbauer in Althofen geboren. Wir waren unser sieben Geschwister. Fünf wurden vor dem Krieg und zwei nach dem Krieg geboren. Ich war der älteste Sohn. Im Haus lebten die Eltern, der Großvater und die Großmutter, wir Kinder, ein Knecht, eine Dirn und das Paugger-Rosei. Das Paugger-Rosei war eine Gemeindearme, ein krummes Weiblein, das die Gemeinde bei uns einquartiert hat. Die Mutter war froh darüber, solange wir Kinder noch klein waren, denn das Rosei hat alles genäht und geflickt. Als das Rosei starb, war es dreiundsiebzig Jahre alt. Da lag sie eines Morgens tot im Bett.

Wir hatten immer dreizehn oder vierzehn Stück Vieh: fünf Kühe, ebenso viele Kälber und meist vier Ochsen. Auf die war der Großvater besonders stolz. 1901 war das Haus neu gebaut worden und auch der Stall.

Die Großmutter ist kurz vor dem Krieg gestorben. Daran kann ich mich noch ein bißchen erinnern. Dann kam der Krieg. Der Vater mußte einrücken. Als er 1917 zum erstenmal auf Urlaub heimkam, war ich sieben Jahre alt. Ich hab' ihn nicht mehr erkannt. Da mußte ich mit ihm auf die Alm gehen, obwohl ich mich vor ihm gefürchtet habe. Ich hatte ihn so lange nicht mehr gesehen.

Zu dieser Zeit hatten wir auch einen russischen Kriegsgefangenen. Er hieß Dmitrij, war rundgesichtig, ein fescher Kerl, etwa dreißig Jahre alt. Der hat etwas von der Arbeit verstanden, er kam selbst von einem Bauern. Er hat uns den Knecht ersetzt, der eingerückt war. Wir Kinder haben ihn so gern gehabt. Er hat uns eine Mundharmonika aus Birkenrinde geschnitzt, mit der man sogar spielen konnte. Was aus ihm geworden ist, weiß ich nicht.

Ein anderer russischer Kriegsgefangener ist damals umgekommen, als die Glocken vom Kirchturm in Mariapfarr abgenommen worden sind. Der ist vom Kirchturm heruntergestürzt. Da waren auch die Wolhynier hier. Sogar ihre Schafe haben sie mitgehabt. Die Weiber waren zottig. Auf einzelne Bauernhäuser waren sie aufgeteilt.

Unsere Dirn ist jahrelang die Saurer-Thres aus Bundschuh gewesen. Die hat fleißig gearbeitet. Als sie wegging, kam die Schwester der Mutter als Dirn, aber sie ist im Herbst 1918 an der Grippeepidemie gestorben. Im Achtzehnerjahr, kann ich mich erinnern, wie die Mutter mit der Kaffeemühle Roggen gemahlen und dann im Ofenrohr Brot gebacken hat. Ein Jahr später ist dann der Vater vom Krieg heimgekommen. Da erkannten wir ihn wieder nicht. Wir Kinder spielten gerade am Bach, da kam ein Mann daher, der uns ansprach. Er hatte eine italienische Uniform an, war mager und hatte einen Vollbart. Wir getrauten uns nicht einmal, ihm nachzugehen. Erst später sind wir auch hinuntergelaufen zum Haus.

Am Abend wurde immer der Rosenkranz gebetet vom Oktober bis zum März. Da mußten alle mittun und sich hinknien. Manchmal wollten sie nicht, besonders der Knecht. Wenn der Vater vorgebetet hat, dann hat es länger gedauert, wenn der Knecht vorbetete, dann ist es schneller gegangen. Im Sommer beteten wir nur den Englischen Gruß, aber samstags auch immer den Rosenkranz. Ich war Ministrant, auch mein Bruder. In der Früh um sechs gingen wir zur Kirche hinauf. In einer kleinen Bitsche hatten wir Milch mit. Nach der Messe brockten wir Brot ein und aßen das Frühstück. Dann gingen wir in die Schule. Nach der Sechs-Uhr-Messe am Sonntag sind wir oft zum Weißen Kreuz gelaufen. Dort waren viele Eichkatzeln. Nach denen haben wir dann Steine geworfen, dann sind wir zur zweiten Messe gegangen.

Wenn der Pfarrer Posch von der Kanzel herunter gepredigt hat, dann war es mausstill in der Kirche. War ein Beichttag, dann sind am Nachmittag um drei oder vier die Männer heimgegangen. Jeder hatte sein „Beichträuschl".

Eines unserer liebsten Spiele war das „Saukugeltreiben". Da machten wir ein Loch im Boden, und jeder Mitspieler versuchte, mit einem Stecken die Kugel ins Loch zu treiben. Die Kugel war aus Holz wie beim Kegelscheiben. Stelzen haben wir uns auch oft gemacht, auf denen sind wir dann herumgegangen. Mit dem Waschen haben wir es nicht genau genommen. Dreckig waren wir. Die Hände und das Gesicht hat man halt gewaschen. Im Sommer sind wir meistens zum Bach gegangen. Als ich älter war, ging ich oft hinüber ins Moos. Dort war ein Tumpf, dort badete ich. Das war im Sommer, wenn es heiß war, aber im Winter . . .

Wenn wir unser Zeug zerrissen hatten, die Hose oder die Schuhe, dann mußten wir das selbst flicken. Das geschah meistens am Sonntag, wenn schlechtes Wetter war. Als das Paugger-Rosei noch gelebt hat, hat sie das gemacht.

In die Schule bin ich ganz gern gegangen. Das hat mir nichts ausgemacht. Beim Lehrer Noggler bin ich besonders gut gestanden, weil ich mich auf der Landkarte gut ausgekannt habe. Das hat ihm gefallen. Wenn man in Religion im Zeugnis einen Zweier oder einen Dreier bekommen hätte, dann wäre das schlimm gewesen. Betragen, Fleiß und Religion waren die ersten Noten.

Zu Mittag sind wir von der Schule nie heimgegangen. In der Mittagspause haben wir entweder gespielt, im Winter Eisstock geschossen oder im Herbst Äpfel gestohlen. Der Hunger hat uns zu allem getrieben. Erst am Nachmittag, wenn wir von der Schule heimgekommen sind, gab es ein bißchen Essen. Da gab es einen „gloabten Knödel", und der war fast zerfahren. Das Knödelfleisch kam von der ältesten Kuh. Wenn die geschlagen wurde, dann wurde das Fleisch geselcht. Gut war das nicht – und später dann beinhart. Eine Sau wurde nur zu Weihnachten und zu Ostern abgestochen. Aber besser haben wir schon gelebt als die, die gar nichts hatten! Die hat man „Selbstler" genannt. Die haben eine kleine Hütte gehabt, einen kleinen Garten und sonst nichts. Wenn eine einen „Selbstler" geheiratet hat, dann hat man gewußt, was die erwartete: Da heirateten zwei „auf den Dam und die Faust darunter".

Manchmal haben wir Buben gefischt. Das tat ich gern – heim von der Schule und fischen. Ich glaube, ich habe mehr Fische gefangen als der Lehrer Noggler, und dem hat das Fischwasser gehört! Ab und zu, wenn wir etwas angestellt haben, dann wurden wir mit der Rute gewichst. Die hing im Eck neben dem Herrgott, dort steckte sie oben.

Vor dem Krieg hat es in Mariapfarr schon einige Musikanten gegeben, aber viele von ihnen sind im Krieg gefallen. Nach dem Krieg hat der Krankler die Musik wieder gegründet, er hat im Mesnerhaus in Althofen gewohnt und war Zimmerer. Wir haben die Kriegszeit und auch Jahre danach nie Musik gehört, aber wenn der Krankler in sein Flügelhorn blies, sind wir vor seiner Haustür gestanden. Zu Hause hatten wir ja nichts – kein Grammophon. Dafür hätte man kein Geld übrig gehabt. Später, als ich schon Bauer war, hätt ich gern bei der Musik mitgespielt. Aber die Mutter hat mich nicht lassen. Man hat gesagt, daß die Musikanten alle Lumpen sind, weil sie nach dem Spielen ins Wirtshaus gingen oder Kegelscheiben. „Du bist Bauer und kannst nicht weg, sonst bleibt daheim die Arbeit!" hat die Mutter gesagt.

Noch vor dem Krieg hat sich der Vater ein Fahrrad gekauft. Dann ist es die ganze Kriegszeit gestanden. Wir durften es nicht angreifen. Nach dem Krieg hat es der Vater neu bereift. Aber wenn wir nach Weißpriach ins Holz gingen, dann ist er nie mit dem Rad gefahren, sondern mit uns gegangen, weil ihm um das Rad zu schade war. Ich habe mit sechzehn Jahren das Radfahren gelernt, aber nicht mit dem Rad des Vaters, der hat es nicht hergeliehen. Wenn es dreckig war, oder auf dem Weg war eine Lacke, dann hat man das Rad auf die Achsel genommen und getragen, nicht einmal geschoben. So hat man aufs Fahrrad geschaut!

Im Mai 1923 trat ich aus der Schule. Der Knecht war zu Lichtmeß weggekommen, deshalb hat der Vater schon gepaßt, daß ich Knecht werde. Ich hatte Aussicht, daß ich einmal Bauer werde, aber wenn mehrere Kinder sind, kann man nicht wissen, was daherkommt. Zu Lichtmeß hab ich halt dann immer ein paar Schilling bekommen. Ich war groß gewachsen, oft hatte ich Nasenbluten, weil mir die Arbeit zu stark wurde. Beim Dreschen hatten wir immer einen oder zwei Tagwerker, aber auch Nachbarn haben mitgeholfen. Wenn man einen Göpel hatte, dann war man schon besser daran. Wir hatten einen Eisengöpel. Da wurden zwei Kühe eingespannt und mußten im Kreis gehen. Darüber war ein großes Holzrad mit einigen Metern Durchmesser. Damit wurde in der Tenne die Maschine angetrieben. Manchmal ist ein Kettenrad gerissen. Das war eine Schinderei für die Tiere. Sechs Leute hatten bei dieser Arbeit leicht zu tun. Noch früher haben wir mit „Rahen" gedroschen. Das war ein ordentlicher Birkenstab, der unten gebogen war. Er mußte genau am Boden anliegen. Beim Vieredreschen gab es einen Spruch:

„Kein Mehl im Koast,
kein Brot am Tisch."

Ein Drescher, der den Takt nicht eingehalten hat, der hat eins mit dem Rahen draufgekriegt.

Ich war noch nicht neunzehn Jahre alt, da ist der Vater an einem Lungenleiden, das er seit dem Krieg hatte, gestorben. Das war nicht leicht. Im Übernahmevertrag stand, daß ich zehn Jahre mit der Mutter hausen muß, bevor ich heiraten durfte. Die Mutter war noch keine fünfzig Jahre alt und wollte noch Bäuerin bleiben. So hab' ich erst im Achtunddreißigerjahr geheiratet.

Damals lebten daheim die Mutter, meine sechs Geschwister und eine Gemeindearme. Die hat noch der Vater um dreißig Schilling im Monat ins Quartier genommen. Als der Großvater gestorben ist, hat sie der Vater in dessen Stube gelegt. Als Einlegerin hat es mit der nicht getan, weil sie fast blind war. Sie hat auch einen Sohn gehabt, der Knecht war. Er ist sonntags immer fleißig nachschauen gekommen zu seiner Mutter, obwohl sie ihm nie hat helfen können. Die Mutter hat halt dann die Arbeit mit ihr gehabt. Sie mußte sie pflegen, waschen und kämmen. Mit dem Licht – mit der Kerze – ist sie immer unvorsichtig umgegangen, weil sie ja fast nichts gesehen hat. Solange sie gelebt hat, waren wir von den übrigen Einlegern der Gemeinde befreit. Sonst blieben die Einleger bei uns sechs Tage. Da kann ich mich noch gut an die Blinde-Thres, die Restn-Mirl und an den Hofer-Lotter erinnern.

Die Blinde-Thres hat die Radlfahrer nicht gemocht. Wenn jemand mit der Radlglocke läutete, dann ist sie gleich mit ihrem Stecken hingefahren. Sonst hat sie Bänder gewirkt, die konnte man immer brauchen.

Die Restn-Mirl haben die Leute „Gragatz" genannt, weil sie nicht recht sprechen konnte, ihre Stimmbänder haben etwas gehabt. Aber sie war eine fleißige Arbeiterin. Sie war sauber beieinander. Wenn sie gekommen ist, hat sie immer ein Packel unter der Achsel dahergetragen. Darinnen hatte sie ihre Sachen. Die meisten Einleger hatten ja nichts. Wenn einer gestorben ist, dann wurde sein Gewand, das noch brauchbar war, unter den übrigen Einlegern verteilt. Einmal hat der Vater sogar einen Einlegerkasten von der Gemeinde ersteigert. Den hab dann ich bekommen, und ich hab ihn lang gehabt.

Der Hofer hat gern etwas mitgehen lassen, wenn er etwas brauchen konnte – etwas zum Anziehen oder gar Schuhe. Wir haben ihn manchmal gepeinigt. Uns hat es gefallen, wenn er zornig wurde und uns nachgelaufen ist.

In der Stube haben die Einleger geschlafen, wenn sie zu uns gekommen sind. Einen „Schab", ein zusammengebundenes Roggenbündel, hat man auf den Boden gelegt. Dann kriegten sie noch den „Einlegergoita" zum Zudekken. Den kriegten alle Einleger, wenn sie zu uns kamen. In der Stube hat es halt immer ausgeschaut, wenn ein Einleger da war, aber sonst war kein Platz, und in der Stube war es schön warm.

Beim Essen saßen sie beim Ofentisch. Zu unserem Tisch kam niemand. Wenn ein Einleger auch noch etwas gearbeitet hat, dann hat er halt noch ein bißchen etwas zusätzlich gekriegt. Bei manchen Plätzen wurden sie schon schlecht gehalten und ausgenützt. Manchen Bauern war halt um alles leid. Für einen Einleger hat sich niemand eingesetzt. Das waren schon arme Leute. Nichts haben ist halt ein geringes Leben!

An den Gobau-Anderl kann ich mich auch noch gut erinnern. Der war gern bei mir. Das war ein starker Lotter, der hat fest gearbeitet. Richtig reden hat er halt nicht gekonnt. Der ist oft über die Zeit bei mir geblieben. Wenn ich ihn nicht mehr gebraucht habe, dann hab' ich halt gesagt, er soll gehen. Dann hat er sich ausgekannt. Wenn er dann in der Gemeinde seine Runde gemacht hat, dann ist er wieder gekommen.

Die Mutter hat auch Frauen aufgenommen, die in der Hoffnung waren und keinen Platz hatten. An eine kann ich mich noch erinnern, die ist im Garten draußen im Dreck vor der Mutter niedergekniet. Sie war nicht mehr jung – eine Sennin –, und sie hatte keinen Platz. Das Kind hatte sie von einem Jäger. Die Frauen haben bei uns entbunden und blieben dann noch einige Zeit im Haus. Die Kinder hat dann die Mutter aufgezogen. Zwanzig Schilling mußte der Kindsvater bezahlen. Das war viel Geld. Ein Knecht hat fünfundzwanzig oder dreißig Schilling gekriegt. Damals war es halt so: Am Sonntag waren ein Haufen Leute im Haus, und wenn es dann zum Arbeiten war, dann war niemand mehr da!

In den dreißiger Jahren kamen dann fast alle Tage die Straßengams betteln. Das waren oft die besten Leute. Oft sind welche gekommen und haben dann einige Tage bei mir gearbeitet. Es wär nicht so weit gekommen, wenn die

Christlichsozialen mehr getan hätten. 1934 haben dann die Bespitzelung und die Angst begonnen. Da begann auch das Hakenkreuzschmieren. Auf die Totenkammer in Althofen wurde auch eins daraufgemalt, das sieht man heute noch. Damals hat es auch einmal im Jahr verbilligten Roggen zu kaufen gegeben. Aber weil ich nicht bei der Vaterländischen Front eingezahlt habe, deshalb hab' ich nichts bekommen. Man hat mich für einen Nazi angeschaut. Anfangs der dreißiger Jahre hat der Pfarrer Oberkofler einmal von der Kanzel gesagt: „Wer hitlerisch wählt, begeht eine Todsünde!" 1938 hätt' er das nicht mehr sagen dürfen! Die Einleger sind damals gleich alle weggekommen: der Gobau, die Restn-Mirl, die Blinde-Thres... Von denen hat man nichts mehr gesehen und gehört. Aber es hat auch keiner nachgefragt. Jeder war froh, daß kein Einleger mehr kommt!

Heimatrecht und Gefolgschaftsdienst

Beim Besenbinden. – Es war etwas Besonderes, das „Heimatrecht" in einer Gemeinde zu besitzen. Alte Dienstboten wurden regelrecht ausgeforscht, um ihnen dieses Recht zu entziehen. Dann konnte ihnen auch die Armenversorgung verweigert werden.

Das Gesetz über die „Heimatverhältnisse" wurde in den sechziger Jahren des 19. Jahrhunderts erlassen.[1] Es überlebte die Monarchie und blieb mit einigen Abänderungen bis zum Ende der dreißiger Jahre in Geltung. Mit kaum einem anderen Gesetz kamen die Dienstboten so häufig in Konflikt wie mit diesem. Kaum ein anderes Gesetz zeigte so offensichtlich, daß Armut auch mit weniger Rechten verbunden war.

Es war etwas Besonderes, das Heimatrecht in einer Gemeinde zu besitzen, denn dieses Recht stand nicht jedermann zu. Es konnte nur durch Geburt, Verehelichung, Aufnahme in den Heimatverband oder durch Erlangung eines öffentlichen Amtes begründet werden.[2] Wer das Heimatrecht nicht besaß, dem standen auch die zwei wichtigsten Grundrechte einer Gemeinde nicht zu: das Recht des ungestörten Aufenthaltes und das Recht, Anspruch auf Armenversorgung zu haben.[3] Den zahlreichen Bettlern jener Jahrzehnte verwehrte man diese Rechte. Sie galten als Heimatlose, für die keine Gemeinde zuständig war.

Mit der Gewährung des Heimatrechtes waren die Gemeinden sehr zurückhaltend, oft nur zu ihrem eigenen Vorteil. Jeder neue Heimatberechtigte schmälerte in ihren Augen die Rechte der Eingesessenen, außerdem konnte jeder neue Heimatberechtigte einmal der Gemeinde zur Last fallen. Das erklärt das tiefe Mißtrauen, das Fremden und Zugezogenen entgegengebracht wurde. Lieber sah man Leute aus der Gemeinde wegziehen, als Fremde zuziehen. Erst als um die Jahrhundertwende durch das Abwandern „landflüchtiger Dienstboten" ein gewisser Dienstbotenmangel spürbar wurde, setzten erstmals Klagen ein.

Der Landwirtschaftlichen Gesellschaft soll nahegelegt werden, daß am wichtigsten für uns wäre, wenn man endlich Mittel finden würde, dem Dienstbotenmangel abzuhelfen, um das Fortziehen unserer Leute in die Stadt zu vermindern.
Quelle: Gemeindeausschußprotokoll Mauterndorf 1901.

Bis zu diesem Zeitpunkt begünstigten die Heimatgesetze tatsächlich die schnell wachsenden Städte. Den Tausenden vom Land zugezogenen Dienstboten brauchte kein Heimatrecht gewährt werden. Im Alter oder im Krankheitsfall mußten die in der Stadt nicht heimatberechtigten Dienstboten daher wieder in ihre Herkunftsgemeinden zurückkehren. Die hatten dann die Armenlasten zu tragen.

Gspandl Anna ist von Salzburg ganz arm zurückgekehrt und muß ganz von der Gemeinde versorgt werden.
Quelle: Gemeindeausschußprotokoll Mauterndorf 1905.

Oft waren die Dienstboten ihrer alten Heimat entfremdet, nachdem sie jahrelang auswärts in Dienst waren. Kamen sie nun mittellos oder gar krank zurück, dann ließ die Heimatgemeinde sie spüren, daß sie nicht willkommen waren und daß man sie als unnütze Last betrachtete.

Theres Moser ist krank hierher gekommen, war einige Zeit im Krankenhaus und jetzt im Armenhaus. Dieselbe stellt sich zeitweise als verrückt und ist sehr boshaft, dabei auch arbeitsscheu und erst Mitte Fünfzig. Der Bürgermeister gedenkt, dieselbe zu Lichtmeß aus dem Armenhaus zu entlassen und in Dienst zu weisen.
Quelle: Gemeindeausschußprotokoll Mauterndorf 1906.

Als um die Jahrhundertwende das Heimatrecht in einigen Punkten abgeändert wurde, stellte sich für die Dienstboten aber kaum eine Erleichterung ein. Nun sollte das Heimatrecht jenen Bewerbern nicht mehr versagt werden, die in einer Gemeinde mindestens zehn Jahre ununterbrochen ansässig und nie der öffentlichen Armenversorgung zur Last gefallen waren.

Johann Seifter, Knecht, sucht mündlich an um Aufnahme in den Heimatverband der Gemeinde Lessach, da er schon mehr als zehn Jahre nach Erlangung der Eigenberechtigung sich in Lessach aufhält und von seiner Heimatgemeinde Lasaberg eine Armenunterstützung nie erhalten hat.

Quelle: Gemeindeausschußprotokoll Lessach 1913.

Bei Mägden gestaltete sich die Aufnahmsprozedur schwieriger. Wenn sie das Heimatrecht in einer Gemeinde erwerben wollten, dann wurde vorerst genau überprüft, ob sie auch keine ledigen angestifteten Kinder hatten, deren Versorgungspflicht dann auch an die Gemeinde gefallen wäre.[4]

Theres Pichler, Magd bei Wallner, durch zehn Jahre ununterbrochen hier, stellt die Bitte um Aufnahme in den Heimatverband im Sinne des Gesetzes. Bisher war sie nach Ramingstein zuständig. Minderjährige Kinder hat selbe keine.

Quelle: Gemeindeausschußprotokoll Mauterndorf 1904.

War der vom Gesetz geforderte zehnjährige ununterbrochene Aufenthalt in einer Gemeinde einmal unterbrochen worden – und sei es nur durch einen kurzen Zeitraum, weil der Dienstbote auch einmal außerhalb der Gemeinde in Dienst war –, dann wurde der Aufnahmeantrag unerbittlich abgelehnt.

Betreffs Aufnahme der Maria Binggl in den Heimatverband von Lessach wird einstimmig beschlossen, das Ansuchen abzuweisen, aus dem Grunde, weil Maria Binggl ihren Aufenthalt in der in Betracht kommenden Zeit in Lessach unterbrochen hat und Leonhard Hönegger, Schuster, dies durch einen Eid bestätigen kann.

Quelle: Gemeindeausschußprotokoll Lessach 1913.

Weil die Aufnahme einzelner Personen schon an Bedingungen geknüpft war, die besonders für Dienstboten schwer erfüllbar waren – sie wechselten ja häufig ihre Dienstplätze –, so wurden Familien mit Kindern kaum von einer Gemeinde aufgenommen. Zu groß erschien das Risiko, daß der Familienerhalter erkranken und die Versorgungslast dann auf die Gemeinde fallen konnte.

Die Landgemeinde Sankt Michael ersucht um Aufnahme des Vinzenz Grießner, seiner Frau und seiner drei Kinder.
Hierüber wird beschlossen, dem Ansuchen keine Folge zu geben, da Grießner bereits im April erkrankte und erwerbsunfähig wurde und seit diesem Zeitpunkte bereits als gänzlich verarmt bezeichnet werden muß.
Quelle: Gemeindeausschußprotokoll Mauterndorf 1913.

Das Besondere am Heimatrecht war, daß Ansuchen um Aufnahme in eine Gemeinde in vielen Fällen nicht einmal die Betroffenen selbst stellten, sondern daß einfach über ihre Köpfe entschieden wurde. Nach zehnjähriger Abwesenheit einer Person stellte nämlich die Gemeinde von sich aus einen Aufnahmeantrag an die neue Aufenthaltsgemeinde. Vielen Dienstboten wurde auf diese Weise das Heimatrecht entzogen, ob sie wollten oder nicht.

Kaspar Brugger befindet sich seit 1903 zehn Jahre in Ramingstein. Ansuchen um Aufnahme in den Heimatverband von Ramingstein. Das Nötige veranlassen.
Quelle: Gemeindeausschußprotokoll Lessach 1913.

Besonders unterstützungsbedürftige und alte Dienstboten versuchten die Gemeinden auf diese Weise loszuwerden.

Verlesung des Gesuchs der Maria Gautsch um eine Unterstützung, da sie wegen hohen Alters ihren Unterhalt nicht erwerben könne.
Beschluß:
Da Genannte wahrscheinlich schon wegen zehnjährigen Aufenthalts das Heimatrecht in Lessach erworben hat, wird die Ge-

währung der Unterstützung aufgeschoben und die Gemeindevorstehung beauftragt, um deren Aufnahme in den Heimatverband von Lessach anzusuchen.
Quelle: Gemeindeausschußprotokoll Thomatal 1923.

In vielen Fällen wurden alte ehemalige Dienstboten regelrecht ausgeforscht, um ihnen das Heimatrecht zu entziehen. Dann konnte auch die Armenversorgung verweigert werden. Daraus ergaben sich oftmals jahrelange Streitigkeiten zwischen den Gemeinden über die Zuständigkeit einer Person. Der Streit wurde meist auf Kosten der Alten ausgetragen.

Maria Gambs, Schermiadl, wird ausgeforscht, ob sie nicht schon zehn Jahre in Steindorf ansässig ist.
Quelle: Gemeindeausschußprotokoll Mariapfarr 1919.

Aber die Gemeinde Steindorf verweigerte die Zuständigkeit. Diese Gemeinde richtete nun ihrerseits ein Unterstützungsansuchen an die vermeintlich für Maria Gambs zuständige Heimatgemeinde Lessach. Aber auch von dieser Gemeinde wurde die Zuständigkeit verweigert.

Ansuchen der Gemeinde Steindorf um eine monatliche Unterstützung für Maria Gambs, geboren 1831, angeblich nach Lessach zuständig. Es wird nach Steindorf berichtet, daß Genannte in Lessach ganz unbekannt ist.
Quelle: Gemeindeausschußprotokoll Lessach 1923.

Erst nach dem Tod der Betroffenen wurde die Zuständigkeit indirekt anerkannt.

Die Begräbniskosten für Maria Gambs in Steindorf, zweiundneunzig Jahre alt, übernimmt die Gemeinde Lessach.
Quelle: Gemeindeausschußprotokoll Lessach 1924.

Manchmal prozessierten sogar Gemeinden jahrelang miteinander, weil eine der anderen einen versorgungsbedürftigen Dienstboten zuschieben wollte. Bis zum Verwaltungsgerichtshof konnte ein solcher Streit führen.[5]

Es wird mit Bedauern zur Kenntnis genommen, daß laut Beschluß des k. k. Verwaltungsgerichtshofes vom 12. März 1912 Maria Orgler unwiderruflich hieher zuständig ist und wird dieselbe in die Einlage gegeben. Die Kästen werden in Sankt Margarethen abgeholt werden.
Quelle: Gemeindeausschußprotokoll Mariapfarr 1918.

Versuchten die Gemeinden einerseits, möglichst vielen auswärts in Dienst stehenden Knechten und Mägden das Heimatrecht zu entziehen, um sich später die Armenversorgung zu ersparen, so versuchten sie gleichzeitig andererseits auch, daß möglichst wenige nach auswärts zuständige Dienstboten in der eigenen Gemeinde heimatberechtigt wurden. Auch diese Dienstboten wurden ausgeforscht, um sie rechtzeitig, noch vor Ablauf der Zehnjahresfrist, aus der Gemeinde abzuschieben.

Es wird zur Kenntnis gebracht, daß Anna Laßhofer, Sennerin beim Gast in Miesdorf, nach Ablauf eines Jahres zehn Jahre in Mariapfarr ansässig ist.
Quelle: Gemeindeausschußprotokoll Mariapfarr 1924.

Dem Dienstgeber wurde in einem solchen Fall von der Gemeinde nahegelegt, den betroffenen Knecht oder die betroffene Magd zu Lichtmeß nicht mehr zu behalten. Somit konnte die Heimatberechtigung nicht erworben werden. Der Dienstbote mußte dorthin zurück, wo er aufgrund seines Alters möglicherweise nur mehr ungern gesehen wurde.

Um Aufschluß über den Aufenthalt der Dienstboten geben zu können, führten die Gemeinden sogenannte „Dienstbotenmeldebücher". In diesen Meldebüchern wurde der Zu- und Abgang der Dienstboten in einer Gemeinde verzeichnet. Weil aber häufig der Meldepflicht nicht nachgekommen wurde, auch weil in vielen Fällen die Knechte und Mägde nach ein oder zwei Jahren, manchmal auch während des Jahres, auf einen anderen Platz wechselten, waren die Meldebücher oft lückenhaft und ungenau. Im Lauf der Jahre kamen die Dienstboten in vielen Gemeinden herum. Im Alter stellte sich dann die Frage, wohin sie eigentlich zuständig waren. Oftmals wußten dann die Dienstboten selbst nicht, in welcher Gemeinde sie eigentlich heimatberechtigt waren. Trotzdem wurden von ihnen Dokumente verlangt, die ihre Zuständigkeit beweisen sollten, weil den Gemeinden selbst die Aufzeichnungen fehlten.

Löcker Mirl soll Dienstbotenbuch abgeben und bekanntgeben, wo sie die letzten zehn Jahre gewesen ist.

Quelle: Gemeindeausschußprotokoll Unternberg 1931.

Das „Dienstbotenbuch" war das wichtigste Dokument, das die Dienstboten laut Dienstbotenordnung mit sich führen mußten.[6] Im Dienstbotenbuch wurde die Dauer eines Arbeitsverhältnisses bei einem Bauern verzeichnet. Damit ließ sich die Aufenthaltsdauer in einer Gemeinde nachweisen. Daneben hatte das Dienstbotenbuch aber auch noch einen anderen Zweck – es wurde auch als Dienstzeugnis verwendet. Beim Dienstaustritt hatte der Gemeindevorsteher aufgrund des mündlichen oder schriftlichen Zeugnisses des Bauern das Dienstbotenbuch auszufüllen.[7] Lautete eine Beurteilung ungünstig, so war die bezügliche Rubrik bloß mit Strichen auszufüllen. Seit den zwanziger Jahren konnten die Bauern selbst die Eintragungen vornehmen.[8]

Der wichtigste Zweck des Dienstbotenbuches aber bestand darin, daß die Dienstgeber davor geschützt werden sollten, daß Dienstboten ihren Dienstplatz während des Jahres verlassen konnten. Deswegen mußten die Knechte und Mägde ihr Dienstbotenbuch beim Dienstantritt dem Bauern aushändigen. Kam es während des Jahres zu Auseinandersetzungen und der Dienstbote wollte nicht mehr bleiben, dann konnte der Bauer die Herausgabe des Dienstbotenbuches verweigern. Eigentlich sollte niemand einen Knecht oder eine Magd ohne Dienstbotenbuch in Dienst nehmen[9], aber manchmal wurde diese Bestimmung mißachtet. Eine solche Dienstbotenangelegenheit endete dann vor dem Gemeindeausschuß. Dort zog der Dienstbote natürlich den kürzeren.

Im Herbst 1920 mußte sich der Gemeindeausschuß von Mauterndorf mit einem solchen Fall beschäftigen. Eine Magd hatte während des Dienstjahres ihren Platz bei einem großen Bauern und Wirt vorzeitig verlassen und war von einem anderen Dienstgeber ohne Dienstbotenbuch aufgenommen worden.

Kocher hat die Cäcilia Krump ohne Dienstbotenbuch aufgenommen und war ihm bekannt, daß selbe bei Poschacher den Dienstplatz ungerechtfertigt verlassen hat. Es geht nicht an, daß jedermann nach eigenem Willen und Gutdünken seinen Dienstplatz verläßt und sich wieder Dienstgeber finden, die ohne weiteres solche Leute aufnehmen. Das Dienstbotengesetz muß respektiert werden.

Zum Gegenstande sprechen Gemeindeausschußmitglieder Gugg und Binggl, welche ebenfalls für die Einhaltung des Dienstbotengesetzes eintreten. Gemeinderat Gunst bemerkt, daß es der Krump bei ihrem Lohn nicht möglich sein wird, die Anforderung des Poschacher zu erfüllen. Gemeindeausschußmitglied Gugg beantragt die Abweisung der Berufung. Mit acht Stimmen angenommen. Gunst und Macheiner dagegen.

Quelle: Gemeindeausschußprotokoll Mauterndorf 1920.

Die Gegenstimmen kamen von den zwei sozialdemokratischen Gemeindeausschußmitgliedern. Den Bauern war diese Einmischung natürlich alles andere als recht, betrachteten sie doch die Dienstboten als Teil ihres eigenen Standes, als „zum Haus" gehörig.

In den ersten Jahren der Republik war es in Salzburg wegen der Dienstboten sogar zu einem heftigen Konflikt zwischen den Parteien gekommen.[10] Neben den Christlichsozialen wollten auch die Sozialdemokraten die Land- und Forstarbeiter für sich beanspruchen. Die einen wollten sie in der Arbeiterkammer organisieren, die anderen im „Landeskulturrat", der späteren Landwirtschaftskammer. Auf der Strecke blieben schließlich die Dienstboten. Sie blieben die einzige große Gruppe – allein in Salzburg gab es noch mehr als fünfzehntausend Knechte und Mägde[11], die weiterhin ohne gesetzliche Interessenvertretung blieb. Immerhin war den Sozialdemokraten dieser Zustand lieber, als deren Organisation im Landeskulturrat. Aber auch den Bauern ging es nur um die Mitgliedschaft der Dienstboten, ein Wahl- oder gar Mitbestimmungsrecht lehnten sie entschieden ab.[12]

Gegenstand ist das Wahl- und Mitbestimmungsrecht der Land- und Forstarbeiter im Rahmen des Landeskulturrates.
Die Gefertigten beschließen hierüber einstimmig und lehnen ein erweitertes Wahlrecht aus gewissen Gründen ab.
Quelle: Gemeindeausschußprotokoll Göriach 1933.

1922 wurde die Dienstbotenordnung aus dem Jahr 1856 außer Kraft gesetzt und durch die neue Landarbeiterordnung ersetzt. Der Bauer, in der Dienstbotenordnung als „Dienstherr" bezeichnet, hieß nun „Dienstgeber", die Dienstboten wurden nun „Landarbeiter" genannt, und das Dienstbotenbuch hieß nun „Landarbeiterbuch". Im Alltag scheint sich dadurch aber nicht viel geändert zu haben.

Nach wie vor übten die Bauern als Dienstgeber und im Gemeindeausschuß einen beherrschenden Einfluß über die Dienstboten aus. In ihrem Bereich schauten sie streng darauf, daß möglichst kein Dienstbote den Dienstbotenstand verlassen und die Gefolgschaft aufkündigen konnte. In der Gemeinde Lessach etwa wurden einzelnen Dienstboten vom Gemeindeausschuß untersagt, beim Federweißbergbau Beschäftigung zu finden.[13] Auch bei den wenigen Wegbauten jener Jahre durften keine Dienstboten aufgenommen werden, um den Dienstbotenstand nicht zu schmälern.

Bäuerliche Dienstboten sind beim Straßenbau (zwischen Sankt Michael und Muhr) nicht aufzunehmen.

Quelle: Gemeindeausschußprotokoll Muhr 1929.

Susanne Jäger

"Du ißt mein Brot, du singst mein Lied!"

Ich bin 1903 in der Gemeinde Lessach geboren. Ich habe weder Vater noch Mutter gehabt. Die Mutter hab' ich ein bißchen gekannt, den Vater überhaupt nicht. Der war aus Sankt Michael, hat Schlosserarbeiten gemacht und ist dann nach Amerika ausgewandert.

Die Mutter war in der Gemeinde Sauerfeld geboren bei einem Bauern. Sie ist aber als kleines Kind schon nach Lessach zu ihrer Tante gekommen, als ihre Mutter gestorben ist und ihr Vater wieder geheiratet hat. Die Tante hat sie aufgezogen. Die Mutter ist dann später Dirn geworden und hat fünf Kinder gehabt, aber sie waren nicht alle vom gleichen Vater. Zum Heiraten hat es nie gereicht. Zwei Kinder kamen nach Salzburg, eins ins Waisenhaus und eins ins Johanneum. Die Mutter hat das nicht verkraftet – sie ist spinnert geworden.

Da kam ein Bauer aus Sauerfeld, später hab' ich den Mann gehaßt. Die Mutter soll mitgehen, hat er gesagt, sie suchen die Kinder auf! Voll Freude ist die Mutter mit. Sie hat sich so gefreut, daß sie die zwei Kinder wieder kriegt. Und ich hab' mich auch so gefreut. Dann haben wir die Mutter nie mehr gesehen. Sie haben sie nach Salzburg ins Irrenhaus gebracht. Ich war so enttäuscht, daß die Mutter nicht mehr kommt. Damals war ich acht Jahre alt.

Bevor die Mutter gestorben ist, hat sie ihr Erbteil aus Sauerfeld gekriegt. Aber der Vormund hat alles für die Kriegsanleihe gezeichnet. So haben wir nichts davon gehabt.

Von der Mutter hab' ich nichts mehr gehört. Am Ende des Ersten Weltkrieges hat man gesagt, daß sie in der Heilanstalt verhungern und erfrieren hat müssen. Vom Vater hab' ich nach dem Krieg einmal die Nachricht bekommen, als die Kirchenglocken geläutet haben, daß er gestorben ist.

Und dann hat es geheißen, daß wir nicht nach Lessach gehören. Da ging es ums Heimatrecht. Jede Gemeinde hat sich ja gewehrt, daß nicht zu viele Leute sind, für die sie aufkommen muß. Es hat geheißen: „Es darf niemand da sein, der nicht hergehört nach Lessach. Die hat einen Schippel Kinder, wenn die alle das Heimatrecht kriegten – was wird das für eine Last für die Gemeinde!"

So kam ich nach Sauerfeld. Der Onkel hat mich genommen. Das war ein größerer Bauer. Aber er hat oft gesagt: „Ich kann dich nicht behalten. Ich hab' genug Leute zum Arbeiten!" Er hatte selbst einige Dirndln. Auch ein Bub war da, den hatte eine Dirn zurückgelassen, und der wurde aufgezogen. Der Bauer hat geschaut, daß er bald einen Knecht kriegt.

Und dann hat der Onkel gesagt: „Ich werd' dir halt einen Platz suchen. Ich kann dich nicht behalten!"

Da war ich ganz weg. Da dachte ich: „Jetzt muß ich wieder wandern!" Das war bitter, wenn man nirgends hingehört hat! Nicht einmal der Onkel hat mich behalten, wo ich gern geblieben wär. Das hab' ich ihm nie verzeihen können. Deswegen bin ich nach einigen Wochen davongelaufen. Damals ging ich in die zweite Klasse in Sauerfeld. Von der Schule in Sauerfeld weg wollte ich zur Großtante nach Lessach zurücklaufen.

Als ich nach Tamsweg hinaus kam, kannte ich mich nicht mehr aus. Ich geriet auf den falschen Weg nach Mörtelsdorf hinüber. Dort hat mir eine Frau die Schuhe und die Strümpfe getrocknet. Schnee ist noch gelegen. Dann hat sie mir noch eine heiße Milchsuppe gegeben. Geweint hab' ich auch. Dann hat sie mich hinübergeführt auf den Weg nach Lessach, wo ich nicht mehr auskonnte.

Als mich die Großtante sah, rief sie: „Um Gottes willen, jetzt ist das Dirndl wieder da!" Aber sie hat mich behalten. Sie konnte mich nicht ausjagen. Ich hab' genug geweint, ich hätt' auch gern eine Mutter gehabt!

Dann ist die Großtante, die Ziehmutter, mit mir zum Bezirksgericht gegangen, und der Richter hat gefragt, ob ich bei der alten Großtante bleiben will. Und ich sagte ja.

Später hat es dann geheißen, daß die Lessacher den Prozeß um das Heimatrecht verspielt haben und uns behalten müssen. So hat die Großtante mich und meinen ältesten Bruder aufgezogen. Aber den haben die Verwandten seines Vaters genommen, als er vierzehn Jahre alt war und zur Arbeit zu gebrauchen. Meine Geschwister in Salzburg hab' ich nicht mehr gesehen. Erst als wir erwachsen waren, sind wir wieder zusammengekommen.

Besonders in der Fastenzeit war es üblich, abends bis acht oder neun Uhr zu spinnen. Aus der Wolle wurden dann Strümpfe, Socken und Röcke gestrickt.

Die Großtante war gut, aber sie hat selber nichts gehabt. Damals war sie fünfzig oder sechzig Jahre alt. Selbst hatte sie keine Kinder, sie war nie verheiratet. Anfänglich hat ein Bruder von ihr noch gelebt. Dann hat sie mich notwendig gebraucht zur Arbeit.

Das Haus stand im Unterdorf neben dem Bach. Im Stall und im Tenn konnte jeder ein- und ausgehen. Nicht einmal zusperren konnte man, alles war verfallen und verwahrlost. Im Haus waren eine offene Feuerstelle, eine kalte Küche, eine Stube und das Zimmer der Ziehmutter. Dort hab' ich auch geschlafen. Im Haus war nicht viel Platz. Im Winter war es eisig kalt, da wär' man erfroren. Nicht einmal richtige Petroleumlampen haben wir gehabt. Angina und Diphtherie hab' ich gekriegt. Lang lag ich im Bett, kein Doktor ist gekommen. Wer hätt' ihn bezahlt?

Die Großtante hatte zwei oder drei Kühe und einige Schafe. Alles, was ich in meinem Alter arbeiten konnte, mußte ich halt tun. Das Notwendigste, das ich brauchte, das hat sie mir gegeben. Zum Anziehen hab' ich fast nichts gekriegt. Im Sommer hab' ich mich im Bach gewaschen, und im Winter haben wir eine Waschschüssel gehabt. Das wichtigste war, zu folgen und alles zu tun, was angeschafft war. Liebe hab' ich nicht bekommen.

Manchmal sind Bettler herumgegangen. Hie und da war ein Mandl dabei, das noch arbeiten konnte. Dann hat die Tante geschaut, daß der bei ihr gearbeitet hat. Dafür hat sie ihm dann etwas gegeben. Ich war immer hungrig.

Einmal ist ein Bettler von einem Haus herausgekommen. Er hatte einen großen, frisch gekochten Erdapfel in der Hand. Den hat er weggeworfen. Darauf bin ich hin wie ein Raubtier und hab' ihn gegessen.

In der Früh gab es Schottsuppe und am Abend Milchsuppe. Brot kriegte ich wenig. Das Brot hat die Ziehmutter zurückgehalten, damit sie was hatte, wenn ein Arbeiter kam.

In die Schule ging ich gern. Ich habe leicht gelernt. Oft hab' ich Schläge gekriegt, wenn ich anderen einsagte. Zu

Hause mußte ich viel arbeiten. Oft hat es geheißen: „Das kann ja das Dirndl auch tun. Behalten wir sie daheim von der Schule!"

Von der Schule hatte ich die Schulbücher. Gelesen hätte ich gern. Zu Hause hatte ich einen Kalender. Das war alles. Manchmal hab' ich beim Nachbarn um eine Zeitung gebettelt. Aufgabe hab' ich keine gemacht. Für die Großtante war das Lernen nicht wichtig – das war Nebensache. Hauptsache, daß man arbeiten konnte.

Damals sind viele Bettler herumgegangen. Dann kamen die Einleger. Die hatten nichts Gutes. Im Stall oder in der Stube mußten sie liegen. Auch zu uns kamen sie meist voller Läuse. Dann mußten sie gereinigt werden, Männerleut und Weiberleut. Das hat die Großtante gemacht. Manchmal haben sie sich gewehrt und wollten nicht gewaschen werden. In den heißen Backofen hat die Großtante ihr Gewand gelegt, damit die Läuse kaputt werden. Das war Vorschrift: „Der Einleger muß gereinigt werden." Aber das ist oft nicht eingehalten worden! Drei Tage mußte die Ziehmutter die Einleger behalten. Auf dem Stubenboden haben sie geschlafen. In der Früh wurde der Schab immer weggeräumt und am Abend wieder hergerichtet. Ein Einleger hat Ruap geheißen und war immer voller Läuse. Er hat nicht viel geredet. Mir hat ein bißchen gegraust vor ihm. Er ist auf der Ofenbank gesessen, und dort hat er auch gegessen.

Drutschen hat es auch gegeben. In der Nachbarschaft war einer, am Berg war eine Spinnerte. Die noch halbwegs taten, die mußten halt Dodelarbeiten verrichten oder Halter werden. Die haben dann nichts verdient – fest arbeiten halt. Da hat man gesagt, denen sei zuviel Fett gefüttert worden, oder sie waren so von Geburt an. Auch Taubstumme hat es gegeben. Damals gab es viele davon, mehr als heute.

Ich bin ein schmächtiges Kind gewesen, keine Kraft hab' ich gehabt. Beim Heuen mußte ich immer den Tieren vorstehen. „Kommt's Fliagl, beißt, dann gehen sie durch, die Viecher!" hat es geheißen. Davor hab' ich mich gefürchtet.

Zu Ostern konnte ich zur Firmgota Weihessen gehen. Darauf hab' ich mich schon das ganze Jahr gefreut. Da hab' ich so viel gegessen, daß ich nichts mehr hinunterbrachte. Dann bin ich wieder heimgegangen.

Die Firmgota war die Nachbarbäuerin. Vor der Firmung hat die Ziehmutter gesagt, ich soll zu ihr gehen und sie fragen, ob sie meine Firmgota wird. Aber bei ganz armen Leuten wollte manchmal niemand Gota werden. Das hat es auch gegeben. Andere wieder hat es gefreut, wenn sie die Ehre hatten. Eine Gota, die etwas hergegeben hat, das war eine gute Gota. Meine Gota hat mir zur Firmung ein wunderschönes Gewand machen lassen. Nach der Firmung hat die Ziehmutter gesagt, sie gibt mir ein Kastl, daß ich das Firmkleid aufbehalten kann. Nach einiger Zeit habe ich nachgeschaut, da war es von den Mäusen angefressen. Dann war es nicht mehr schön, als die Ziehmutter ein Stück eingeflickt hat.

Vor dem Nikolaustag hat man einmal zu mir gesagt, wenn ich richtig fleißig bete, dann bringt mir der Nikolaus etwas. Jetzt habe ich gebetet und gebetet, und dann waren in den Schuhen zwei kleine Äpfel! Die hab' ich dann gepackt und in eine Ecke geworfen. Ich hatte mir etwas Besseres erhofft. Daran denke ich oft.

Einmal wollte ich wissen, woher die Kinder kommen. Da hat man gesagt, daß die Hebamme im Keller einen großen Raum hat, und dort hat sie die Kinder eingefrischt wie Blumen. Und da ging ich einmal zu ihr ins Haus und wollte im Keller nachschauen. Aber da sah ich nichts, und dann hab' ich nicht mehr daran geglaubt.

Die ganze Schulzeit und auch einige Jahre danach blieb ich bei der Großtante. Als ich achtzehn Jahre alt war, starb sie. Sie hatte Wassersucht gehabt. Beim Begräbnis sind wir halt in die Kirche gegangen, eine Zehrung gab es nicht. Dazu war kein Geld da. Dann kam der Vormund. Das war ein Bauer aus Lessach. Dem war von der Gemeinde die Vormundschaft zugeteilt worden. Mich konnte er nicht brauchen. Das Sachl wurde dann verkauft, die Gründe halt, das Haus war nichts mehr wert. Ein Grund lag neben dem Bach und wurde oft überschwemmt. Der mußte erst verbaut werden, so hat man dafür nicht viel gekriegt. Ein bißchen Geld haben dann meine Geschwister und ich bekommen.

Eine Zeitlang hab' ich beim Federweißbergwerk in Lessach gearbeitet. Dort war ich Sortiererin. Dann mußte ich weg. Ich dachte: „Wenn ich halt einen guten Platz kriegen würde!" Ich war auf verschiedenen Plätzen, bis ich nach Sankt Georgen ob Murau kam. Das war auch das erste Mal, daß ich aus dem Lungau hinauskam. In Sankt Georgen arbeitete ich auf einem Gut. Dort konnte ich mir endlich einmal etwas kaufen, etwas leisten. Ich war zufrieden.

Dann hab' ich einen ledigen Buben bekommen. Den mußte ich anstiften in Ranten bei einem Schneidermeister. Sein Vater war Knecht und hat nichts gezahlt.

Dann hab' ich einen anderen kennengelernt und geheiratet. Er war Arbeiter und auch von armen Leuten. Später wurde er arbeitslos. Keine Arbeit war zu kriegen. Er hat getrunken. Zwei Kinder hab' ich gekriegt. Auch die mußte ich anstiften. Eins hat der Bauer in Lessach genommen, der die Gründe von der Großtante gekauft hat. Für das andere mußte ich um einen Platz bitten. Das war schwer! Aber man konnte sich nicht helfen. Man mußte froh sein, wenn man ein Platzl für das Kind hatte. Man mußte sich das Denken abgewöhnen. Das war einmal so! Überall waren Kinder, deshalb nahm man meist nur Kinder auf, wenn viel bezahlt worden ist. Ich hab' dann halt Gewand gebracht oder Geld, ein-, zweimal im Jahr. Für ein Kind mußte ich monatlich bezahlen. Wenn ich gut verdient habe, dann bekam ich dreißig Schilling im Monat. Zwanzig Schilling hab' ich für das Kind bezahlen müssen. So hieß es arbeiten – immer im Dienst. Die Kinder haben mich später gar nicht mehr richtig gekannt, das war schwer.

Zehn Jahre blieb ich auf dem Gut. In den dreißiger Jahren mußte ich weg. Man brauchte nicht mehr so viele Leute. Dann war ich Dienstmädel bei einem Arzt in Stadl. Im Achtunddreißigerjahr wollte ich nicht „Heil Hitler!" schreien und nicht zur Abstimmung gehen. Darauf haben sie zu mir gesagt: „Dann paß auf, was dir passiert!" Dann bin ich doch gegangen. Und die Frau des Arztes hat zu mir gesagt, weil sie wußte, daß ich dafür nichts übrig hatte: „Du ißt mein Brot – du singst mein Lied!"

Ich hab' nichts dagegen sagen dürfen, sonst wär' ich vom Posten gekommen. Zuerst hab' ich mich mit den beiden gut vertragen, aber dann nicht mehr.

Krankheiten

Alte ehemalige Magd. Für viele Dienstboten war die Vorstellung, eine längere Zeit krank zu werden, eine ständige Bedrohung. War ein Dienstbote öfter krank, dann konnte er keinen guten Platz mehr bekommen. „Mit dem ist nichts!" hieß es dann.

Ein braver Dienstbote hatte treu, geschickt, fleißig und sittsam zu sein. So stand es im Dienstbotenbuch.[1] Krank sollte ein Dienstbote möglichst nie sein. Schnell hieß es nämlich: „Mit dem ist nichts!" – was bedeuten sollte: der arbeitet zuwenig, der ist die Kost nicht wert.

Zum Kranksein hatte man daher früher nicht viel Zeit. Es gibt viele Erzählungen, daß die Leute trotz schwerer Krankheiten ihre Arbeit weiterverrichteten. War ein Dienstbote öfter krank, dann konnte er keinen guten Dienstplatz mehr bekommen. Er mußte sich dann mit jenen Plätzen begnügen, die verschrieen waren und wo man sonst niemanden bekam.

Nach der alten Dienstbotenordnung von 1856 mußten Dienstboten als Mitglieder der Hausgenossenschaft im Krankheitsfall vier Wochen lang unentgeltlich versorgt werden. Nur wenn eine Krankheit länger dauerte, dann durfte ein Dienstbote nach dieser Zeit entlassen werden.[2] 1876 wurde die Versorgungspflicht auf zwei Wochen verkürzt. War ein Kranker mittellos, dann war er nach dieser Frist wie ein gewöhnlicher Gemeindearmer zu behandeln.[3] Für viele Dienstboten war daher die Vorstellung, eine längere Zeit krank zu werden, erschreckend und bedrohlich. Wollte ein Kranker dann trotzdem vom Bauern behalten werden, dann mußte er in die Rolle des Bittstellers treten, der Hilfe beanspruchte, die eigentlich nicht mehr vorgesehen war. Dabei bewirkten doch gerade die Lebens- und Arbeitsverhältnisse der Dienstboten genug Gelegenheiten, um krank zu werden. Viele Arbeiten mußten bei jeder Witterung, bei Nässe, Kälte oder Feuchtigkeit verrichtet werden. Dabei waren viele Arbeiten nicht ungefährlich. Die Schlafkammern waren im Winter oftmals eisig kalt und zugig. Dazu kamen die schlechten hygienischen Zustände.

Um das Los der Dienstboten zu verbessern, wurde schließlich 1886 per Gesetz die Errichtung von Dienstbotenkrankenkassen angeordnet.[4] Diese Dienstbotenkrankenkassen entstanden in den folgenden Jahren auf Gemeindeebene, das heißt, jede Gemeinde hatte ihre eigene Krankenkasse, in die Dienstboten und Dienstgeber beitragspflichtig waren. Die Dienstgeber hatten ein Viertel und die Knechte und Mägde drei Viertel des Kassenbeitrages zu entrichten. Für die richtige Einzahlung hafteten die Dienstgeber.[5] Damit sollten ärztliche Behandlung, Arzneien, Unterkunft, Kost und „Wartung" kranker Dienstboten sichergestellt sein.[6]

Anfangs funktionierten die Dienstbotenkrankenkassen schlecht.[7] Vor allem fehlte es an der nötigen Zahlungsmoral, die aber auch später häufig Anlaß zu Klagen bot. Immer wieder kam es vor, daß ein Dienstbote zum Dienstantritt seinem Dienstherrn neben dem Dienstbotenbuch auch das Einzahlungsbüchel für die Dienstbotenkrankenkasse übergab, in der Meinung, der Dienstgeber werde die Einzahlung besorgen. Geschah das dann nicht, der Betroffene wurde krank, Kosten fielen an, dann konnten daraus Streitigkeiten entstehen, die seitenlange Gemeindeausschußprotokolle füllten.[8]

Für die Verwaltung der Dienstbotenkrankenkasse war ein vom Gemeindeausschuß für drei Jahre zu bestellender Krankenrat verantwortlich.

Dienstbotenkrankenrat der Gemeinde Muhr 1912 bis 1915

Obmann: Rupert König, Leierer

Kassier und Schriftführer: Leonhard Grießner, Neuhauser

Beiräte aus dem Stand der Dienstgeber: Eduard Premm, Rainerbauer, Simon Trausnitz, Trattnerbauer

Beiräte aus dem Stand der Dienstboten: Simon König, Adambauernknecht, Josef Ramspacher, Pfeifenbergerknecht

Quelle: Gemeindeausschußprotokoll Muhr 1912.

Die Bauern waren im Dienstbotenkrankenrat bestimmend.[9] Der Obmann des Rates mußte immer aus den Reihen der Bauern des Gemeindeausschusses gewählt werden, ebenso sein Stellvertreter.
Dem Krankenrat oblag die Entscheidung, ob ein erkrankter Dienstbote in eine Krankenanstalt einzuweisen war oder ob er in häuslicher Verpflegung und ärztlicher Behandlung zu verbleiben hatte.[10] Die monatliche Beitragshöhe setzte der Gemeindeausschuß nach Bedarf fest.

Tabelle 24: Monatliche Beitragshöhe zur Dienstbotenkrankenkasse der Gemeinde Mauterndorf

Jahr	1911	1912	1917	1918	1919	1926	1927
Monatliche Beitragshöhe	60 h	1 K 20 h	1 K	1 K 20 h	1 K 50 h	1 S 50 g	2 S

Quelle: eigene Aufstellung nach: Gemeindeausschußprotokolle Mauterndorf.

Weil die Beitragshöhe zu den Dienstbotenkrankenkassen so niedrig wie möglich gehalten wurde, deshalb mußte bei den Leistungen der Krankenkassen streng und unerbittlich gespart werden. Ein Arzt durfte nur in den dringendsten Fällen zugezogen werden. Das galt besonders für abgelegene Gemeinden, von denen keine über einen eigenen Gemeindearzt verfügte, so daß deshalb zusätzlich hohe Wegekosten bei Inanspruchnahme anfielen.

Es ist zu bedenken, daß bei den hohen Wegekosten ein Arzt in Muhr nur in den dringendsten Fällen in Anspruch genommen werden kann.
Quelle: Gemeindeausschußprotokoll Muhr 1912.

1926 wurde vom Gemeindeausschuß Muhr ein Holzhändler verpflichtet, mit seinem Kraftwagen allfällige Krankentransporte zu übernehmen, wenn er zufällig in der Gemeinde anwesend war. Dafür wurde ihm gestattet, dreimal jährlich straflos den Gemeindeweg nach Muhr zu befahren.[11] In mehreren Gemeinden galten zu dieser Zeit Fahrverbote für Automobile.

Bei der Einweisung eines Kranken in eine Krankenanstalt war der Krankenrat wegen der anfallenden hohen Kosten besonders zurückhaltend. Hielt sich ein Gemeindearzt nicht an die Anweisungen, dann erhielt er vom Gemeindeausschuß einen Verweis.

Es ist Klage geführt worden, daß Kranke in leichten Fällen, wo häusliche Versorgung leicht möglich war, vom Arzt in das Krankenhaus gewiesen wurden. Hinzu kommt, daß die Verpflegung im Krankenhaus sehr schwierig und teuer ist.
Wird einstimmig beschlossen, dem Herrn Gemeindearzt anzutragen, daß er diesen Beschwerden Rechnung trage.
Quelle: Gemeindeausschußprotokoll Mauterndorf 1917.

In der Gemeinde Mariapfarr, wo ein Gemeindearzt zur Verfügung stand, verlangte 1920 der Krankenrat sogar, daß Dienstboten, bevor sie den Arzt aufsuchten, erst die Zustimmung des Krankenrates einholen sollten.[12] Erst eine Vorsprache des Arztes vor dem versammelten Gemeindeausschuß konnte dieses Verlangen abwenden. Aus dem Krieg heimkehrende kranke Soldaten wurden nicht in die Dienstbotenkrankenkasse aufgenommen.

Der Gemeindeausschuß und der Krankenrat beschließen einstimmig, daß geschlechtskranke, aus dem Felde heimkehrende Kassenmitglieder nicht von der Dienstbotenkrankenkasse aufgenommen und die erwachsenen Kosten nicht bezahlt werden können.
Quelle: Gemeindeausschußprotokoll Mariapfarr 1917.

Auch für alte, chronisch kranke Dienstboten erachtete sich die Dienstbotenkrankenkasse als nicht zuständig.

Wird erkannt, daß die Dienstbotenkrankenkasse Ramingstein nicht schuldig ist, die für die Johanna Macheiner im Spitale in Tamsweg erwachsenen Verpflegskosten in der Höhe von siebenundfünfzig Schilling zu tragen. Die Johanna Macheiner ist

nicht als Dienstbote anzusehen. Sie ist eine mit chronischen Leiden behaftete Arme, nicht mehr fähig, die Leistungen eines Dienstboten zu versehen und wäre daher vom Dienstgeber Franz Lussnig nicht mehr als Mitgliede bei der Dienstbotenkrankenkasse anzumelden gewesen.
Quelle: Gemeindeausschußprotokoll Ramingstein 1925.

Nach wie vor war es gang und gäbe, daß Dienstboten von ihren Dienstgebern nicht bei der Dienstbotenkrankenkasse angemeldet wurden. Weil die Dienstboten häufig ihre Plätze wechselten und in vielen Gemeinden herumkamen, deshalb kam es – ähnlich wie mit dem Heimatrecht – immer wieder zu Konflikten. Oftmals erfolgte eine Anmeldung erst im Lauf des Dienstbotenjahres oder gar erst nach einem erlittenen Unfall.

Gemeinderat Macheiner erklärt, daß manche Dienstgeber in der Anmeldung rückständig sind und nur dann die Dienstboten anmelden, wenn sie einen Unfall erlitten haben.
Quelle: Gemeindeausschußprotokoll Mariapfarr 1932.

In den dreißiger Jahren häufte sich das Nichtanmelden von Dienstboten. In kleineren Gemeinden bildete die Erörterung einer Krankengeschichte zuweilen den einzigen Tagesordnungspunkt einer Gemeindeausschußsitzung.

Gegenstand ist der Krankenzustand der Theres Lerchner. Laut Angabe des behandelnden Arztes Dr. Pinggera leidet Genannte an Gelenksrheumatismus, wonach sie zur Heilung Bestrahlungen im Krankenhaus Tamsweg benötigt.
  Die Gefertigten bewilligen die Bestrahlung mit der Bedingung, wenn die Mutter für die Verpflegung aufkommt.
Quelle: Gemeindeausschußprotokoll Zankwarn 1933.

Seit 1837 gab es in der Gemeinde Tamsweg ein sogenanntes „Ruralkrankenhaus". Es war dies eine ehemalige Keusche, die von sechzehn Gemeinden des Bezirks angekauft worden war. In diesem Spital konnten zehn bis zwölf Kranke untergebracht und vom Bezirksrat betreut werden. Erst 1908 wurde das Kaiser Franz Joseph-Spital eröffnet, das dann von einem eigenen Arzt geleitet wurde und 1913 noch einen „Hilfsarzt" erhielt.[13] Daneben existierte noch in der Gemeinde Mauterndorf ein Spital. Es war im Armenhaus untergebracht. Auch dort konnte der Gemeindearzt einige Kranke versorgen. Die Verhältnisse waren äußerst bescheiden und notdürftig. Die Gemeinde sparte bei den Ausgaben, wo es möglich war.

Der Bürgermeister berichtet, daß für das Krankenhaus die Anschaffung von Überzügen für zwei Betten notwendig ist. Die Kosten hiefür belaufen sich auf zirka zweitausend Kronen. Es wurde nach Aussage der Schwestern bereits neun Jahre nichts mehr nachgeschaffen, und ist nunmehr die Anschaffung dringend notwendig.

Nach eingehender Aussprache wird der Bürgermeister beauftragt, bei der Volksbekleidungsstelle in Salzburg anzufragen, ob dort passender Stoff zu entsprechend billigem Preise erhältlich sei.

Quelle: Gemeindeausschußprotokoll Mauterndorf 1920.

Der Großteil der Kranken im Mauterndorfer Spital waren Dienstboten, die aus der Gemeinde Mauterndorf selbst, aber auch aus den umliegenden Gemeinden kamen. Jährlich wurden dort vierzig bis sechzig Knechte und Mägde versorgt – zwischen 1916 und 1935 waren es fast tausend, die dort Behandlung fanden.[14] Die Dienstboten litten teilweise an Krankheiten, die wohl für ihre Arbeits- und Lebensverhältnisse typisch waren.

Die häufigsten Krankheiten, an denen Dienstboten litten, waren Hautkrankheiten und Magen- und Darmerkrankungen. Allein an diesen Erkrankungen litten fast vierzig Prozent aller im Spital behandelten Knechte und Mägde. Hautkrankheiten wie Krätze, Ekzeme oder Geschwüre waren besonders unter den jungen Dienstboten stark verbreitet. Mit dem Alter der Dienstboten nahm die Häufigkeit des Auftretens dieser Krankheiten zwar ab, nahm aber bei den Dienstboten mit über sechzig Jahren wieder zu. Diese

Krankheiten waren wohl auf die meist vollkommen unzureichenden hygienischen Zustände wie fehlende Waschgelegenheiten und Waschmittel zurückzuführen.

Tabelle 25: Verteilung der Krankheiten von Dienstboten

1. Nerven- und Gehirnerkrankungen
   z. B.: Hysterie, Psychose, Melancholie, Paranoia . 2,0%
2. Augen-, Hals-, Nasen- und Ohrenerkrankungen
   z. B.: Grippe, Stirnhöhleneiterung, Mandelabszeß . 15,6%
3. Lungen- und Herzerkrankungen
   z. B.: Luftröhrenkatarrh, Bronchitis, Lungenentzündung, Herzschwäche 14,0%
4. Magen- und Darmerkrankungen
   z. B.: Magen-Darmkatarrh, Magengeschwür, Gastritis, Darmentzündung 19,4%
5. Hauterkrankungen:
   z. B.: Krätze, Ekzem, Abszeß, Geschwür 19,5%
6. Gelenks- und Wirbelsäulenerkrankungen
   z. B.: Rheumatismus, Hexenschuß, Ischias, Kniegelenksentzündung 10,8%
7. Harn- und Geschlechtsorganerkrankungen
   z. B.: Geschlechtserkrankung, Blasenkatarrh, Unterleibsleiden, Nierenentzündung 3,6%
8. Unfälle
   z. B.: Hackwunde, Erfrierung, Quetschung, Knochenbruch oder Zertrümmerung 15,1%

Quelle: eigene Aufstellung nach: Spitalbuch für das Franz Joseph-Spital Mauterndorf 1916 bis 1942.

Magen- und Darmerkrankungen – vor allem Magengeschwüre, Darmentzündungen und Magen- und Darmkatarrhe – nahmen bis zum fünfzigsten Lebensjahr der Dienstboten ständig zu. Aber auch viele junge Dienstboten kamen deswegen ins Spital. Wahrscheinlich war die Kost die Ursache für diese Erkrankungen.

Augen-, Hals-, Nasen- und Ohrenerkrankungen standen an dritter Stelle und traten bei allen Altersgruppen etwa gleich stark auf. Daß die Dienstbotenarbeit zeitweise auch recht gefährlich war, das zeigen die vielen Verletzungen, die durch Unfälle – vor allem bei Holzarbeiten und beim Umgang mit Tieren – passierten. Davon waren die jüngeren und noch unerfahreneren Dienstboten stärker betroffen, allerdings stieg im Alter die Verletzungshäufigkeit wieder an.

Lungen- und Herzerkrankungen stiegen ab dem fünfzigsten Lebensjahr stark an, so daß diese die häufigsten im Alter der Dienstboten wurden. Bronchitis, Lungenentzündung oder Luftröhrenkatarrh waren die Folgen von überanstrengender Arbeit, unzureichender Kleidung, Unachtsamkeit oder zugigen Schlafstätten. Daneben wurden viele Dienstboten von Gelenks- und Wirbelsäulenerkrankungen geplagt. Besonders Rheumatismus und Ischias waren verbreitet. Davon waren alle in gleichem Maße betroffen.

Graphik 4: Dienstbotenerkrankungen und ihre Häufigkeit und Verteilung nach dem Alter

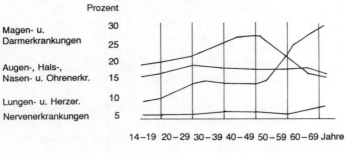

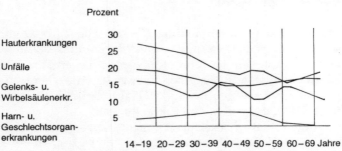

Quelle: eigene Aufstellung nach: Spitalbuch für das Franz Joseph-Spital Mauterndorf 1916 bis 1942.

Harn- und Geschlechtsorganerkrankungen nahmen bis zum vierzigsten Lebensjahr der Dienstboten leicht zu. Häufig waren Blasenkatarrhe und Nierenentzündungen. Etwa zwei Prozent der Krankheitsfälle betraf Nerven- und Gehirnerkrankungen.

Die Zeit, in der Dienstboten am häufigsten krank waren, richtete sich sowohl nach der Jahreszeit als auch nach dem Dienstbotenjahr. Im Sommer gab es die geringste Zahl von Krankenständen, doch dann begannen die Krankheitsfälle allmählich anzusteigen und blieben den ganzen Winter hindurch hoch. Unterbrochen wurde die hohe Zahl der Krankheitsfälle nur im Februar. Wenn nicht eine plötzliche schwere Erkrankung oder ein Unfall einen sofortigen Spitalsaufenthalt nötig machte, dann vermieden es die Dienstboten, im Februar ins Spital eingewiesen zu werden. Im Februar war Lichtmeß – Zahl- und Wandertag. Für einen großen Teil der Dienstboten begann in diesem Monat das neue Dienstjahr bei einem neuen Dienstgeber – da hatte man keine Zeit zum Kranksein.

Graphik 5: Verteilung der Krankheiten der Dienstboten über das Jahr

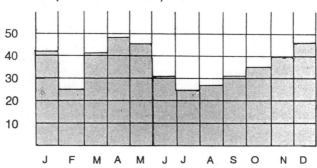

1920 bis 1929 (437 Krankheitsfälle)

Quelle: eigene Aufstellung nach: Spitalbuch für das Franz Joseph-Spital in Mauterndorf 1916 bis 1942.

Jenen Krankheitsfällen, die Nerven- und Gehirnerkrankungen betrafen, stand man meist hilflos gegenüber. Im Mauterndorfer Spital wurden diese Krankheiten vom Gemeindearzt als „Psychose", „Melancholie", „Hysterie", „Geistesstörung", „Verwirrzustand" oder „Neurasthenie" diagnostiziert. Waren diese Krankheiten von schwerer Art und langer Dauer, dann waren die Dienstbotenkrankenkassen überfordert, und die Zuständigkeit ging direkt an die Gemeinden über.[15] Die Gemeinden ihrerseits suchten die anfallenden Kosten so gering wie möglich zu halten. Das Schicksal der Kranken trat dann völlig in den Hintergrund. Als Beispiel die Geschichte der Clara S., einer ledigen Dienstmagdtochter, geboren 1878: 1912 mußte Clara S. krank in ihre zuständige Heimatgemeinde Mariapfarr zurückgeholt werden.[16] Erst ein Jahr später zog der Gemeindeausschuß Erkundigungen über die Art ihrer Erkrankung ein.[17] 1914 wurde schließlich der Landesausschuß befragt, was mit Clara S. zu geschehen habe, denn die Gemeinde sah sich außerstande, die auflaufenden Kosten für sie zu bestreiten.[18] Noch im selben Jahr kam der Gemeindeausschuß zur Erkenntnis, daß die Kranke gar nicht in die Gemeinde Mariapfarr, sondern nach Tiefenbach in der Steiermark zuständig sei.[19] Im April 1915 wurde daher beschlossen bei der k. k. Landesregierung in Graz anzufragen, ob und wo in der Steiermark diese Gemeinde sei.[20] Das Ansuchen blieb ergebnislos, denn im September 1915 mußten Clara S. vom Gemeindeausschuß Schuhe zum Preis von neun Kronen und dreißig Heller bewilligt werden.[21] Die nächsten zwei Jahre verbrachte Clara S. in der „Zwänglingsanstalt" in Salzburg. Im Februar 1918 sollte sie dort entlassen werden, aber der Gemeindeausschuß brachte ein Gesuch um Belassung ein.[22] Zwei Monate später richtete der Gemeindeausschuß schließlich ein Ansuchen an die Strafanstalt in Schwaz in Tirol, Clara S. um einen ermäßigten Preis aufzunehmen.[23] Dort verblieb sie dann vier Jahre. 1922 stellte der Gemeindevorsteher den Antrag, Clara S. aus der „Besserungsanstalt" herauszunehmen, um der Gemeinde die Verpflegskosten zu ersparen. Es wurde aber beschlossen, mit diesem Schritt noch zuzuwarten.[24] Im Juli 1923 starb Clara S.[25]

Josepha Scherntaner

„Krank sein darf man nicht!"

Ich wurde 1915 in Sankt Michael geboren. Insgesamt hatte ich sieben Geschwister, zwei davon waren angestiftet. Die hat die Mutter ledig gehabt. Weil dem Vater die zwei nicht gehört haben, deshalb blieben sie angestiftet, auch nachdem die Eltern geheiratet hatten. Die zwei Ledigen sollten halt nicht sein; auf die wird bei Streitereien halt alles draufgeschmissen.

Der Vater war Zimmerer. Wenn er sechs Monate im Jahr Arbeit hatte, dann war es viel. Die meiste Zeit arbeitete er im Steirischen, dann war die Mutter allein mit uns. Einmal hat uns der Vater im Winter einen kleinen Schlitten gezimmert – ein Brett und zwei Kufen daran. Daran kann ich mich noch erinnern.

Als der Vater nach dem Krieg nach Hause gekommen ist, hat er in der Au ein Stück Grund umgegraben. So konnten wir dann auch eine Kuh halten. In der Au standen Erlenstauden, und der Grund gehörte der Gemeinde. Wer ein Stück haben wollte, der mußte es selbst roden. Danach ist es uns auch besser gegangen.

Der Vater hat auf die Religion nicht viel gehalten. Im Krieg ist ihm wahrscheinlich zuviel untergekommen. Er hat uns in dieser Beziehung nichts angeschafft. Das machte die Mutter. Wenn wir etwas angestellt haben, dann hat es Schläge gegeben. Eine Rute war immer bereit, die hing im Schüsselkorb. Wenn wir nicht gefolgt haben oder wenn wir nicht rechtzeitig heimgekommen sind, dann haben wir von der Mutter die Rute bekommen. Mit der Rute war die Mutter schnell bei der Hand.

1921 kam ich in die Schule. Ein neuer Griffel hätte zweihundert Kronen gekostet, aber ich hab' keinen gekriegt. Meine Schulbücher hab ich geliehen bekommen, die Lehrer haben uns ja gekannt!

Ganz vorne mußte ich im Klassenzimmer immer sitzen, weil ich so wenig gesehen habe. Eine Brille hab' ich nicht gehabt, aber alle haben gewußt, daß ich schlecht sehe. Aber für eine Brille hat es nicht gereicht! Der Lankmayer-Peter hat eine Brille gehabt, das war ein Kaufmannssohn. Neben dem mußte ich dann sitzen. Wenn etwas weiter weg war, dann sah ich alles doppelt. Auf der Landkarte hab' ich gar nichts gesehen – da hab' ich dann halt einen Vierer gekriegt. So hab' ich mich halt schwergetan! Ich denk' heut noch oft, daß es ein Wunder war, daß überhaupt etwas aus mir geworden ist. Oftmals war ich krank. Wochenlang konnte ich oft nicht in die Schule gehen. Häufig hab' ich Pletzen gekriegt, besonders an den Fersen und am Kopf. Dann hab' ich gekratzt, und der Eiter ist heruntergeronnen. Dann hat die Mutter wieder selbst herumgedoktert.

Wenn ich ein Stückchen Brot in die Schule mitkriegte, dann hab' ich es manchmal mit Bauernkindern ausgetauscht. Die Bauerntöchter hatten schwarzes Brot aus selbstgemahlenem Mehl, und ich hatte weißes Brot aus gekauftem Mehl. Das haben wir dann ausgetauscht.

Mein erster Platz nach der Schule war bei der Gota, das war unsere Nachbarin. Einmal ist die Dirn dahergekommen und hat gesagt, ich solle zu ihnen kommen. Die Dirn der Gota hat das aber nur gesagt, weil sie eine Hilfe haben wollte. Die Gota wußte anfänglich gar nichts davon. Hätte das die Mutter gewußt, dann hätte sie mich nicht gehen lassen. So hat es ja ausgeschaut, als ob ich zu Hause nichts zu essen hätte. Das wäre der Mutter zu schiach gewesen.

Ein Jahr blieb ich bei der Gota. Ich mußte auf den Feldern und am Garten arbeiten. Fünf Schilling hab' ich im Monat bekommen. Das war 1929. Nach einem Jahr kam ich dann weg.

Mein nächster Platz war bei einem Wirtshaus. Der alte Wirt hat furchtbar getrunken, und sie war meistens im

Spital. Dort wurde ich Hausdirn und hatte sogar eine eigene Kammer. Ich mußte kochen und putzen. In der Nacht hat er oft an meiner Tür gerissen und geschrien. Das war furchtbar! Dann bin ich über den Tanzboden hinuntergelaufen zur Moardirn und hab' dort geschlafen. Ich hab' mich nicht mehr zu bleiben getraut, so bin ich fort.

Ich wollte so gerne Verkäuferin werden, aber niemand hat mich gebraucht. So wurde ich wieder Dirn. Oft mußte ich schwere Sechter heben, das ist mir besonders schwergefallen. „Mit der ist nichts!" hat der Bauer einmal gesagt. Mir ist die Arbeit einfach zu stark gewesen. Die Bauersleute haben es selbst erkannt. „Mußt halt heimgehen!" hat es geheißen. Als ich dann auch noch krank wurde, ging ich für fast ein Jahr nach Hause. Aber dort haben sie auch keine Freude mit mir gehabt.

Dann kam ich als Dirn auf den Fanningberg. Das war 1933. Acht Schilling hab' ich damals bekommen und ein Jahrgewand. „Es derleid nicht mehr!" hat es geheißen, „mußt halt gehen, wenn es zuwenig ist." Aber wohin sollte ich gehen? Manchmal hab' ich das Geld sogar fordern müssen, weil man absichtlich vergessen hat, es mir zu geben. Und ich hab' mich fast nichts zu sagen getraut. Kaufen konnte ich mir halt nichts – die Sachen mußte ich mir in der Auslag anschauen.

Auf dem Platz waren noch eine Dirn und zwei Knechte. Wir Dienstleute haben ja geschaffen, aber die Bäuerin war nicht zum Aushalten. Das Essen war schlecht. Der Bauer hat zwar mit uns gegessen, aber er hat oft selbst gesagt: „Das ist eine Kost zum Talabgehen!" Er ist halt dann in die Speis gegangen. Er hat sich nicht schwergetan. Aber wir mußten essen, was wir kriegten! Aber der Bauer hatte nicht viel zu reden. Er war selbst nur ein Jahrhauser.

In die Kirche bin ich halt gegangen, damit ich meinen Frieden hatte. Die Dienstleute sollten in die Kirche gehen. Wenn man nicht in die Kirche ging, dann haben einen das die Leute merken lassen. Zur Beichte bin ich nicht oft gegangen. Zu Ostern mußte es halt sein – da war es Pflicht! Aber das war ein Feiertag – da brauchte man nicht zu arbeiten – das war auch schon viel wert.

1934 war ich dann in Bruggarn Dirn, und 1935 zu Lichtmeß hab' ich wieder den Platz gewechselt. Dort waren wir drei Dirn, die Söhne des Bauern waren die Knechte. Das Essen war gut – viel Schmalz! Beim „bochan Nudel" ist das Schmalz bis auf die Hälfte vom Rein heraufgestanden. Aber unsere Kammer war eiskalt und feucht. Heizen konnte man nicht. Sie war an den Stall angebaut. Im Winter ist an dieser Seite das Wasser von der Wand geronnen, und auf der anderen Seite hat die Mauer geglänzt vom Frost. Das hab' ich nicht ausgehalten. Ich wurde wieder krank: Lungen- und Rippenfellentzündung. Bevor der Doktor kam, hat man mich in ein schönes Zimmer gelegt, damit er nicht sehen sollte, in welchem Kotter wir hausten. Dann lag ich vier Wochen lang im Spital in Mauterndorf. Das Spital – einige Betten – war im Altersheim untergebracht. Einmal am Tag ist der Doktor Brunning gekommen. Senfpflaster haben mir die Schwestern aufgelegt. Das hat gezogen!

Als ich im nächsten Winter wieder krank wurde, konnten sie mich nicht mehr brauchen. Zu mir selbst hat man das nicht gesagt, aber so auswendig herum, daß ich mich ausgekannt habe.

Krank sein darf man halt nicht bei einem Bauern!

März 1938

Assentierung 1938. Besonders unter den jungen Knechten, die oft selbst Bauernsöhne waren, fand die NSDAP eifrige Anhänger.

Im Sommer 1937 besuchte Bundeskanzler Schuschnigg gemeinsam mit dem Salzburger Landeshauptmann Rehrl den Lungau. Der kurze Besuch, der knapp zwei Tage dauern sollte, war vom Bezirkshauptmann bis ins kleinste vorbereitet worden. So waren die Gemeindeämter beauftragt worden, dafür zu sorgen, daß das Weidevieh von der Straße ferngehalten wurde, Schulkinder hatten in den Ortschaften Spalier zu stehen, die Häuser sollten reichlich beflaggt werden, am Ortseingang von Tamsweg mußte ein Triumphbogen mit Fahnenschmuck aufgebaut und am Marktplatz, nun „Dollfußplatz" genannt, mußten Fahnenmasten aufgestellt werden. Dazu hatte sich die Bürgermusik einzufinden, der „Samson" sollte sich zeigen, und das Lessacher Schützenkorps in seinen historischen Uniformen sollte ebenfalls aufmarschieren. Schließlich sollte noch dafür gesorgt werden, daß sich aus den Gemeinden des Bezirks möglichst viele Leute zur Begrüßung in Tamsweg einfinden.[1]

Bereits eine Woche vor dem geplanten Besuch hatte der Bezirkshauptmann bei einer Bürgermeisterversammlung den Wunsch geäußert, der Bundeskanzler möge in allen Gemeinden des Bezirks zum „Ehrenbürger" ernannt werden.[2] Eilig waren daraufhin in allen Gemeinden Versammlungen der „Gemeindetage" – seit 1934 so bezeichnet – anberaumt worden, und Schuschnigg wurde tatsächlich innerhalb weniger Tage von allen achtzehn Gemeinden des Bezirks zum Ehrenbürger ernannt. So auch in der Gemeinde Unternberg. Dort hatte der Bürgermeister zu Beginn der Gemeindetagssitzung noch einmal die vom Bezirkshauptmann vorgegebene Begründung wiederholt:

In Anbetracht seiner Verdienste für das Vaterland Österreich in der Erhaltung des christlichen Geistes, des weiteren Aufbaues

des christlich-deutschen Ständestaates sowie auch seiner Bemühungen, soweit es ihm möglich war, den Gebirgsbauern zu helfen.
Der Bürgermeister leitet die Debatte darüber ein – die zu keiner wird, da alle sechs über Befragen hiemit einverstanden sind.
Quelle: Gemeindetagsprotokoll Unternberg 1937.

Die vom Bürgermeister erwartete Debatte war ausgeblieben. Die Ehrenbürgerernennung erfolgte einstimmig und widerspruchslos wie auch in allen anderen Gemeinden.[3]

Der Besuch der hohen Gäste am 27. und 28. Juni 1937 verlief schließlich zur vollsten Zufriedenheit aller Beteiligten.

Am Sonntag und Montag konnte die Bevölkerung des Lungaus eine große Freude erleben: Unser hochverehrter Herr Bundeskanzler Dr. Kurt von Schuschnigg bereiste die westlichen Bundesländer, um mit der Bevölkerung Fühlung zu nehmen und kam auch nach Tamsweg. Aus allen Tälern und Winkeln des Gaues strömten Leute ohne Unterschied des Standes herbei, um ihren geliebten Kanzler zu sehen und sprechen zu hören. Auch die Schule beteiligte sich nebst vielen Vereinen am Empfang, der sich herrlich gestaltete. Am Montag war von acht bis zwölf eine Aussprache mit den Führern der Vaterländischen Front, bei der Herr Bundeskanzler betonte, daß er noch nirgends so herzlich empfangen wurde als in Tamsweg.
Quelle: Chronik der Volksschule Sauerfeld 1937.

In Wirklichkeit sahen die Verhältnisse im Sommer 1937 anders aus. Längst waren den Nationalsozialisten unter der Oberfläche große Einbrüche in alle Schichten der Bevölkerung gelungen. Hakenkreuze wurden mit Kalkfarbe an Hauswände, Scheunen und Mauern gemalt. Knechte mähten in steilen Wiesen die weithin sichtbare Form dieses verbotenen Symbols aus, oder es wurde auf hohen Bäumen oder gar auf dem Kirchturm angebracht. Propagandazettel wurden von fahrenden Motorrädern aus verstreut[4] und geheime Zusammenkünfte und Versammlungen auf Berghütten, in Scheunen oder Ställen abgehalten.[5] Aus einigen Ortschaften waren bereits „Illegale" ins Deutsche Reich geflüchtet, und schon Jahre vorher – noch vor dem Verbot der NSDAP im Juni 1933 – war Hitler in den Gemeinden Tweng und Weißpriach sogar zum Ehrenbürger ernannt worden.[6] Schon damals hatte der Bezirk Tamsweg neben anderen Bezirken zu jenen Gebieten Österreichs gezählt, in dem es im Verhältnis zur Einwohnerzahl besonders viele NSDAP-Mitglieder gab.[7]

Treibende Kräfte bei der Vergrößerung der Anhängerschaft waren einzelne große Bauern und Wirte, einige Lehrer und Gendarmen, fast alle Jäger und auch viele Knechte. In größeren Ortschaften kamen noch Gewerbetreibende und Kaufleute hinzu. Die Motive für ihr Handeln waren verschieden. Lehrer und Gendarmen waren schlecht bezahlt und wurden häufig versetzt. Auch die Jäger, meist bei herrschaftlichen Jagdherrn angestellt, waren schlecht bezahlt, aber noch schlechter die Knechte, von denen mancher für sich überhaupt keine Zukunft sah. Die großen Bauern und Wirte traf besonders die ständig anhaltende Agrarkrise.

Aus seiner Einstellung machte kaum jemand ein Hehl. Jeder im Ort wußte, wer ein „Nazi" war. Das bedeutete, daß sich die Betroffenen zwar in der Öffentlichkeit vorsichtig geben mußten, um nicht angezeigt zu werden, sonst aber hatten sie kaum etwas zu befürchten. Es kam sogar vor, daß sich der gesamte Gemeindeausschuß für die Parteielite der NSDAP einsetzte. So richtete etwa der Gemeindeausschuß von Mariapfarr ein halbes Jahr nach dem Verbot der NSDAP eine Eingabe an die Bezirkshauptmannschaft, die beiden führenden Köpfe der Partei sollten aufgrund ihrer öffentlichen Stellung von jeder Arbeit der sogenannten „Putzschar" ausgenommen werden.[8] Zur Putzschar wurden seit dem Verbot der NSDAP ortsbekannte Nazis abkommandiert, um Hakenkreuzschmierereien zu entfernen. Oft wurden junge Knechte mit dieser Arbeit schikaniert.

In den Gemeindeausschüssen schwiegen viele Bauern bei wichtigen Entscheidungen, hielten mit ihrer Meinung hinter dem Berg, waren unschlüssig abwartend und harrten der kommenden Dinge. Worin sie übereinstimmten, war die Überzeugung, daß es wirtschaftlich kaum schlechter werden konnte.

Die Besitzer sind infolge der in den letzten Jahren eingetretenen Elementarereignisse – Hochwasser 1931, Mißernte wegen Hitze 1932 – und durch die schlechten Absatzmöglichkeiten ganz verarmt, daher nicht mehr imstande, die Umlage zu zahlen.
Quelle: Gemeindeausschußprotokoll Zederhaus 1933.

Anfänglich wurden die rückständigen Gemeindeumlagen im Wege der Bezirkshauptmannschaft eingetrieben, später mußten sie grundbücherlich sichergestellt werden. Die bäuerlichen Gemeinden, die im Gegensatz zu den Märkten sonst kaum über Einkünfte verfügten, verarmten schnell.

In der kaum dreihundert Bewohner zählenden Gemeinde Pichl gingen die Einnahmen der Gemeinde zwischen 1932 und 1935 um fast die Hälfte zurück.

Tabelle 26: Einnahmen der Gemeinde Pichl 1932 bis 1935

1932	5.549,62 S
1933	4.915,00 S
1934	3.888,50 S
1935	3.098,31 S

Quelle: eigene Aufstellung nach: Kassa-Journal der Gemeinde Pichl 1932 bis 1938.

Ihren Verpflichtungen konnten immer weniger Gemeinden nachkommen. Wege wurden kaum mehr ausgebessert, Brücken wurden nicht instand gesetzt, Schulhäuser verwahrlosten. Armenunterstützungen, Alimentationszahlungen oder Krankenunterstützungen wurden immer häufiger verweigert. An die Bezirkshauptmannschaft wurden Beschwerden gerichtet, daß die Gemeinden den „gebührenden Schutz" schuldig bleiben.[9] Das führte zu einem Autoritätsverlust der Gemeinden und damit auch zu einem Autoritäts- und Prestigeverlust ihrer Vertreter – der Bauern. Zehn kleinere Gemeinden des Bezirks wurden in der zweiten Hälfte der dreißiger Jahre größeren Gemeinden angegliedert. Das geschah durchwegs gegen den erbitterten Widerstand der Bauern.[10]

Zwischen den Bauern traten immer häufiger Auseinandersetzungen auf. Einzelne Bauern gingen offen andere politische Wege, indem sie die Mitgliedschaft bei der „Vaterländischen Front" verweigerten. Bei der alljährlich durchgeführten „Winterhilfe" waren jene dann von der Mehlzuteilung ausgeschlossen, eine symbolische Geste nur, die aber den Stolz der Betroffenen meist schwer verletzte.[11]

Mehlverteilung. Bauern pro Kopf 2 kg. Geuschler oder Arbeitslose 4 kg. Wölfeibauer von der Beteiligung ausgeschlossen, nur seine Dienstboten werden beteilt. Preis pro kg 25 Groschen.
Quelle: Gemeindetagsprotokoll Muhr 1937.

Die Auswirkungen der Massenarbeitslosigkeit waren bis in die entlegensten Täler spürbar. Zahlreiche fremde Arbeitslose – von der bäuerlichen Bevölkerung abschätzig als „Pfosen" bezeichnet – waren jahrelang meist unliebsame Almosenbettler auf den Höfen. In der Gemeinde Tamsweg, später auch in der Gemeinde Tweng, wurden Herbergen für diese wandernden Arbeitssuchenden errichtet[12], um die Bauern zu entlasten, denn manche Höfe wurden täglich von Dutzenden Arbeitslosen aufgesucht. Aber auch den einheimischen Arbeitslosen blieb oft kein anderer Ausweg, als betteln zu gehen, wenn die Gemeinde eine Unterstützung ablehnte.

Anthofer soll in der hiesigen Gemeinde um Lebensmittel bitten gehen, weil auch von auswärts viele hierher kommen. Eine weitere Unterstützung von Seite der Gemeinde ist nicht mehr möglich.
Quelle: Gemeindetagsprotokoll Zederhaus 1935.

Unterstützungszahlungen nach auswärts lehnten manche Gemeinden strikt ab. Dabei berief man sich auf den Paragraphen 39 des Armengesetzes von 1874 und auf den

Paragraphen 25 des Heimatgesetzes von 1863, wonach die „Art und Weise der Armenversorgung" die Gemeinde selbst bestimme.[13] Arbeitslose wurden demnach aufgefordert, in ihre bäuerliche Heimatgemeinde zurückzukehren. Dort wies man sie ins Armenhaus. Die Kost mußten sie von den Bauern der Gemeinde erbitten.[14] Die wenigen verfügbaren Arbeitsplätze wurden ausnahmslos an sorgfältig ausgewählte Personen vergeben.

Bestellung eines Schuldieners:
Referent Neumaier beantragt ein kinderloses Ehepaar, nicht zu alt, gesund, intelligent, politisch verläßlich.

Quelle: Gemeindetagsprotokoll Tamsweg 1936.

Viele paßten sich an. So entstand jenes geschlossene und einheitliche Bild, wie es der Kanzlerbesuch im Juni 1937 vortäuschte. Umso augenfälliger war der Unterschied zu manchen Nazis, die bereit waren, alles zu riskieren. Es gab Lehrer, die deswegen aus dem Schuldienst entlassen wurden.[15] Besonders unter den jungen Knechten, die oft selbst Bauernsöhne waren, fand die NSDAP eifrige Anhänger. „Naziknechte" – wie sie genannt wurden – wurden von einzelnen, besonders vaterländisch gesinnten Bauern, nicht mehr in Dienst gestellt.[16] Das wiederum führte gleichgesinnte Bauern und Knechte zusammen. Jungen Knechten wurde erlaubt, an geheimen HJ-Schulungen teilzunehmen, Moarknechte brachten es bis zum SA-Führer.[17] Vor allem neue Freiheiten und eine nie gekannte Art von Anerkennung bestärkten manche Knechte in ihrer Haltung, später kamen noch die Versprechungen hinzu, selbst Bauer auf einem eigenen Hof werden zu können.

Der „Umbruch" im März 1938 wurde schließlich enthusiastisch gefeiert. Es gab SA-Aufmärsche, Fackelzüge und Siegesfeiern in großer Zahl. Zufällig war für den Abend des 12. März in der kleinen Gemeinde Sankt Andrä eine Gemeindetagssitzung anberaumt worden. Diese Sitzung wurde im Protokollbuch als „1. Sitzung des Gemeindetages von Sankt Andrä im nationalsozialistischen Österreich" vermerkt. Nach dem „Hitlergruß" hatten sich die Gemeindevertreter aber noch mit jenen Angelegenheiten zu beschäftigen, wie sie für die dreißiger Jahre typisch gewesen waren: einer Wegstreiterei mit einer Nachbargemeinde, einem Bauansuchen für eine Kapelle, einem Ansuchen um Rentenerhöhung, Heimatrechtsangelegenheiten und der Verteilung von fünfunddreißig Schilling an sechs Hilfsbedürftige der Gemeinde anläßlich der Winterhilfe 1937/38. Schließlich wurde noch der Ankauf zweier Hakenkreuzfahnen für Gemeinde- und Schulhaus beschlossen.[18]

Die neuen Machthaber machten in den März- und Apriltagen des Jahres 1938 viele Versprechungen. Eine neue Zeit war angesagt. Nicht nur mit Salzburg sollte eine Bahnverbindung hergestellt werden, um endlich den großen deutschen Markt für den Vieh- und Holzabsatz zu eröffnen, sondern auch die Verbindung mit der Steiermark sollte verbessert und ausgebaut werden. Modernisierung und Technisierung sollten auch in dieser abgeschiedenen Gegend Einzug halten. Als Bürge dafür galt vielen Göring[19], der sich wiederholt in Mauterndorf aufgehalten hatte. Noch im März 1938 richteten die Bauern des Gemeindetages von Zankwarn eine Bittschrift an ihn:

Bittschrift an den Herrn Reichsminister und Generalfeldmarschall Hermann von Göring.
Die Gefertigten beschließen hierüber nachstehende Eingabe zu machen:
1. Ausbau einer Bahnverbindung mit Salzburg
2. Erleichterung der Schulhausschuld
3. Günstige Wegverbindung mit Mariapfarr bzw. mit Bahnhof
Heil Hitler
Quelle: Gemeindetagsprotokoll Zankwarn 1938.

Die Bittschrift wurde Göring bei seinem Besuch im Lungau, der zehn Tage vor der „Volksabstimmung" stattfand, übergeben.[20] Neben der Forderung nach Geld, um den Schuldenanteil der Gemeinde, der durch den Volksschulneubau in Mariapfarr entstanden war, zu verringern, ging es den Bauern vor allem um Verbesserungen der Verkehrswege. Der Zustand der Straßen im Bezirk war in der Tat katastrophal. Alle waren sie schmal, kurvenreich und wiesen starke Steigungen auf. Keine einzige Straße war asphaltiert. Für die wenigen Wegbauten, die in den zwanziger und dreißiger Jahren mit Hilfeleistung der Regierung zustande gekommen waren, hatten sich deshalb die Gemeinden immer höchst dankbar gezeigt und mit Ehrenbürgerernennungen an Regierungsmitglieder und Beamte nicht gespart.[21] Nicht nur einzelne Ortschaften, sondern der gesamte Bezirk war oftmals tagelang abgeschlossen. Als in den zwanziger Jahren den Lungauer Gemeinden sogar Beitragszahlungen abverlangt worden waren, um die Tauernstraße im Winter offenzuhalten, hatte das zu großer Verbitterung geführt. Es war deshalb sogar zu wiederholten Bestrebungen gekommen, den Bezirk an die Steiermark anzugliedern.

Wenn die Landesregierung nicht soviel Interesse am Lungau zeigt, daß sie den durch seine ungünstige Lage ohnehin in jeder Weise benachteiligten Gau durch die Erhaltung des Verkehrsweges über den Tauern auf Kosten des Landes in Verbindung mit der Landeshauptstadt erhalten will, dann wird der Lungau den Versuch machen müssen, den Anschluß an die benachbarte Steiermark zu erreichen. Der Gemeindeausschuß ist davon überzeugt, daß der Anschluß an Steiermark für den Lungau gewiß keinen Nachteil bringen wird.
Quelle: Gemeindeausschußprotokoll Mariapfarr 1923.

Das Ergebnis der Volksabstimmung vom 10. April 1938 war eindeutig. Von den 8.308 Stimmberechtigten waren 8.303 für den „Anschluß", nur zwei Personen waren dagegen: eine Bauernmagd und ein Störhandwerker. Es war dies der höchste Zustimmungsgrad, den die Nazis bei dieser Volksabstimmung in einem österreichischen Bezirk erreichten.[22]

Luise Santner

"Als das Frühjahr kam"

Meine Großeltern hatten in Bruckdorf eine kleine Landwirtschaft mit zwei Kühen und eine Schmiede. Dort stellte der Großvater alles her, was die Bauern der Umgebung brauchten: Pflüge, Werkzeuge, Beschläge für Wägen und Schlitten. Pferde, Ochsen und auch Kühe wurden mit Hufeisen beschlagen.

Die Großmutter hat achtzehn Kinder gehabt, davon sind zwei ledig gewesen. Sechs Kinder sind noch im Kindesalter gestorben.

1909 ist der Großvater verunglückt. Damals ist das jüngste Kind zwei Monate alt gewesen. Ein Steinsplitter hat den Großvater am Hals getroffen, so daß er verblutet ist. In den folgenden Jahren ist es deshalb mit der Schmiede bergab gegangen. Dann wurde auch noch die Großmutter krank. Meine Mutter hat sie gepflegt. Ein lediger Sohn der Großmutter war zwar Schmied, aber dem wollte sie den Besitz auch nicht übergeben. Auch ein eheliches Kind war Schmied, aber oft unleidlich und grantig. Es kam vor, daß von ihm sogar Kundschaften aus der Werkstatt hinausgeworfen wurden. Wenn ein Kind geschickt wurde, um etwas zu holen, dann konnte es heißen: "Schau, daß du hinauskommst!"

So ließ die Großmutter öfter den Notar kommen. Immer wieder wurde das Testament geändert. Schließlich hat meine Mutter die Schmiede bekommen, als die Großmutter 1923 gestorben ist. Im selben Jahr hat die Mutter geheiratet. Der Vater stammte aus Obertrum und war auch Schmied. Zur Zeit der Heirat hatte die Mutter bereits ein lediges Kind. Insgesamt waren wir dann sieben Geschwister. Ich wurde 1928 als viertes Kind geboren.

Der Vater hat es am Anfang nicht leicht gehabt, denn kein Mensch hat ihn gekannt, niemand hat etwas von ihm gewußt. Er hat oft erzählt, wie er in der Früh des ersten Arbeitstages bang aus dem Fenster geschaut hat. Frischer Schnee ist gelegen, aber vor der Werkstatt standen einige Bauern mit ihren Rössern.

Viele Werkzeuge mußten in den nächsten Jahren neu angeschafft, vor allem aber mußten die Geschwister meiner Mutter hinausgezahlt werden. Als ich geboren wurde, hatten wir einen Schmiedegesellen, zwei Lehrbuben und im Haus eine Dirn.

Die Religion hat daheim immer eine große Rolle gespielt. An einem Freitag durften wir Kinder nicht einmal richtig lachen. Die Mutter hat gesagt: „Ja müßt ihr denn heute so lachen, wenn Freitag ist?" Aber je mehr es verboten war, desto mehr hat es gereizt.

Ich kann mich erinnern, daß ich an einem Freitag einmal Fleisch gegessen habe. Speck stand bei uns oft herum, weil der Vater und die Arbeiter in der Schmiede eine entsprechende Kost gebraucht haben. An einem Freitag habe ich von dem Speck, der für den Vater hergerichtet war, ein paar Bröckeln genommen. So eine Todsünde! Ich habe lange gebraucht, bis ich mir dachte, daß mir Gott das verzeiht.

Einmal im Monat mußte ich mit der Mutter zur Kirche beichten und zur Kommunion gehen. Ich stand immer mit einem schlechten Gewissen vor dem Beichtstuhl und fürchtete, eine Sünde vergessen zu haben. Nach dem Beichten fiel mir oftmals wieder eine Sünde ein, dann kam ich in einen schweren Gewissenskonflikt. Ich dachte, wenn ich nicht zur Kommunion gehe, dann fragt mich die Mutter, warum ich nicht gehe. Und wenn ich trotzdem gehe, dann hab' ich wieder eine schwere Sünde. Das war eine große Belastung für mich.

Besonders wenn die Mission hier war, dann ist es streng zugegangen. Da ist die Mutter einmal ganz zornig von der Kirche heimgekommen. Sie ist im Beichtstuhl gefragt worden, wie lang sie schon verheiratet ist und wie viele Kinder sie hat. Und weil sieben Kinder für die Zeit zuwenig waren, deshalb ist sie nicht losgesprochen worden.

Die Religion war aus meiner Sicht ein einziges Angsthaben. – Angsthaben, daß man nichts falsch macht. Gott stand nur als der Strafende in jedem Winkel und sah alles. Manchmal dachte ich mir schon, daß dies oder jenes nicht stimmen kann. Aber ich hätte mich nicht getraut, diesen Gedanken laut werden zu lassen. Da hieß es gehorchen.

Damals konnten ja nur Bauernkinder Pfarrer werden. Arbeiterkinder hat es ja fast nicht gegeben, und wer hätte für einen Ledigen gezahlt? So blieben fast nur Bauernkinder übrig. Für sie haben Geschäftsleute bezahlt, auch mein Vater hat für einen Priesterstudenten bezahlt. Der Pfarrer Oberkofler, den alle Leute gern gehabt haben, hat oft zu meinem Vater gesagt: „Bauer bin ich mit Leib und Seele, und Priester bin ich auch ganz gern!"

Meine Mutter hat dreiundzwanzig Gotenkinder gehabt. Wenn es möglich war, dann hat man ja für alle Kinder immer dieselben Gotenleute für die Taufe genommen. Wenn das auf Gegenseitigkeit beruhte, dann war das Gotabitten nur eine Formsache, eine Selbstverständlichkeit, vor der man keine Scheu zu haben brauchte. Aber armen Leuten ist das Gotabitten schon schwergefallen. Die kamen schon manchmal und getrauten sich nichts zu sagen, bis die Mutter sagte: „Ich kann mir schon denken, warum du heute da bist!"

Wenn man seine Gota traf, dann mußte man zu ihr hingehen und ihr die Hand geben. Die Gota war etwas Besonderes, sie hatte fast ein Mitspracherecht in der Erziehung.

In unserer Nähe lebte eine ganze arme Familie. Dort hatten sie nichts als die Not. Von fast allen Kindern war die Mutter entweder Tauf- oder Firmpatin. Im Herbst sind die Kinder immer Ährenklauben gegangen. Wenn auf den Feldern alles abgearbeitet und eingeführt war, dann sind sie gekommen und haben den Vater gefragt, ob sie Ährenklauben dürfen. Dann haben sie die liegengebliebenen Ähren in einem Korb aufgesammelt und für ein bißchen Mehl umgetauscht. Auch das Faschingsrennen ist von den Armen ausgenutzt worden. Mich hat der Vater nicht gehen lassen. Dabei haben die Kinder Lebensmittel gekriegt, manchmal auch ein bißchen Geld. Die Kinder haben sich verkleidet, aus Papier eine Larve gemacht, dann sind sie gekommen: „Bitt gar schön, was teilen!" Von den Gaben haben sie dann wieder eine Zeitlang gelebt. Auch zum Neujahrwünschen sind sie öfter als einmal dahergekommen, und im Sommer haben sie fast jeden Tag ein Häferl Schwarzbeeren dahergebracht, das ihnen die Mutter dann abgenommen hat.

Ich war zehn Jahre alt, als meine jüngste Schwester geboren wurde. Ich habe nicht einmal gemerkt, daß die Mutter schwanger war. In dieser Beziehung war man daheim fürchterlich. Am nächsten Tag traf ich auf dem Schulweg meine Freundin. Es hatte sich schon herumgesprochen, daß sie beim Schmied ein Kind bekommen hatten. Meine Freundin, die Rosa, sagte: „Du hättest mir auch sagen können, daß eure Mutter ein Kind bekommt!" Und ich dachte: „Ja, wie denn? Ich hab' es ja selber nicht gewußt!"

Einmal hab' ich die Mutter gefragt, woher denn die Kinder kommen. Jedenfalls hat sie dann gesagt: „Kümmere du dich um deine Arbeit!" Ein zweites Mal hätte ich mich nicht mehr zu fragen getraut. Kleine Zärtlichkeiten zwischen den Eltern hab' ich nie gesehen. So etwas hat es nicht gegeben.

Als die Gretl, die jüngste Schwester, auf die Welt kam, ist die Mutter zum „Füresegnen" gegangen. Da ist die Hebamme gekommen und hat die Mutter abgeholt. Die Frau war, wenn sie ein Kind gekriegt hat, quasi unrein. Dann durfte sie erst wieder in die Kirche und zur Kommunion gehen, wenn sie beim „Füresegnen" war.

Der Kooperator Steingassinger kam öfter zu uns. Einmal hat er uns beim Heuen geholfen. Anschließend hat er sich im Vorhaus beim Leierbrunnen gewaschen. Dabei hat er sein Hemd ausgezogen. Damals war die Schneider-Lena bei uns Dirn. Die kam bei der Tür herein und sah den Kooperator. Ein Schrei: „Um Gottes willen!" – und weg war sie.

An Festtagen war es üblich, daß die Dienstboten nach dem Essen „Vergelt's Gott!" sagten. Einmal haben wir eine neue Dirn bekommen, die ging nach dem Essen zum Vater und wollte ihm die Hand busseln. Aber der Vater hat das nicht gemocht.

Die Einleger sind bei uns einige Tage geblieben. An den Gobau kann ich mich noch gut erinnern. Der war furchtbar schmierig und schmutzig. Einmal kam er zu uns, als der Maler Lankmayer gerade mit seiner Arbeit fertig geworden war. Er hatte die Küche frisch geweißt. Die Mutter war gerade beim Einräumen, da ist der Gobau dahergekommen. In der Küche hatte er seine Ecke, wo er gewöhnlich saß. Die Mutter sagte zu ihm, er solle sich auf die Hausbank setzen, bis sie mit dem Einräumen fertig ist. Aber der Gobau rief: „Ah, ich huck mich gleich do hinauf!" Er setzte sich auf das Küchenkastl neben der Tür und lehnte sich auf die frisch geweißte Wand zurück. Die Mutter rief erschrocken: „Gobau, wirst ganz weiß auf deinem Schalk. Es ist just der Maler gegangen!" Darauf sagte der Gobau: „Macht nix, ist nur der Werktagsschalk!"

Zum Wassertrinken lief der Gobau immer nach Althofen hinunter. In Bruckdorf gab es bei den Häusern nur Leierbrunnen. Nur beim Uln in Althofen gab es eine Quelle, deshalb gingen auch viele Bruckdorfer dort hinunter Wasser holen. Auch der Gobau trank nicht aus unserem Hausbrunnen, wenn er bei uns war, sondern ging immer hinunter zum Uln Wasser trinken. Er hat gewöhnlich kleinere Arbeiten verrichtet, und wenn er zwischendurch verschwunden war, dann wußten wir, daß er in Althofen Wasser trinken war.

Einmal wurde ein neuer Stubenboden gemacht. Der alte Kocher in Bruckdorf war Zimmerer und hat den Boden gelegt. Das war eine umständliche Arbeit. Da hatte er ein großes Gestell, das wurde auch an der Stubendecke angespreizt. Die Mutter kam nachschauen und sagte unzufrieden: „Na, aber da werden schon breite Klift. Das gefällt mir nicht gar so!" Darauf erwiderte der Kocher: „Die verkehren sich eh bald!"

Die Gottscheer mit ihren Bauchläden sind im Jahr ein paar Mal gekommen und von Haus zu Haus gegangen. Die hatten alles, was man brauchen konnte: Knöpfe, Schuhbänder, Gummibänder, Kämme, Haarnadeln. An die Frau Schimak, die mit ihren Stoffballen von Haus zu Haus ging, kann ich mich noch gut erinnern. Die hatte eine große Kraxn auf dem Rücken, und die schweren Stoffballen standen bis über den Kopf hinauf. Lebensmittel wurden ja fast alle selbst erzeugt. Zugekauft wurde fast nichts – höchstens Zucker, aber auch nur wenig. Da kam einmal die alte Hiaslin zu uns. Der alte Hiaslbauer war ein Grobian, und wir Kinder haben uns vor ihm immer gefürchtet. Die Hiaslin sagte zu meiner Mutter: „Na, ich hätt' keinen besseren Mann kriegen können, ich darf immer Zucker kaufen!" Das war nicht selbstverständlich.

Wir hatten einige Butterkundschaften. Der Lehrer und der Gendarm haben bei der Mutter Butter gekauft. Wir Kinder durften sie austragen, und dafür haben wir meistens etwas bekommen. Zum Gendarm Lammer durfte ich die Butter bringen. Ein halbes Kilo Butterstriezel hat einen Schilling gekostet. Zehn Groschen hab' ich als Trinkgeld bekommen. Wenn ich heimkam, war das erste, wonach die Mutter fragte, ob ich die zehn Groschen noch habe.

Mein Vater war ein durch und durch Christlichsozialer und sehr religiös. Oft haben illegale Nationalsozialisten deshalb auf unser Haus und auf die Tenne Hakenkreuze geschmiert. Einmal machten sie ein Hakenkreuz aus Sägespänen und schütteten Petroleum darauf. Dann zündeten sie es an. Da haben wir im Haus gerade etwas gefeiert. Der Kooperator war da, einige Leute aus dem

Dorf – die Mutter war Fahnenpatin des Katholischen Burschenvereins – und sogar der Gendarm Lammer waren da. Da loderten plötzlich vor dem Stubenfenster die Flammen empor. Das ganze Haus hätte abbrennen können. Einmal haben sie mit roter Farbe auf die Tenne geschrieben: „Nie wieder Habsburg!" Mein Vater hat die Gendarmen verständigt, und die holten irgendeinen, von dem sie wußten, daß er ein Illegaler war. Der mußte dann die Aufschrift wieder herunterwaschen. Wer es wirklich gewesen war, das wußte man ja nicht. Einer mußte es halt machen.

Einmal holten die Gendarmen den Obermener-Franz, einen Bauernsohn. Der sagte zu meinem Vater: „Nein, Lechner, ich hab' es nicht getan!" Darauf antwortete mein Vater: „Ich glaube dir, aber irgendeiner deiner Freunde hat es getan!" Da frage der Obermener-Franz: „Du, Lechner, wer ist denn das überhaupt, der Habsburg?"

Wir hatten nie eine Hakenkreuzfahne. Nach dem „Anschluß" war unser Haus das einzige, das nicht beflaggt war. Da kann ich mich noch erinnern, wie der Perner, ein Bauer aus unserem Dorf, aus Deutschland zurückkehrte. Er war als Illegaler ins Deutsche Reich gegangen. Als er heimkehrte, war ein riesiger Empfang. Am Bahnhof in Stranach wurde er mit der Musikkapelle empfangen und unter Jubel nach Mariapfarr geleitet. Die Mutter stand zitternd im Haus und bat den Vater, er solle doch auch eine Hakenkreuzfahne kaufen und aufhängen. Auch wir Kinder standen daneben und zitterten. Aber mein Vater blieb eisern. Ich habe oft die anderen Kinder beneidet, die überall mittun durften und überall dabeisein durften. Zu Hause ist immer das Gegenteil von dem gesagt worden, was wir in der Schule gehört haben. Es war wirklich schwer.

Ich war bei der Volksliedgruppe. Da sollten wir einmal mit der Jungmädeluniform auftreten. Aber ich hatte keine zum Anziehen. „Warum hast du keine Uniform?" fragte mich der Lehrer. Da rief ein Mitschüler: „Ja, weil der Vater so eine schwarze Sau ist!"

Damals sind die weißen Stutzen aufgekommen. Ich hätt' auch gern solche Stutzen gehabt, und deshalb habe ich mir bei jeder Gelegenheit solche weiße Stutzen gewünscht. Aber ich habe sie nicht bekommen. Die nackerten Knie sollten nicht herausschauen.

Als schon Krieg war, hat der Vater oft Radio Beromünster gehört. Die Mutter stand vor dem Haus und hat irgendetwas getan, zusammengeräumt oder zusammengekehrt. Die Gendarmen schlichen bei uns ja immer ums Haus, ständig wurden wir bespitzelt, weil der Vater nirgends mitgemacht hat.

Einmal kam der Ortsbauernführer daher und sagte zu ihm: „Weißt was, Schmied, für das Winterhilfswerk kannst du schon auch einmal sammeln gehen!" Darauf fragte der Vater, was mit dem gesammelten Geld geschieht. „Da werden halt die Armen damit unterstützt!" meinte der Gautsch. Darauf ging der Vater in Bruckdorf für das Winterhilfswerk sammeln. Als er fertig war, ging er nach Mariapfarr hinauf, um das Geld abzuliefern. Beim Heimgehen fiel er auf dem eisigen Weg her und brach sich eine Rippe. „Das kommt davon, weil ich meinem Vorsatz untreu geworden bin!" hat er später gesagt.

Als mein Bruder und mein Onkel auf Fronturlaub heimkamen, beschloß mein Vater, ein kleines Saudl abzustechen. Aber unser Lehrbub hat die Geschichte dann erzählt. Mein Bruder und der Onkel sind noch im selben Jahr gefallen. Der Onkel Hermann starb am selben Tag, an dem der Vater für das Sauabstechen eingesperrt worden ist. Zwei Monate saß der Vater im Gefängnis.

Als das Frühjahr kam, da hatte man keinen Schmied im Dorf. Da kam der Ortsbauernführer zur Mutter und sagte: „Das geht doch nicht ohne Schmied. Wie sollen die Bauern anbauen? Da werden wir ein Gesuch machen müssen!"

So kam mein Vater wieder frei.

Nachwort

Als NS-Zeit und Krieg vorbei waren, waren mehr als achthundert Männer des Bezirks umgekommen – darunter viele ehemalige Knechte; einer noch unbekannten Zahl von Einlegern und Armenhäuslern hatte man sich entledigt, und ein Knecht – ein Zwangsarbeiter – war den NS-Rassegesetzen zum Opfer gefallen.

In den Jahrzehnten nach dem Krieg änderten sich die Lebensverhältnisse am Land von Grund auf. Die Landwirtschaft war einschneidenden Veränderungen unterworfen. Die Zahl der Dienstboten ging erst langsam, seit den fünfziger Jahren immer schneller zurück. Waren es zu Beginn des Jahrhunderts noch etwa 2.500 Knechte und Mägde, so wurden 1980 nur noch knapp über zwanzig Landarbeiter im Bezirk gezählt.

Viele Spuren aus dem Leben der Dienstboten und Bauern sind seither verschwunden. In manchen Gemeinden findet sich fast nichts mehr aus jener Zeit – kein Dienstbotenmeldebuch, kein Einlegerbüchl, keinerlei Akten. Nicht einmal die Gemeindeprotokolle – die wichtigste Quelle zur Gemeindegeschichte jener Jahrzehnte – haben sich in allen Gemeinden erhalten. Viele dieser Aufzeichnungen fanden in den seither meist neuerrichteten Gemeindehäusern keinen Platz oder wurden nicht für wert befunden, aufbewahrt zu werden.

Für viele Dienstboten von damals ist die Herkunft bis heute bestimmend geblieben. Sie leben nun in einem Altersheim und haben jene materielle Sicherheit, welche ihresgleichen früher vorenthalten geblieben war. Heute sehen sie ihre frühere Lebensweise aus dem Abstand vieler Jahrzehnte. Meist sind sie froh, daß jene Jahre vorbei sind, trotzdem sind ihre Erzählungen oft von einem Gefühl der Wehmut begleitet: „Gut, daß die Zeit vorbei ist! Ich denk' trotzdem oft zurück."

Anmerkungen

Vorwort der Reihenherausgeber

1 Zur Entwicklung dieses Modells ausführlich: Heinz Blaumeiser, Eva Blimlinger, Ela Hornung, Margit Sturm, Elisabeth Wappelshammer: Ottakringer Lesebuch „Was hab' ich denn schon zu erzählen..." ... Wien 1988.
2 Alltagsgeschichte erlebt und erzählt. Arbeits- und Lebensverhältnisse in der Provinz. Ein Projekt der Volkshochschule Salzburg. Hg. von der Volkshochschule Salzburg, Eigenverlag 1991, 5.
3 Alltagsgeschichte 13.
4 „... damit vergrößerte sich mein Horizont um vieles", in: Eva Tesar (Hg.): Hände auf die Bank... Erinnerungen an den Schulalltag (Damit es nicht verlorengeht..., Band 7, 1985) 242 ff., und Aufzeichnungen zum Thema Licht, in: Viktoria Arnold (Hg.): Als das Licht kam... Erinnerungen an die Elektrifizierung (Damit es nicht verlorengeht..., Band 11, 1986) 265 ff.
5 Damit es nicht verlorengeht..., Band 6 (1985) und 16 (1988).
6 Alltagsgeschichte 76 ff.

Einleitung

1 Vgl. die Zahlen bei █████████ zialstruktur und Sozialpolitik, in: E. Weinzierl ████████████ Österreich 1918–1938, Band I, Graz-Wien-█████
2 Hanns H████████████ germonarchie, in: H. Dopsch und H. ████████████ Salzburgs, Band II/2, Salzburg 1█████
3 Eigen████████████ österreichischen Volkszählung██████████ 4 ff.
4 Erg████████████ ebszählung vom 3. 6. 1902, 1. ██████
5 F████████████)34, 76.
6 ████████████ che Betriebszählung in der ████████████ bnisse für Salzburg, Wien ████████████
████████████ alratswahlen vom 9. 11.

269

I. Gesindedienst

1 Eigene Berechnung nach: Meldebuch Pichl 1906–1938 (Gemeindearchiv Mariapfarr).
2 Norbert Ortmayr, Ländliches Gesinde in Oberösterreich 1918–1938, in: J. Ehmer und M. Mitterauer (Hg.), Familienstruktur und Arbeitsorganisation in ländlichen Gesellschaften, Wien-Graz-Köln 1986, 384.
3 Provisorische Dienstboten-Ordnung für das Herzogtum Salzburg mit Ausschluß der Landeshauptstadt vom 18. 4. 1856, § 42.
4 Eigene Berechnung nach: Dienstboten-Meldebuch Mariapfarr 1937–1940 (Gemeindearchiv Mariapfarr).

II. Dienstgeber

1 Eigene Berechnung nach: Landwirtschaftliche Betriebszählung 1930, 15.
2 Vgl. die Gemeindeausschußprotokolle von Zederhaus 23. 6. 1927, Muhr 8. 7. 1928, Tamsweg 9. 6. 1928 und Mauterndorf 8. 5. 1926.
3 Vgl. Landwirtschaftliche Betriebszählung 1930, 14 f.
4 Ortmayr, Ländliches Gesinde 366.
5 Eigene Berechnung nach: Landwirtschaftliche Betriebszählung 1930, 15.
6 Diesbezügliche Eintragungen finden sich in den Schulchroniken von Muhr, Sauerfeld, St. Margarethen.
7 Pfarrarchiv Mariapfarr.
8 Vgl. Landwirtschaftliche Betriebszählung 1930, 26 f.
9 Ebenda 21.
10 Vgl. div. Schulchroniken des Bezirks.
11 Eine Liste der Schüler des 1. Wintersemesters ist abgedruckt in: 75 Jahre landwirtschaftliche Fachschule und ländliche Hauswirtschaftsschule Winklhof, Oberalm 1983.
12 Gemeindeausschußprotokoll Mauterndorf 14. 11. 1920 und 29. 7. 1923.
13 Ebenda 18. 8. 1920.
14 Gemeindeausschußprotokoll Muhr 17. 4. 1922. Zwei Bauern lehnten die Wahl zum Gemeindevorsteher ab und bezahlten deshalb je 1.000 Kronen Strafgeld.

III. Späte Heirat und Ehelosigkeit

1 R. Sandgruber, Die Agrarrevolution in Österreich, in: A. Hoffmann (Hg.), Österreich-Ungarn als Agrarstaat, Wien 1978, 195 ff.
2 Hanns Haas, in: Geschichte Salzburgs 784 und 788.
3 Ebenda 780. Um die Verbreitung der Erdäpfel im Lungau hatte sich zu Beginn des 19. Jahrhunderts besonders der Pfarrer von Mariapfarr, Peter Kröll, verdient gemacht. Berühmt waren seine „Knollenpredigten". (Freundliche Mitteilung von Herrn Pfarrer V. Pfeifenberger.)

4 Geschichte Salzburgs 1298 und 1352. 1794 wurden im Lungau 13.958 Einwohner gezählt, 1900 nur mehr 12.974.
5 M. Mitterauer, Familienformen und Illegitimität in ländlichen Gebieten Österreichs, in: Archiv für Sozialgeschichte 1979, 123 ff.
6 Bericht des Landrates Simel über die wirtschaftliche und finanzielle Lage des Kreises Tamsweg, Tamsweg 1941, 7. Demnach waren die Illegitimitätsraten in den zwanziger und dreißiger Jahren in den Gemeinden Lessach mit 45,7%, Ramingstein 44,5%, Thomatal 43,1%, Zederhaus 43,0%, St. Michael 41,6% und Weißpriach 40,6% am höchsten.
7 Pfarrchronik Mariapfarr 43.
8 Die Vorlage des Ehekonsens ist in den Heiratsbüchern der Pfarren seit 1850 vermerkt.
9 In der Pfarre Ramingstein noch 1887.

IV. Ledige Mütter und Ziehkinder

1 Bericht des Landrates. Die Illegitimitätsrate betrug im Bezirk durchschnittlich 34,3 Prozent.
2 Pfarrchronik Mariapfarr 42.
3 Auch eine Schwangerschaft berechtigte eine Magd nicht, den Dienstplatz vorzeitig zu verlassen (Dienstbotenordnung § 29 Absatz 1).
4 Volkszählung 1934, 76.

V. Gefühlsleben

1 Freundliche Mitteilung von Frau Anna Kößler, Hebamme in Zederhaus.
2 Sterbebuch der Marktgemeinde Mauterndorf 1868–1938.
1911 brachte eine Sennin auf der Passeggeralm ein Kind zur Welt. Das Kind starb an „Lebensschwäche".
3 Vgl. Statistik des Sanitätswesens, Wien 1873 ff.
4 Chronik des Gendarmeriepostens Mariapfarr 1916 ff.
5 F. Loux, Das Kind und sein Körper in der Volksmedizin, Stuttgart 1980, 73.
6 Freundliche Mitteilung von Frau Katharina Fingerlos, Mariapfarr.
7 Freundliche Mitteilung von Frau Gertraud Schiefer, ehemalige Hebamme in Ramingstein.
8 Dienstbotenordnung §§ 17 und 42.
9 Ebenda § 13.

VI. Kirche und Religion

1 Volkszählung 1934, 4 ff.
Nach dieser Volkszählung waren 99,4 Prozent der Wohnbevölkerung katholisch.

2 Vgl. Dienstbotenordnung 1856 § 17 und Landarbeiterordnung 1922 § 8 Absatz 5.
3 Ortmayr, Ländliches Gesinde 384 f.
4 Schulchronik St. Margarethen 1897.
5 Gemeindeausschußprotokoll Lessach 3. 5. 1925.
6 Schulchronik Weißpriach 1911.
7 Gemeindeausschußprotokoll Lessach 18. 1. 1925.
8 Gemeindeausschußprotokoll Ramingstein 28. 2. 1919.
9 Vgl. Gemeindeausschußprotokoll Muhr 4. 5. 1919. Der Gemeindeausschuß nahm Stellung zur Ostersonntagspredigt des Pfarrers von Muhr.
10 Hanns Haas, in: Geschichte Salzburgs 904 ff.
11 Pfarrchronik Mariapfarr 82 f.
12 Schon 1829 war in der Pfarre Mariapfarr eine Missionsstiftung eingerichtet worden. Die „Leopoldinen-Stiftung" hatte die katholischen Missionen in Amerika unterstützt. Auch Dienstboten waren beitragszahlende Mitglieder dieser Stiftung gewesen (Pfarrarchiv Mariapfarr).
13 Gemeindeausschußprotokoll Zederhaus 15. 11. 1931.
14 Nur in den Gemeinden Mariapfarr, Lessach und Seetal gab es zwischen 1930 und 1939 keine Kirchenaustritte. (Freundliche Mitteilung von Frau E. Engelmann, Konsistorialarchiv Salzburg.)

VII. Armut und Hunger

1 Nach der Volkszählung von 1880 war die Abwanderung im Lungau größer als in den anderen Gebirgsgauen Salzburgs, während die Zuwanderung am geringsten blieb (Österreichische Statistik 2, 1882).
2 Schulchronik Weißpriach 1935. In diesem Jahr gingen die Kinder in der Gemeinde erstmalig zum „Anglöckeln".
3 Eindrucksvoll werden die Preissteigerungen und die Not der ländlichen Unterschichten in den Schulchroniken des Bezirks beschrieben.
4 Chronik des Gendarmeriepostens Mariapfarr 19. 11. 1917.
5 Gemeindeausschußprotokoll Mariapfarr 18. 12. 1935.

VIII. Von der Kost und vom gerechten Lohn

1 Ortmayr, Ländliches Gesinde 397.
2 Diese kaiserliche Verordnung vom 21. 2. 1915 hatte in vielen Gemeinden zu Protesten geführt.
3 Dienstbotenordnung § 20 und Landarbeiterordnung § 7 Absatz 3.
4 Dienstbotenordnung §§ 4 und 5.
5 Arbeiterverzeichnis über die im Steinbruch Mauterndorf 1928 beschäftigten Arbeiter (Gemeindearchiv Mauterndorf).

IX. Einleger und Armenversorgung

1 Diese Bezeichnungen finden sich im „Sterbebuch der Marktgemeinde Mauterndorf 1868–1938".
2 Wenngleich direkte Quellen von Betroffenen fehlen.
3 Der Einleger Matthias Wind hatte aus seinem Kasten Kleider und Schuhe verkauft. Er wurde vom Gemeindevorsteher zur Rechenschaft gezogen (Gemeindeausschußprotokoll Mariapfarr 8. 3. 1919).
4 Gemeindeausschußprotokoll Mariapfarr 3. 7. 1934.
5 Diese Regelung galt bis 1918.
6 Noch 1937 zahlten in der Gemeinde Mariapfarr der Großteil der Besitzer etwa 10 bis 20 Prozent ihrer Gemeindesteuer in Form von Naturalleistungen. Bei einzelnen Besitzern war dieser Anteil noch wesentlich höher (Gemeindeumlageliste für das Jahr 1937, Gemeindearchiv Mariapfarr).
7 „Brotkarten dürfen den Ortsarmen (Einlegern) nicht eingehändigt werden" (Gendarmeriechronik Mariapfarr 31. 12. 1916).
8 Schulchronik Mauterndorf 1915. Das Ausmaß der Inflation in den Kriegs- und Nachkriegsjahren ist in den Schulchroniken des Bezirks dokumentiert.
9 Schon 1914 hatte diese Forderung der Landesausschuß erfolglos erhoben (Gemeindeausschußprotokoll Göriach 27. 10. 1914).
In der Gemeinde Ramingstein gelang bis zum Ende des Krieges die Anstiftung der Einleger auf Dauerplätzen, dann weigerten sich aber die Besitzer wegen zu geringer Vergütung, die Einleger weiterhin zu behalten. Daraufhin wurde wieder die Einlage von Haus zu Haus eingeführt, Einlegervergütung wurde keine mehr geleistet (Gemeindeausschußprotokoll Ramingstein 3. 11. 1918).
10 Vgl. Gemeindeausschußprotokoll Zederhaus vom 29. 10. 1922 oder Gemeindeausschußprotokoll Mariapfarr vom 27. 5. 1922.
11 Armen-Gesetz vom 30. 12. 1874, § 80 Absatz 2.
12 Gemeindeausschußprotokoll Mauterndorf 30. 1. 1919.
13 Ebenda 22. 6. 1922.
14 Gemeindeausschußprotokoll Tamsweg 11. 11. 1913.
15 Etwa in den Gemeinden Tamsweg und Lessach. In Lessach wurden schon 1914 aus dem Armenfonds Kriegsanleihen um 700 Kronen gezeichnet, 1915 um weitere 2.000 Kronen; aus dem Tamsweger Armenfonds wurden 1916 um 3.000 Kronen Kriegsanleihen gezeichnet.
16 1915 wollte der verarmte B. Lüftenegger mit seiner Familie in seine zuständige Heimatgemeinde Mariapfarr zurückkehren. Er ersuchte die Gemeinde um Hilfe bei der Übersiedlung. Der Gemeindeausschuß beschloß: „... daß für einen Möbeltransport die Gemeinde auf keinen Fall aufkommen kann, nachdem B. Lüftenegger als Gemeindearmer u. Einleger keine solchen braucht. Ebenso wird die Frau, wenn sie nicht arbeitsfähig ist, in die Einlage gegeben und braucht hiezu keine Möbel. Die Kinder werden bei Bauern untergebracht und

tüchtig zur Arbeit herangezogen werden. Sollte Lüftenegger in die Gemeinde kommen, dann möge er aus dem Erlös der veräußerten Möbel seine Reisekosten bestreiten" (Gemeindeausschußprotokoll Mariapfarr 17. 7. 1915).

17 Vgl. Gemeindeausschußprotokolle Muhr 21. 6. 1931, Lessach 28. 6. 1931, Göriach 11. 7. 1931.

X. Heimatrecht und Gefolgschaftsdienst

1 Gesetz vom 3. 12. 1863, betreffend die Regelung der Heimatverhältnisse.
2 Ebenda § 5.
3 Ebenda § 1.
4 Ebenda § 12.
5 Gemeindeausschußprotokoll Lessach 4. 6. 1916.
6 Dienstbotenordnung § 34.
7 Ebenda § 36.
8 Landarbeiterordnung § 16.
9 Vgl. Dienstbotenordnung § 35 und Landarbeiterordnung § 15.
10 E. Hanisch, Die Erste Republik, in: H. Dopsch und H. Spatzenegger (Hg.), Geschichte Salzburgs, Band II/2, Salzburg 1988, 1097.
11 Landwirtschaftliche Betriebszählung 1930, 17.
12 Vgl. auch die Gemeindeausschußprotokolle von Weißpriach 8. 7. 1933 und Steindorf 3. 4. 1933.
13 Gemeindeausschußprotokoll Lessach 19. 3. 1920. Schon bei der Errichtung des Betriebes im Jahre 1916 hatte der Gemeindeausschuß darauf bestanden, „daß kein Dienstbote angestellt werden darf, der bei einem Besitzer gekündigt hat" (Gemeindeausschußprotokoll Lessach 12. 8. 1916).

XI. Krankheiten

1 Dienstboten-Buch der Anna Rottenwender (Gemeindearchiv Tamsweg). Vgl. auch Dienstbotenordnung § 36.
2 Dienstbotenordnung § 21.
3 Gesetz vom 14. 9. 1876, § 21.
4 Gesetz vom 22. 1. 1886, womit die Errichtung von Gemeinde-Krankenunterstützungskassen für Dienstboten und Taglöhner des Herzogthumes Salzburg angeordnet wird.
5 Ebenda §§ 3 und 5.
6 Ebenda § 11.
7 Hanns Haas, in: Geschichte Salzburgs 955.
8 Gemeindeausschußprotokoll Göriach 17. 3. 1900. Diese Gemeindeausschußsitzung beschäftigte sich ausschließlich mit dem Fall des Taglöhners Andrä Holzer und dessen Arzt- und Spitalskosten im Betrag von 45 Kronen und 40 Heller.

9 E. Hanisch, Salzburg, in: E. Weinzierl und K. Skalnik (Hg.), Österreich 1918–1938, Band II, Graz-Wien-Köln 1983, 918.
10 Dienstbotenkrankenkasse § 9.
11 Gemeindeausschußprotokoll Muhr 3. 10. 1926.
12 Gemeindeausschußprotokoll Mariapfarr 28. 3. 1920.
13 Spitalschronik des Krankenhauses Tamsweg.
14 Vgl. Spitalsbuch für das Franz Joseph-Spital Mauterndorf 1916–1941.
15 Nach 60 Tagen endete die Zuständigkeit der Dienstbotenkrankenkasse (Dienstbotenkrankenkasse § 11).
16 Gemeindeausschußprotokoll Mariapfarr 26. 11. 1912.
17 Ebenda 21. 10. 1913.
18 Ebenda 11. 2. 1914.
19 Ebenda 13. 12. 1914.
20 Ebenda 25. 4. 1915.
21 Ebenda 21. 9. 1915.
22 Ebenda 16. 2. 1918.
23 Ebenda 11. 5. 1918.
24 Ebenda 27. 5. 1922.
25 Ebenda 14. 7. 1923.

XII. März 1938

1 Rundschreiben des Bezirkshauptmanns Colloredo vom 21. 6. 1937 an alle Gemeindeämter des Bezirks (Gemeindearchiv Mariapfarr, Akten 1937).
2 Vgl. Gemeindetagsprotokolle Tamsweg 23. 6. 1937, Weißpriach 26. 6. 1937, Unternberg 25. 6. 1937.
3 Einige Wochen nach dem „Anschluß" wurde die Ehrenbürgerschaft Schuschniggs in mehreren Gemeinden widerrufen.
4 Gemeindearchiv Mariapfarr, Akten 1937.
5 Die Weißpriacher Schihütte hatte „so oft während der Verbotszeit als Schulungsburg für die illegalen Kämpfer gedient" (Schulchronik Mariapfarr 1938).
6 In den Sitzungsprotokollen der Gemeinde Weißpriach wird mehrfach auf Hitlers Ehrenbürgerernennung Bezug genommen. Das betreffende Protokoll fehlt aber.
7 G. Jagschitz, Der Putsch, Graz-Wien-Köln 1976, 28f.
8 Gemeindeausschußprotokoll Mariapfarr 23. 1. 1934.
9 Gemeindetagsprotokoll Zederhaus 6. 1. 1935.
10 Vgl. Niederschrift der Landeshauptmannschaft Salzburg vom 26. 6. 1935 (Gemeindearchiv Mariapfarr). Darin sprechen sich die Bürgermeister der Gemeinden Göriach, Zankwarn, St. Andrä, Pichl und Weißpriach gegen eine Eingemeindung nach Mariapfarr aus. Vgl. auch Gemeindesitzungsprotokoll Tamsweg vom 8. 10. 1938, in dem die ehemalig selbständige Gemeinde Wölting auf Wiedererlangung der Eigenständigkeit dringt.

11 Vgl. Gemeindetagsprotokoll Zederhaus 6. 2. 1938.
12 Gemeindeausschußprotokoll Tamsweg 17. 1. 1929.
13 Besonders der Gemeindeausschuß von Zederhaus bestand wiederholt darauf, daß die Gemeinde die Art und Weise der Armenversorgung selbst bestimmt (vgl. Gemeindeausschußprotokolle vom 5. 2. 1933 und 4. 10. 1936).
14 Vgl. Gemeindeausschußprotokoll Steindorf vom 21. 8. 1932 und 8. 12. 1932.
15 Schulchronik Oberweißburg 1934.
16 Freundliche Mitteilung von Herrn J. Klammer, Mauterndorf.
17 So in der Gemeinde Tweng.
18 Gemeindetagsprotokoll St. Andrä 12. 3. 1938.
19 Vgl. E. Hanisch, Salzburg im Dritten Reich, Salzburg 1983, 68.
20 Die Gemeinde Zankwarn hörte mit Jahresende 1938 als selbständige Gemeinde zu existieren auf.
21 Vgl. Gemeindetagsprotokolle von Muhr 15. 8. 1936 und Göriach 26. 11. 1934.
22 Statistische Nachrichten, 16. Jahrgang, 1938, Heft 5, 100.

Quellen

Unpublizierte Quellen

Gemeindearchiv Göriach
   Protokoll-Buch der Gemeinde Göriach 1900–1948.
Gemeindearchiv Lessach
   Protokoll-Buch Gemeinde Lessach 1911–1954.
Gemeindearchiv Mariapfarr
   Dienstboten-Kataster der Gemeinde Zankwarn.
   Dienstboten-Meldebuch Mariapfarr 1937–1940.
   Kassa-Journal der Gemeinde Pichl 1932–1938.
   Meldebuch Pichl 1906–1938.
   Protokolle der Gemeindesitzungen von Zankwarn 1919–1938.
   Sammelakt 1937.
   Sitzungsprotokolle der Gemeindeausschußsitzungen von Mariapfarr 1912–1938.
   Umlageliste der Gemeinde Mariapfarr für das Jahr 1937.
Gemeindearchiv Mauterndorf
   Gemeindesitzungsprotokolle Mauterndorf 1901–1936.
   Gemeindeausschußprotokolle der Gemeinde Steindorf 1927–1934.
   Melde-Protokoll für Dienstboten.
   Spitalbuch für das Franz Joseph-Spital 1916–1941.
   Sterbebuch der Marktgemeinde Mauterndorf 1868–1938.
   Verzeichnis der Dienstboten und Dienstgeber der Gemeinde Mauterndorf.
Gemeindearchiv Muhr
   Protokolle der Gemeindeausschußsitzungen von Muhr 1909–1953.
Gemeindearchiv Ramingstein
   Gemeinde-Ausschuß-Sitzungs-Protokoll Ramingstein 1911–1935.
Gemeindearchiv St. Andrä
   Protokollbuch der Gemeinde St. Andrä im Lungau 1932–1949.
Gemeindearchiv St. Michael
   Sitzungsprotokolle der vereinigten Gemeinden St. Michael 1936–1949.
Gemeindearchiv Tamsweg
   Diverse Einlegerbüchel und Dienstbotenbücher.
   Gemeindeausschußsitzungsprotokolle Lasaberg 1935.
   Protokolle der Gemeindesitzungen von Tamsweg 1911–1945.
Gemeindearchiv Thomatal
   Sitzungsprotokolle der Gemeinde Thomatal 1906–1930.

Gemeindearchiv Unternberg
   Protokolle der Gemeindesitzungen von Unternberg 1919–1938.
Gemeindearchiv Weißpriach
   Sitzungsprotokolle der Gemeinde Weißpriach 1904–1961.
Gemeindearchiv Zederhaus
   Sitzungs-Protokollbuch der Gemeinde Zederhaus 1920–1947.
Pfarrarchiv Lessach
   Pfarrmatriken.
Pfarrarchiv Mariapfarr
   Pfarrchronik Mariapfarr 1915.
   Pfarrmatriken.
   Verzeichnis der Mitglieder der Leopoldinen-Stiftung zur Unterstützung der katholischen Missionen in Amerika 1829.
Pfarrarchiv Mauterndorf
   Pfarrmatriken.
Pfarrarchiv Ramingstein
   Pfarrmatriken.
Pfarrarchiv Zederhaus
   Pfarrmatriken.
Gendarmeriepostenarchiv Mariapfarr
   Chronik des Gendarmeriepostens Mariapfarr.
Schularchive
   Schulchroniken der Volksschulen Göriach, Lessach, Mariapfarr, Mauterndorf, Muhr, Oberweißburg, Ramingstein, Sauerfeld, Seetal, St. Andrä, St. Margarethen, St. Michael, Tamsweg, Thomatal, Tweng, Unternberg, Weißpriach, Zederhaus.

Interviewprotokolle

Matthias Bauer, Katharina Fingerlos, Cäcilia Grimming, Josef Klammer, Anna Klaushofer, Anna Kößler, Rosa Lankmayer, Valentin Pfeifenberger, Martin Pichler, Gertraud Schiefer, Josef Schitter, Anna Schreilechner.

Publizierte Quellen

Armen-Gesetz vom 30. 12. 1874, wirksam für das Herzogtum Salzburg.
Beiträge zur Statistik der Republik Österreich, Gegenüberstellung der Wahlergebnisse für die konstituierende Nationalversammlung und die Landtage 1919, Wien 1920.
Bericht des Landrates Simel über die wirtschaftliche und finanzielle Lage des Kreises Tamsweg, Tamsweg 1941.
Ergebnisse der land- und forstwirtschaftlichen Betriebszählung vom 1. 6. 1951 nach Gemeinden, Salzburg, Wien 1953.
Ergebnisse der landwirtschaftlichen Betriebszählung vom 3. 6. 1902, Wien 1909.
Ergebnisse der Volkszählung vom 22. 3. 1934, Salzburg, Wien 1935.

Gemeindelexikon von Salzburg, bearbeitet aufgrund der Ergebnisse der Volkszählung vom 31. 12. 1900, Wien 1907.
Gesetz vom 3. 12. 1863 betreffend die Regelung der Heimatverhältnisse.
Gesetz vom 22. 2. 1886, womit die Errichtung von Gemeinde-Krankenunterstützungskassen für Dienstboten und Taglöhner des Herzogthumes Salzburg angeordnet wird.
Kirchenblatt für den Lungau 1927–1936.
Landesgesetz vom 20. 1. 1922, LGBl Nr 53, über die Regelung der Dienstverhältnisse der häuslichen, landwirtschaftlichen und forstwirtschaftlichen Dienstnehmer im Land Salzburg (Landarbeiterordnung).
Land- und forstwirtschaftliche Betriebszählung 1980, Hauptergebnisse Salzburg, Wien 1982.
Landwirtschaftliche Betriebszählung vom 14. 6. 1930, Ergebnisse für Salzburg, Wien 1932.
Österreichische Statistik, Bewegung der Bevölkerung, Wien 1896 ff.
Provisorische Dienstboten-Ordnung vom 18. 4. 1856 für das Herzogtum Salzburg mit Ausschluß der Landeshauptstadt und Gesetz vom 14. 9. 1876.
Statistik des Sanitätswesens, Wien 1873 ff.
Statistische Nachrichten, Wahlstatistik zur Nationalratswahl vom 24. 4. 1927, zur Nationalratswahl vom 9. 11. 1930, zur Volksabstimmung vom 10. 4. 1938.

Literatur (Auswahl)

E. *Bruckmüller*, Sozialgeschichte Österreichs, Wien 1985.

E. *Bruckmüller*, Die verzögerte Modernisierung, in: Wirtschafts- und sozialhistorische Beiträge, hg. von H. Knitter, Wien 1979.

H. *Haas*, Salzburg in der Habsburgermonarchie, in: H. Dopsch, H. Spatzenegger (Hg.), Geschichte Salzburgs, Band II/2, Salzburg 1988.

E. *Hanisch*, Die Erste Republik, in: H. Dopsch, H. Spatzenegger (Hg.), Geschichte Salzburgs, Band II/2, Salzburg 1988.

E. *Hanisch*, Nationalsozialistische Herrschaft in der Provinz. Salzburg im Dritten Reich, Salzburg 1983.

E. *Hanisch*, Nationalsozialismus im Dorf. Salzburger Beobachtungen, in: H. Konrad, W. Neugebauer (Hg.), Arbeiterbewegung–Faschismus–Nationalbewußtsein, Wien-München-Zürich 1983.

A. *Hoffmann* (Hg.), Österreich-Ungarn als Agrarstaat, Wien 1978.

J. *Kocka*, Lohnarbeit und Klassenbildung, Berlin 1983.

C. *Lipp*, Gerettete Gefühle? Überlegungen zur Erforschung der historischen Mutter-Kind-Beziehung, in: SOWI, Heft 1, 1984.

F. *Loux*, Das Kind und sein Körper in der Volksmedizin. Eine historisch ethnographische Studie, Stuttgart 1980.

S. *Mattl*, Agrarstruktur, Bauernbewegung und Agrarpolitik in Österreich 1914–1929, Wien-Salzburg 1981.

M. *Mitterauer*, Ledige Mütter, München 1983.

M. *Mitterauer* und E. *Ehmer* (Hg.), Familienstruktur und Arbeitsorganisation in ländlichen Gesellschaften, Wien-Köln-Graz 1986.

N. *Ortmayr*, Beim Bauern in Dienst, in: H. C. Ehalt (Hg.), Geschichte von unten, Wien-Köln-Graz 1984.

N. *Ortmayr*, Späte Heirat, in: Zeitgeschichte 4 (1989).

R. *Sandgruber*, Konsumgüterverbrauch, Lebensstandard und Alltagskultur im Österreich des 18. und 19. Jahrhunderts, Wien 1982.

R. *Sieder*, Bemerkungen zur Verwendung des „Narrativinterviews" für eine Geschichte des Alltags, in: Zeitgeschichte 9/5.

E. *Weinzierl*, K. *Skalnik* (Hg.), Österreich 1918–1939, 2 Bände, Wien 1983.

Kurzbiographien

Kaspar Bauer, geb. 1910
Bauernsohn, 1929 Übernahme nach dem Tod des Vaters, Heirat 1938.
Maria Fuchs, geb. 1913
Vater Keuschler und Eisenbahner, bis zum 24. Lebensjahr zu Hause tätig, dann Magd.
Aloisia Gruber, geb. 1909
Mit 14 Jahren in Dienst, ein angestiftetes lediges Kind.
Maria Holzer, geb. 1900 – gest. 1990
Lediges Kind, mit 14 Jahren in Dienst, drei angestiftete ledige Kinder, Heirat 1941.
Josef Hönegger, geb. 1896
Vater Keuschler und Taglöhner, Knecht von 1912 bis 1924 unterbrochen durch Kriegsdienst, 1927 Heirat, Sägearbeiter und Taglöhner bis 1938.
Anna Hutegger, geb. 1907 – gest. 1992
Lediges Kind, mit 13 Jahren in Dienst, drei angestiftete ledige Kinder, Heirat 1938.
Susanne Jäger, geb. 1903
Lediges Kind, wächst als Ziehkind bei der Großtante auf, ab dem 19. Lebensjahr Magd, drei angestiftete ledige Kinder.
Anna Lassachhofer, geb. 1920
Lediges Kind, wächst bei Zieheltern auf, mit 17 Jahren in Dienst.
Andreas Santner, geb. 1917
Wirtssohn aus Unternberg, Tischlerlehre, Kriegsdienst und Gefangenschaft, heiratet 1948 die Örglwirtstochter in Mariapfarr.
Frieda Santner, geb. 1920
Wirtstochter in Mariapfarr, heiratet 1948 den Schilcherwirtsohn aus Unternberg.
Luise Santner, geb. 1928
Vater Schmied, bis zum 20. Lebensjahr im elterlichen Betrieb tätig.
Josepha Scherntaner, geb. 1915
Mit 14 Jahren in Dienst, ein lediges Kind, Heirat 1950.

Glossar

a	= ein
abspeisen	= Kommunion empfangen
Abstimmung	= „Anschluß"-Abstimmung vom 10. 4. 1938
Althofen	= Ort bei Mariapfarr
Andingessen	= Ehe dingfest machen
Anger	= nasse Wiese
anstiften	= ein Kind bei Zieheltern unterbringen
Allerheiligenstrutzen	= Striezel, der zu Allerheiligen gebacken wird, häufig Patengeschenk
aufbehalten	= aufbewahren
aufdraht	= schimpfen
aufziegeln	= großziehen
Aussegnung	= kirchlicher Ritus, um die Wöchnerin zu „reinigen"
ausschorln	= ausschließen
Badstube	= kleine Hütte, zum Hof gehörig; früher Schwitzbad
Bänder wirken	= Bänder herstellen
Beichträuschl	= kleiner Rausch
Beromünster	= schweizer. Landessender
Bidl	= Buben
Binggl	= Geschwulst
bissn	= gebissen
Bitsche	= Milchgefäß
Bittage	= kirchliche Umgänge
bockhoarnat	= hart wie Bockhorn
Böller	= kleiner Mörser
Bratl	= Braten
Brautmutter	= Brautführerin
Brittn	= Saft
Bröckl	= kleiner Bissen
Brotrebm	= Stellage
Bruderhaus	= Gewerkenstiftung, Versorgungshaus ehem. Bergleute

Buckel	=	Rücken
Buckelsack	=	Rucksack
Butterwoign	=	über einen Hang rollen
Butzl	=	Kleinkind
Dam	=	Daumen
Darangeld	=	Vorschuß im Herbst
Deastleit	=	Dienstboten
derleid	=	verträgt
Dockn	=	aufgestellte Getreidegarben
Dollfuß	=	Bundeskanzler, 1934 ermordet
Donnerstagschule	=	Unterricht, der nur donnerstags abgehalten wird
Drutschen	=	abw. für Behinderte
durchgeschloffen	=	durchkriechen
durchhindeln	=	durchhungern
eh	=	nur
Einlage	=	Armenversorgung von Haus zu Haus
Einleger	=	Gemeindearmer
Einlegerbüchl	=	Buch mit Reihenfolge der „Quartierträger"
einrücken	=	Stellung zum Militär
enka	=	euer
Farvel	=	einfache Suppe
fechtn	=	betteln, fordern
Feldseite	=	Tal bei Bundschuh
Fetzn	=	Arbeitsschürze
fieseln	=	klauben
ficken	=	Hintern hauen
Firmgöd	=	Firmpate
Firmgota	=	Firmpatin
Fitsch	=	Hausname
Fleatsch	=	ausgetretene Schuhe
Fleckzuzl	=	Schnuller
Frentn	=	Bottich
Fuchtgeher	=	Fensterlgeher
Füresegnen	=	siehe Aussegnung
Füßl	=	Füßchen
garben	=	abschneiden
gelt's Gott sagen	=	bedanken
geheißen	=	versprochen
Gensgitsch	=	Berg nahe Mariapfarr

Gemeinderobott	=	Arbeitsleistung für Gemeinde
Gerstengrate	=	Granne
gerührt	=	Butter gemacht
getratzt	=	geärgert
Geuschler	=	kleiner Besitzer
Gewand	=	Kleidung
Gfrett	=	Ärger, Mühe
Giebigkeit	=	Schuldigkeit
Gleckert	=	Kraftfutter
glimpfn	=	weich
gloabt	=	übriggelassen
gneatig	=	eilig
Goda	=	Hals
Goita	=	schwere Decke
Göpel	=	Antrieb für Dreschmaschine
Gota	=	Patin
Gotabitten	=	Patenschaft erbitten
Gottschee	=	ehem. deutsche Sprachinsel in Slowenien
Griffl	=	Schreibgerät
Grobian	=	grober Mensch
Graß	=	Reisig
gschamig	=	scheu
Gschusl	=	nervöser Mensch
Gsöder	=	überbrühte Heublumen
Gstama	=	Geschrei
Häferl	=	Tasse
Halter	=	Aufpasser des Viehs
Halterbett	=	Bett des Halters oftmals im Stall
Haltermoar	=	„Moar" bei mehreren Haltern
harb	=	härmen
harbern	=	feines Leinen
Hausbrotessen	=	Verhältnis zweier Dienstboten im Haus
Hausdirn	=	Magd im Haus
Hecken	=	lange, dünne Stämme
Heiter	=	abfällig für Behinderten
Hemad	=	Hemd
hinzuglonga	=	hinreichen
Hoher Frauentag	=	Fest Maria Himmelfahrt, 15. August
hucken	=	setzen
Hühnersteigen	=	Mehlspeise

Hüttl	=	kleine Hütte
Hüttlputz	=	niederster Rang der „Halter"
Illegaler	=	Mitglied der seit 1933 verb. NSDAP
Jahrgewand	=	Kleidung von Schneider auf der „Stör"
Jahrhauser	=	Bauer auf Zeit
Jahrschuhe	=	Schuhe von Schuster auf der „Stör"
Kaschga	=	Gefäß zur Käseerzeugung
Kastenschauen	=	Brauch vor der Heirat
Kastenführen	=	Heiratsbrauch
Kastl	=	kleiner Kasten
Kastlschnaps	=	Schnaps für Fensterlgeher
Katzinger	=	abfällig für Italiener
Keusche	=	kleiner Besitz
Kleiner Frauentag	=	Fest Mariä Geburt, 8. September
Klift	=	Klüfte
Koch	=	Milch- und Getreidespeise
Koprata	=	Kooperator (Kaplan)
Kinderling	=	abfällig für Kind
krait	=	gekratzt
Kuchldirn	=	Magd in der Küche
Kühmoar	=	ältester „Halter" auf Gemeinschaftsalm
Krautsoin	=	großer Behälter zur Aufbewahrung von Sauerkraut
Kraxn	=	Tragehilfe
kriegen	=	bekommen
Ladnerin	=	Verkäuferin
Lamperl	=	junges Schaf
Landesausschuß	=	Vollzugsorgan des Landtages
Lappen	=	abfällig für Behinderte
Lavoir	=	Waschschüssel
Leihkauf	=	Verlängerung des Dienstvertrages
Lock	=	Kindsdirn
losen	=	horchen
Loter, Leta (Mz.)	=	Mann
Lüngerl	=	Speise aus Innereien
Männerleut	=	Männer
Mannla	=	abfällig für Männer
Maria Hollenstein	=	Wallfahrtsort bei Ramingstein
Maria Plain	=	Wallfahrtsort bei Salzburg
Mittelfetzen	=	Arbeitsschürze
Moar, Moarknecht	=	Erster Knecht

Moardirn	= Erste Magd
Moarstube	= Eßraum der Dienstboten bei großen Bauern
nackert	= nackt
Neidl	= Wangenkuß
Nudl	= Germteig und Schmalz
Oblarer	= Heuablader, Knecht bei größeren Bauern
Ochsenknecht	= fuhr mit Ochsenfuhrwerk
Omlach	= Heublumen
Ötz	= Weide
Patschen	= Hausschuhe
Pfinstag	= Donnerstag
Pfinstagschule	= Nur donnerstags abgehaltene Schule, vom 12. bis zum 14. Lebensjahr
Pfoat	= Hemd
Pfoch	= Mariapfarr
Pfosen	= Arbeitslose
Pfründner	= Armenhausbewohner
Pisna-gehen	= Brauch
Plotz	= Dienstplatz
Plättn	= zusammengenagelte Bretter
Pletzn	= verkrustete Wunde
Plotschn	= große Blätter
Posten	= Dienstplatz
Prangtag	= kirchlicher Umgang
pritschln/ver-	= Wasser verschwenden
Putzn	= Keuschler; Hausname
quasi	= gleichsam
Quartierträger	= Kost- und Unterkunftgeber für Einleger
Rahen	= gebogener Stock zum Dreschen
reifheikel	= dem Reif ausgesetzt
Reifheizen	= Verhinderung von Reifbildung durch Abbrennen von „Reiffeuern"
Reimmichl	= Volksdichter Sebastian Rieger (1867–1953)
Riegel, Riegala	= kleiner Hügel, kleine Hügel (Mz.)
Robot	= Arbeit
Roßknecht	= verantwortlich für Pferde
Ruckatzer	= ruckartige Bewegung
Runkeln	= Futterrüben
rupfern	= grobes Leinen

Sachl	= kleiner Besitz
Saudl	= junges Schwein
Saunigl	= Schimpfwort
Sauschneider	= Kastrierer, Wandergewerbe vieler Lungauer Bauern
Samson	= Figur, die in traditionellen Umzügen mitgeführt wird
Schab	= Getreidebündel
Schalk	= Rock
Scher	= Maulwurf
schiach	= abscheulich
Schippel	= Haufen
Schopf	= Haare
Schottsuppe	= Produkt aus Buttermilch
schreckbar	= schrecklich
Schtopioöl	= Skorpionöl
Schubladkasten	= niederer Kasten mit drei Läden
Schuhschmürm	= Schuhcreme
Schupfe/n	= Heustadel
Schürzenzeug	= Schürzenstoff
Schwarzmandltag	= Mittwoch, seit der Mitte des 18. Jahrhunderts Zusammenkunftstag der Lungauer Geistlichkeit
Sechter	= Gefäß
Selch	= Rauchkammer
Sennin	= Magd auf der Alm
Speisgitter	= vor dem Altar
spinnert	= verrückt
Stehkasten	= hoher Kasten
Stichfleisch	= minderwertiges Fleisch
Störhandwerker	= Handwerker, die ihr Gewerbe herumziehend auf Bauernhöfen ausüben
Straßengams	= Arbeitslose
Striezl	= geflochtene Form
Suppn	= Schottsuppe und Koch
Tanzlizenz	= Tanzerlaubnis, angemeldeter Tanz
Taufgota	= Taufpatin
Tatl	= Kleinstkind
taugen, ge-	= gefallen, passen
Tenn	= Scheune
Torwartl	= Toröffner, junger „Halter"

tratzen, ge-	= ärgern
Troad	= Getreide
Troadkasten	= Vorratsgebäude
Tschaip	= Mädchen (Mz.)
Tschara	= Weiler
Tschapperl	= unbeholfenes Kind
Tschuschgeln	= Fichtenzapfen
Tumpf	= Tümpel
Tuschensuppe	= Suppe aus Futterrüben
Umbruch	= Regimewechsel 1938
Unschuldiger-Kindl-Tag	= 28. Dezember
Uln	= Bauer; Hausname
Vaterländische Front	= Von Bundeskanzler Dollfuß 1933 als Zusammenschluß aller regierungstreuen Kreise errichtete staatspolitische Organisation
verkünden	= Hochzeit ankündigen
Viehdirn	= zuständig für das Vieh
Vota	= Vater
Walz	= Handwerksburschen auf Wanderschaft
Wanderbüchl	= Dienstbotenbuch
wandern	= anderen Dienstplatz aufsuchen
Watschen	= Ohrfeige
Weihessen	= Brauch meist am Ostermontag
weisen	= Geschenk bringen
Weißes Kreuz	= Kapelle
wichsen, ge-	= schlagen, durchhauen
Winkeltanz	= ohne Tanzlizenz
Woak	= gesammelter Urin
Woaz	= Weizen
Wolhynier	= Flüchtlinge aus Wolhynien
Zehrung	= Totenmal
Zeischgen	= Zirbenzapfen
zerfahren	= aufgelöst
zottert	= struppig
zuständig	= zu einer Gemeinde gehören
Zuzl	= Schnuller

Bildnachweis

Bogensberg/Miesdorf: Abb. 21
Ehrenreich/Tschara: Abb. 2
Gaggl/Mariapfarr: Abb. 6
Gemeindearchiv Thomatal: Abb. 3
Hutegger/Mariapfarr: Abb. 5, 9
Jeßner/Mauterndorf: Abb. 17, 18
Klammer/Mauterndorf: Abb. 7
Lassachhofer/Mariapfarr: Abb. 8
Lüftenegger/Stranach: Abb. 13, 14
Macheiner/Bruckdorf: Abb. 4
Petzlberger/Moos: Abb. 11
Pichler/Grabendorf: Abb. 15
Prodinger/Pichl: Abb. 12
Resch/Steindorf: Abb. 1
Schreilechner/Lintsching: Abb. 10, 19
Vrana/Wien: Abb. 16, 20

Damit es nicht verlorengeht...

Herausgegeben von
Michael Mitterauer und Peter P. Kloß

1: Maria Gremel, **Mit neun Jahren im Dienst**. Mein Leben im Stübl und am Bauernhof 1900-1930. 2. Aufl. 1991. 309 S. Geb. ISBN 3-205-05395-8

2: **Kreuztragen**. Drei Frauenleben. Vorwort von Michael Mitterauer. 1984. 132 S. 7 SW-Abb. Vergriffen. Neuauflage in Vorbereitung.

3: **Häuslerkindheit**. Autobiographische Erzählungen. Hrsg. von Therese Weber. 1992. 2. Aufl. 313 S. ISBN 3-205-05493-8

4: Maria Horner, **Aus dem Leben einer Hebamme**. Vorw., hrsg. u. bearb. v. Christa Hämmerle. 1985. 205 S. 14 SW-Abb. Br. ISBN 3-205-06153-5

5: Therese Weber (Hrsg.), **Mägde**. Lebenserinnerungen an die Dienstbotenzeit bei Bauern. 3. Auflage 1991. 211 S. 19 SW-Abb. Geb. ISBN 3-205-05434-2

6: Barbara Waß, **Mein Vater, Holzknecht und Bergbauer**. Vorw. v. Michael Mitterauer. 2. unveränd. Aufl. 1989. 216 S. Geb. ISBN 3-205-05255-2

7: **Hände auf die Bank**. Erinnerungen an den Schulalltag. Hrsg. v. Eva Tesar. 1992, 2.Aufl. 270 S. ISBN 3-205-05494-6

8: Leo Schuster, **... Und immer mußten wir einschreiten!** Ein Leben im „Dienste der Ordnung". Hrsg.,

---

Böhlau Verlag Ges.m.b.H. & Co.KG, A-1201 Wien.

bearb. u. Einl. v. Peter P. Kloß, unter Mitarbeit v. Ernestine Schuster. 1986. 211 S. 19 SW-Abb. Br. ISBN 3-205-06157-8

9: Oswald Sint, **Buibm und Gitschn beinando is ka Zoig**. Jugend in Osttirol 1900-1930. Vorw. u. bearb. v. Peter P. Kloß. 1986. 317 S. 22 Abb. auf Taf. Geb. ISBN 3-205-06159-4

10: Adolf Katzenbeisser, **Kleiner Puchermann lauf heim...** Kindheit im Waldviertel 1945-1952. Vorw. u. bearb. v. Peter P. Kloß. 1986. 209 S. 10 SW-Abb. Geb. ISBN 3-205-06160-8

11: **Als das Licht kam**. Erinnerungen an die Elektrifizierung. Vorw., hrsg. u. bearbeitet v. Viktoria Arnold. 1986. 288 S. Geb. ISBN 3-205-06161-6

12: **Es war eine Welt der Geborgenheit...** Bürgerliche Kindheit in Monarchie und Republik. Hrsg. v. Andrea Schnöller u. Hannes Stekl. 1987. 306 S. 16 Taf. m. 30 SW-Abb. Geb. ISBN 3-205-06163-2

13: Agnes Pohanka, **Ich nehm' die Blüten und die Stengel...** Kräutlerin am Schlingermarkt. Vorw. u. bearb. v. Werner Nachbagauer. 1987. 207 S. 4 Taf. mit 9 SW-Abb. Geb. ISBN 3-205-06158-6

14: Michael Mitterauer (Hrsg.), **Gelobt sei, der dem Schwachen Kraft verleiht**. Zehn Generationen einer jüdischen Familie im alten und neuen Österreich. Vorw. v. Rudolf Kirchschläger. 1987. 319 S. 24 Taf. m. 23 SW-Abb. Geb. ISBN 3-205-06165-9

15: Adolf Katzenbeisser, **Zwischen Dampf und Die-**

sel. Ausbildung zum Lokführer 1956-1965. Bearb. v. Peter P. Kloß. 1988. 313 S. 10 SW-Abb. Geb.
ISBN 3-205-06780-0

16: Barbara Waß, **Für sie gab es immer nur die Alm**. Aus dem Leben einer Sennerin. Vorw. v. Michael Mitterauer. 1988. 178 S. 12 SW-Abb. Geb.
ISBN 3-205-06164-0

17: Helen L. Krag, **Man hat nicht gebraucht keine Reisegesellschaft**. 1988. 184 S. Geb. Vergriffen. Neuauflage in Vorbereitung. ISBN 3-205-05146-7

18: Barbara Passrugger, **Hartes Brot**. Aus dem Leben einer Bergbäuerin. Bearb. v. Ilse Maderbacher. 1989. 188 S. 8 S. SW-Abb. Geb. ISBN 3-205-05227-7

19: Norbert Ortmayr (Hrsg.), **Knechte**. 1991. 348 S. 16 SW-Abb. Geb. ISBN 3-205-05433-4

20: Maria Gremel, **Vom Land zur Stadt**. Ereignisreiche Jahre 1930-1950. 1991. 105 S. mit 8 SW-Abb. Geb. ISBN 3-205-05432-6

21: Erhard Chvojka, **Großmütter**. 1992. 160 S. 8 S. SW-Abb. Geb. ISBN 3-205-05492-X

22: Marie Toth, **Schwere Zeiten**. Aus dem Leben einer Ziegelarbeiterin. Bearb. v. Michael H. Salvesberger. 1992. Ca. 250 S. Geb. ISBN 3-205-05540-3

23: Ludmilla Misotic, **Die Grenzgängerin**. Ein Leben zwischen Österreich und Slowenien. Bearb. v. Marija Wakounig. 1992. 110 S. 4 SW-Abb. Geb.
ISBN 3-205-05538-1

Böhlau Verlag Ges.m.b.H. & Co.KG., A-1201 Wien.

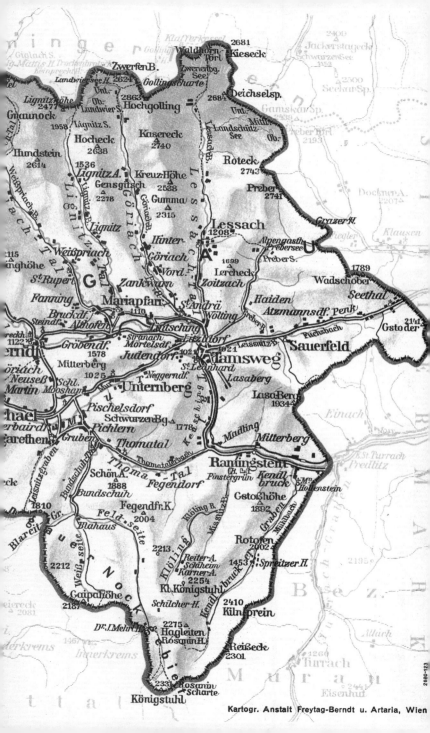